荆公书堂

——铜陵市义安区历史文化博览馆建设文字参考辑录

组　编　中共铜陵市义安区委宣传部
主　编　鲍安顺
副主编　章晓勤
撰　稿　鲍安顺　章晓勤
　　　　詹敬鹏　蒋乃冰

合肥工业大学出版社

图书在版编目(CIP)数据

荆公书堂:铜陵市义安区历史文化博览馆建设文字参考辑录/鲍安顺主编.—合肥:合肥工业大学出版社,2023.6

ISBN 978-7-5650-5973-5

Ⅰ.①荆… Ⅱ.①鲍… Ⅲ.①历史博物馆—建设—义安区 Ⅳ.①G269.254.4

中国版本图书馆CIP数据核字(2022)第152028号

荆公书堂

——铜陵市义安区历史文化博览馆建设文字参考辑录

JINGGONG SHUTANG

——TONGLINGSHI YIANQU LISHI WENHUA BOLANGUAN JIANSHE WENZI CANKAO JILU

鲍安顺 主编

责任编辑	张择瑞 赵 娜
出版发行	合肥工业大学出版社
地　　址	(230009)合肥市屯溪路193号
网　　址	www.hfutpress.com.cn
电　　话	理工图书出版中心:0551-62903004 市场营销与储运管理中心:0551-62903198
开　　本	710毫米×1010毫米 1/16
印　　张	17
字　　数	305千字
版　　次	2023年6月第1版
印　　次	2023年6月第1次印刷
印　　刷	安徽昶颉包装印务有限责任公司
书　　号	ISBN 978-7-5650-5973-5
定　　价	56.00元

如果有影响阅读的印装质量问题,请与出版社市场营销与储运管理中心联系调换。

序

铜陵市义安区位于安徽省中南部、长江中下游南岸，依山襟江含湖，八百里皖江的中心地，区位优越，通行便捷，为交通枢纽重地，世界级风景旅游度假区“两山一湖”（黄山、九华山、太平湖）的北大门，也是长江中下游承东启西、安徽省连南接北的重要节点，四小时交通圈覆盖上海、南京、杭州、武汉等重点城市，境内风光旖旎，山水宜人。

义安历史文化悠久，是中国青铜文明发祥地之一，铜的采冶始于商周，盛于唐宋，绵延3000余年。从境内发现的青铜器年代看，最早追溯至商代前期，多数为春秋至战国阶段，文化面貌上既有中原青铜文化的背景因素，又有吴越铜器所特有的南方风格，还有一些则反映出强烈的皖南地方文化色彩。先秦时期，铜陵为吴头楚尾，先后归属于吴、越、楚，又与淮夷文化仅一江之隔，地理位置上处于南北文化的交汇点，青铜文化面貌较为复杂，有多方面的特点；境内金牛洞古采矿遗址、木鱼山铜古矿冶炼遗址均被列为全国重点文物保护单位。义安文化底蕴厚重，自南唐保大九年改义安县为铜陵县，至今已有1000余年历史；境内自古名人辈出，先后涌现出“牡丹御史”盛度、林学家陈翥等杰出人物。义安人文气象万千，境内资源富集，四季分明，雨热同季，是典型的江南“鱼米之乡”，拥有安徽四大中药材之一的凤丹皮和具有“中华白姜”美誉的铜陵白姜等名特优农产品，先后被国家市场监督管理总局授予“国家地理标志保护产品”，久负盛名，驰名中外。

“十三五”期间，义安面对纷繁复杂的内外部发展环境、前所未有的各类风险挑战和艰巨繁重的经济社会发展任务，坚决贯彻落实中央和省、市决策部署，准确识变、科学应变、主动求变，扎实做好“六稳”工作，主动适应新常态、把握新常态、引领新常态，大力实施“转型发展、融合发展、创新发展、绿色发展、和谐发展”五大战略，全面落实“六保”任务，圆满完成“十三五”各项既定目标，经济保持稳健增长，社会发展取得显著成绩，全面建成小康社会取得决定性成就，为“十四五”顺利开局奠定了坚实基础。

“十四五”时期，义安进入重大发展机遇期，是加快推进新阶段现代化美好义安建设的重要时期，站在社会主义现代化建设的新起点上，在更高层次、更高水平、更高要求上实现义安人梦寐以求的愿景，以经济社会发展的高质量实现人民群众生活的高品质。面对世界正处于百年未有之大变局，新一轮科技革命和产业变革深入发展，在“长三角一体化”“长江经济带”“中部地区崛起”等多重战略交汇叠加地，义安身处长三角腹地的区位优势日益彰显。在此时期，遵照省委对标习近平总书记“两个坚持”“两个更大”重要讲话指示精神提出的“三地一区”重大决策部署，根据市委提出围绕“四创两高”、加快新阶段现代化幸福铜陵建设的整体要求，义安精心绘制“十四五”宏伟蓝图，制定五年总体发展目标：聚焦“两高”、打造“三区”，坚持创新引领，充分激发创新动能、改革活力，持续推进动能转换、结构调整，全力推动义安经济社会高质量发展。

义安区委、区政府在“十三五”转向“十四五”高质量发展的特定历史时期，组织本土专家学者，广泛收集义安历史文化资料，深入挖掘义安人文自然背景，全力发掘义安社会和经济发展的历史面貌，精心编写《荆公书堂——铜陵市义安区历史文化博览馆建设文字参考辑录》一书。此书编写文字30万字，以“序厅”“文化渊源”“生态义安”“义安名人”“民俗文化”“红色人文”“布展年代”七个展厅布局结构，全面呈现义安文化、历史、自然、社会、经济等方面的精神内涵与鲜明特质，系统打造义安的人文形象，着力构建义安地区的特色文化、精神内涵、人文气象，彰显了“铜邑胜境，千年义安”的文化主题定位，对下一步建设义安区历史文化博览馆——“荆公书堂”，提供了丰富的资料依据和基础保证。此书编写，对大力宣传义安文化历史，将产生重要的影响和深远的意义，有着时间传承的永远价值，是提高义安文化品质建设的一项重要举措，为全面推动义安高质量发展、打造高品质生活，奠定了雄厚的文化基础和坚实的历史依据。其建设的目标与意义：一是秉承优秀文化传统，彰显义安人文魅力；二是深化地域文化理念，推进义安发展动力；三是探索创新文化品质，打造义安影响活力；四是开发生态文化资源，拓展义安内在潜力；五是传承民间文化精髓，构建义安工艺实力；六是弘扬精品文化意识，促进义安文艺发力。

此书编纂成辑，是给义安子孙后代留下珍贵的文化遗产，丰厚的人文记忆。从中我们深刻体会到挖掘和整合历史文化遗产工程的深远意义。我们在义安全新发展的“布展年代”，欣喜有一群执着的人，坚实地完成了特定历史时期赋予义安的文化重责。此书编纂过程中，有许多领导和热心的同志们对这项工作给予了满腔热忱的支持。还有许多有识之士，在我们收集整理工作中给予热忱地指导和帮助，尤其对编撰此书的铜陵本土专家学者，他们的孜孜以求，艰苦努力，扎实奉献，值得肯定，在此一并表示真诚敬意，并致以由衷的谢忱！

姚贵平

2022 年 7 月 1 日

（中共铜陵市义安区委书记）

目　录

一、第一展厅：序厅

（一）名称

荆公书堂——铜陵市义安区历史文化博览馆

（二）主题语

铜邑胜境　千年义安

（三）建设目标与意义

秉承优秀文化传统，彰显义安人文魅力；
深化地域文化理念，推进义安发展动力；
探索创新文化品质，打造义安影响活力；
开发生态文化资源，拓展义安内在潜力；
传承民间文化精髓，构建义安工艺实力；
弘扬精品文化意识，促进义安文艺发力。

（四）前言

铜陵市义安区，下辖2乡6镇1办事处，总人口约30万，2022年地区生产总值（GDP）200.4亿元，总面积796平方千米。铜陵市义安区位于安徽省中南部、长江中下游南岸，依山襟江含湖，八百里皖江的中心地，区位优越，通行便捷，为交通枢纽重地，世界级风景旅游度假区“两山一湖”（黄山、九华山、太平湖）的北大门，也是长江中下游承东启西、安徽省连南接北的重要节点，四小时交通圈覆盖上海、南京、杭州、武汉等重点城市。境内风光旖旎，山水宜人。义安区是渡江战役解放的第一座江南县城，曾7次获评“全国科技进步先进县”、连续3次获评“全国文明县城”，先后荣获“全国文化工作先进单位”“全国群众体育工作先进县”“全国民政工作先进县”“全国计划生育优质服务先进县”等称号。

义安古代号称吴头楚尾之地，至今民俗遗韵古风犹存。早在3000年前，义安就是中国铜矿的重要产地，因而享誉青铜故里。铜陵之名的由来，一是因为古代的铜产业非常发达，二是因为铜陵主要的地形地貌属于丘陵地带，故得名铜陵。铜陵市义安区自古盛产金、银、铜、铁、硫、生姜、老蒜、麻等物产，因而也素称“八宝之地”。其中，产铜历史尤为辉煌，是中国青铜文明发祥地之一，采冶时间始于商周，盛于唐宋，现存金牛洞、木鱼山等数十处采冶铜遗址和大量的青铜文物。义安自古盛产的“凤丹”和“铜陵白姜”被国家市场监督管理总局授予“国家地理标志保护产品”。义安位于北纬31°附近，四季分明，气候温和，雨量充沛，风光旖旎，山水宜人，尽现浓郁江南风韵，无不让人沉醉痴迷。义安自然风光千奇百态，城市依山襟江含湖，境内古树参天，白鹭飞翔，荷花飘香，更有湿地、公园、太阳岛、天井奇观、凤凰胜景、大明秀色、天门雄姿等风景名胜，让人流连忘返，心驰神往。义安人文也较为厚重，历代文人纷至沓来，都曾慕名游览。唐代大诗人李白曾来到义安，挥笔写下许多传颂千古的诗歌华章。一大批文人墨客也纷至沓来，有王安石、苏轼、欧阳修、黄庭坚、杨万里等。他们都曾来到铜陵义安写下许多著名诗篇。自唐到明清时，约有200多位著名的文人吟咏过义安，流传抒写义安的诗作有400余首。

在新的历史时期，义安区委、区政府带领全区党员干部、人民群众认真学习习近平新时代中国特色社会主义思想，深入贯彻习近平总书记一系列重要讲话精神，在党中央、国务院、省委省政府和市委市政府亲切关怀和坚强领导下，万众一心，艰苦奋斗，求真务实，奋力拼搏，抢抓机遇，全区各项事业取得了巨大成就，社会面貌发生了翻天覆地的变化。国民经济快速增长，经济结构趋向合理，基础设施建设突飞猛进，社会事业蓬勃发展，城乡面貌明显改变，人民群众基本素质和生活水平大幅提高，境内经济发展、文化繁荣、社会稳定、人民安居乐业，处处呈现欣欣向荣、生机盎然的喜人景象。义安区委、区政府在“十三五”转向“十四五”高质量发展的特定历史时期，广泛收集义安历史文化资料，深入挖掘义安人文自然背景，全力发掘义安社会和经济发展的历史面貌，以“序厅”“文化渊源”“生态义安”“义安名人”“民俗文化”“红色人文”“布展年代”七个展厅布局结构，建设荆公书堂——铜陵市义安区历史文化博览馆，全面呈现义安文化、历史、自然、社会、经济等方面的精神内涵与鲜明特质，系统打造义安的人文形象，着力构建义安地域的特色文化、精神内涵、人文气象，彰显了“铜邑胜境，千年义安”的文化主题定位。

乘风破浪，直挂云帆。奔腾不息的万里长江，见证了 30 万义安人民用智慧和汗水铸就的辉煌业绩，他们以崭新的姿态面向未来。“十四五”时期，义安进入重大发展机遇期，是加快推进新阶段现代化美好义安建设的重要时期。在“长三角一体化”“长江经济带”“中部地区崛起”等多重战略交汇叠加地，义安身处长三角腹地的区位优势日益彰显。在此时期，以“五大发展理念”为引领，以“两个坚持、两个更大”为遵循，以“实现高质量发展、打造高品质生活”为方向，按照“三区”战略定位，进一步树牢“发展为要、项目为王、实干为先”鲜明导向，聚焦“两高”、打造“三区”，奋力开启新阶段现代化美好义安新征程，全面完成“十四五”总体发展目标。

太阳岛

（五）义安区曾荣获的全国荣誉称号

全国科技进步先进县
全国文明县城
全国文化工作先进单位
全国群众体育工作先进单位
全国民政工作先进县
全国计划生育优质服务先进县
全国食品安全示范县
全国法治县创建活动先进单位
全国国土资源节约集约模范县
全国“两基”工作先进地区
全国新型农村和城镇居民社会养老保险工作先进单位
全国“六五”普法中期先进县
全国农村社区建设实验全覆盖示范单位
全国平安铁路示范县
全国敬老模范单位

（序厅另有雕塑、壁画等创意设计）

二、第二展厅：文化渊源

（一）义安建置沿革

夏、商、周，属扬州。

战国，属楚。

秦，属鄣郡。

汉，属丹阳郡。东汉置铜官镇（今五松镇）。

三国，属吴。

晋，属宣城郡春谷县。东晋义熙年间，山西流民南迁，侨置定陵县、县治设于顺安。

南朝，宋、齐属宣城郡；梁属南陵郡；陈属北江州。

隋，属宣州。

唐，属宣州。文德元年（888 年），分南陵工山、安定、凤台、丰资、归化五乡置义安县，县治设在顺安镇，属宣州。寻废，置铜官冶。咸通五年，置鹊头镇。

南唐保大九年（951 年），改义安县为铜陵县，县治移于江浒，即古铜官镇隶属升州。

宋，属池州。

元，属江南道池州路总管府。元末复迁义安。

明，平定初属宣州，洪武辛丑复属池州府。

清，属池州。

中华民国元年（1912 年），直属安徽省；**中华民国**三年（1914 年）6 月，属安徽省芜湖道；**中华民国**二十一年（1932 年）10 月，属第二专区；**中华民国**二十七年（1938年）8月6日，改属第八专署。

1949年4月21日铜陵县解放，5月13日属皖南行署池州专区。

1952年2月4日改属皖北行署安庆专区。

1958年9月5日经国务院批准，撤铜陵县建制，并入铜官山市，改名铜陵市。

1959年4月3日经国务院批准，恢复铜陵县建制，属安庆专区。

1965年7月14日改属池州专区。

1974年3月1日经安徽省革命委员会批准，改属铜陵市。

2015年12月3日经国务院批准，撤铜陵县建制，改设义安区，属铜陵市。至今。

依据：1. 铜陵县志（明）。2. 铜陵县志（清）。3. 铜陵县志（中华人民共和国成立后一轮）。

（二）文化起源

先秦时期，铜陵义安地处吴头楚尾，先后归属于吴、越、楚，又与淮夷文化隔江相望，地理位置上处于南北文化的交叉点上。从义安出土的青铜器、众多文化遗址看，既有中原文化元素，又有吴楚风格，还有皖南地方文化色彩，文化内涵丰富多样。铜陵义安是中国青铜文化的发源地之一，青铜采冶历史悠久，青铜文化根植于义安，形成富有地域特色的青铜文化，长达3000多年的铜文化历史。在义安，铜矿采冶活动最早上溯到商代，一直至当代，久盛不衰，绵延不断。西汉时的“铜官”、六朝著名的“梅根冶”、唐宋时期的“铜官场”“利国监”等官方采冶机构均设置于铜陵县（今义安区）境内。长江中下游一带发现了大量的古铜矿遗址，从根本上解决了中国古代铜源之谜，从湖南麻阳——湖北大冶——江西瑞昌——安徽铜陵，一直延伸到苏南一带，分布着大量的古铜矿遗址。铜陵义安境内的古铜矿规模大，点多面广，密集分布，主要集中在师姑墩、木鱼山、凤凰山、金榔等地。其中，师姑墩遗址为长江中下游最大的铜矿带，其是自商周以来一直以铜的采、冶、铸为特点的资源重地。师姑墩遗址的发掘，除构建了皖南乃至更广大区域内自夏商至春秋时期较完整的文化序列外，还为长江中下游商周时期的青铜冶铸和青铜生产的社会化问题提供了十分重要的质证材料，可以从社会角度来探讨青铜产业的发展历程，为研究夏商周王朝与东南资源重地的关系提供了准确的年代标尺和社会背景。金牛洞古采矿遗址和木鱼山古冶炼遗址为全国重点文物保护单位，有铜矿开采，也有冶炼的文化记忆。铜陵义安，位于安徽省中南部，地处长江中下游，为山水之城，境内依山傍水，青山绵延，拥江环湖，自然条件优越，资源丰富，气候温暖湿润，历史文化悠久。中华文化早期以黄河中下游地区为主体，逐步扩散到长江流域。文化的传播与人口南迁息息相关，秦汉、三国等时期大规模的人口南迁，加速了经济和文化的重心南移。宋以后，江南文化已处全国先进地位，近代更为发展迅猛，成为中华文化走向世界的桥头堡。义安属于江南文化，也属于长江文化，它置于中华文化的大环境中，它的来源、演变和特点，有着自身的文明标记和文化溯源，比如开放包容、敢为人先，崇文重教、精益求精，尚德务实、义利并举等。它以长江文明为渊源，融入楚文化、吴文化、越文化、甚至海派文化的血脉渊源里，从古代农耕气象中一路走来，如今在泛长江三角洲新文化整合中，开放视野，拓展奋起。

1. 青铜文化

铜陵市义安区是中华民族较早发现和使用铜的地区之一，铜采冶史，始于商周，盛于汉唐，绵延 3000 余年，历史悠久。先秦时期，荆、扬两州是我国重要的铜产地之一，铜陵义安属古扬州。经过文物普查，在铜陵境内发现大量古代炼渣，初步估计现存总量约有 200 万吨，推算至少生产 10 万吨以上铜料，无愧于先秦时期的重要铜产地之一。铜陵被誉为“中国古铜都，当代铜基地”，而义安是铜陵古代采冶铜的核心区域。铜文化源远流长，成为城市发展的特色文化，有着悠久的历史渊源，是义安城市的基因，永续发展的内存动力。

中国的青铜文化，起源于黄河流域，始于公元前 21 世纪，止于公元前 5 世纪。发展分三个阶段：形成期、鼎盛时代和转变期。形成期是指龙山时代。这时期的青铜器多属于日常工具和生活类物品。鼎盛时代包括夏、商、西周、春秋及战国早期，延续时间 1600 余年。这时期的青铜器主要分为礼乐器、兵器及杂器。转变期是指战国末期至秦汉时期。这时期的青铜器已逐步被铁器取代。义安区位于中国南方，在商朝前期进入青铜时代，长江流域有了发达的青铜文明，此时青铜器应用几乎涉及社会生活的各个方面。由于青铜工具的锐利远胜于石器，当时的铸造技术可以制作出适合于不同用途的各种手工工具和农具，有力地推动了社会生产的发展。因此，拥有众多人口的都邑出现了，义安就是其中之一。使用青铜器是人类社会文化发展的里程碑。青铜时代，铜器在人们的生产、生活中占据重要地位。偶然地制造和使用青铜器的时代，不能被认定为青铜时代。

青铜采冶业是从石器加工和烧制陶器的生产实践中，渐渐被人们认识，从而产生的。义安考古发现，凡在古代采矿、冶炼遗址附近，几乎都有同时期居民聚落遗址，有炼渣、孔雀石、硅孔雀石、赤铜矿等。出土的青铜器纹饰，有动物类、几何纹类、人物画像类等，与当时青铜器铸造工艺完全一致。

（1）金牛洞古采矿遗址

金牛洞古采矿遗址位于义安区顺安镇凤凰山村，国家 2A 级风景区，全国重点文物保护单位，安徽省爱国主义教育基地。未发掘前，此处为一小山，山腰有一古洞，民间传说天上神牛私下凡间，因迷恋凤凰山风景，不思返回。天帝屡屡唤之，神牛钻入此山中，化为金银铜，便得名金牛洞。20 世纪 80 年代初，此处露采铁矿，发现了古代采矿井巷、生产工具等。1992 年以来，铜陵市人民政府在国家文物局、安徽省文物局重视关心下，拨款着手对金牛洞古采矿遗址进行修复保护，成为我国继湖北铜绿山古铜矿遗址后，第二个正式对外开放、供游人参观的古铜矿遗址。修复后的金牛洞古采矿遗址，气象宏伟，场面壮观，苍松翠柏簇拥，有 92 根水泥立柱，与古铜色铁链相连，将遗址紧紧环抱。遗址入口处正中，有座重达 2 吨的铜牛雕塑，花岗岩基座上，刻有“金牛洞古采矿遗址”嵌金

金牛洞古采矿遗址

大字。北面建有遗址陈列馆，西南建有题词廊、铜陵地区矿物岩石林。清理出的古代采矿井巷结构呈竖井、平巷、斜井，都是木支撑结构，有半框式和方框式两种，竖井井筒采用“企口接方框密集支架”，巷道两侧及顶棚用木棍、木板护帮，有的用竹席封顶。采矿方式是由下而上、水平分层开采。矿井中发现铜凿、铁斧、铁锄、竹筐、木桶等一批采掘工具外，还有大量木炭屑，为当时“火爆法”采矿技术之用。此遗址是我国代表性的重要古铜矿遗址，向人们展示了中国古代铜矿采冶技术的丰富文化内涵，有着极高的景观价值。

（2）万迎山古冶炼遗址

万迎山古冶炼遗址位于义安区顺安镇凤凰山北侧的万迎山南麓，东南面与金牛洞、药园山、虎形山等采冶遗址相邻，面积约5万平方米，形成综合铜矿采冶中心。1980年，大爆破造成山体塌陷，原始地貌破坏严重，早期采掘遗迹基本毁失，仅在西南山坡上残存古采矿坑口，有大量炼渣堆积，陶器残片满山遍野，俯拾皆是，从山腰一直铺盖到山麓居民区。此处炼渣，多为蘑菇状，表面呈铁锈色，含铁量较高。当时冶炼由于炉体容积较小，只能群炉冶炼，炼渣被排放在一个个小圆坑中，凝结后形成蘑菇状。在炼渣堆积层中，伴有大量的夹砂软陶、几何印纹陶和原始青瓷等文化遗物。从器形和纹饰判断，系西周晚期到春秋时期遗存。1984年，在万迎山麓发现一处春秋铜窖藏，其中有件菱形铜锭，经检测为硫化铜冶炼遗物，这说明凤凰山地区，最迟在春秋早期就使用硫化铜技术。1987年，在万迎山古冶炼遗址附近，发现了一件铺形石范，这说明当时已有铸造铜器的铜作坊。在铜陵众多古铜矿遗址中，万迎山古冶炼遗址集采、冶、铸于一地，具有较大规模且独具特色，形成了具有完整铜文化内涵的遗址风貌。

（3）木鱼山古冶炼遗址

木鱼山古冶炼遗址位于义安区天门镇新民行政村木鱼山自然村的北边，主要由木鱼山、火龙岗、鬼推磨三片组成，总面积约10万平方米，为西周遗存，年代从西周至春秋，是铜陵境内早期古铜矿冶炼遗址之一。此山孤立，形如僧侣敲击的木鱼，所以得名木鱼山。遗址表面炼渣堆积如山，遍地皆是，并伴有陶片、红烧土碎块和少量古代炼炉残壁块。1974年，兴修水利取土时，在此发现一件铜鼎和陶罐，以及数块菱形铜锭，呈铁锈色，总重量有200多斤。1987年11月，经国家文物局批准，安徽省考古研究所和铜陵市文物管理所联合对该遗址进行调查发掘，发现了早期炼铜竖炉一座，以及铜锭、炭屑、红烧土、陶器残片等炼铜遗迹。木鱼山古冶炼遗址是我国使用硫化铜技术年代最早的古冶炼遗址，对于探索研究中国古代冶金史和矿冶生产技术，有着重要的学术价值，已纳入凤凰山古铜矿遗址范围内，并被国务院批准为国家级重点文物保护单位。

（4）高联古铜矿遗址

高联古铜矿遗址位于义安区天门镇高联村，包括铜井山古采矿遗址和五房自然村冶炼遗址。两块遗址相距仅300米左右，年代为六朝到唐宋时期。考古发现，在铜井山（今名开屏山）北坡山腰到山麓，排列数十口竖井，分别为圆形和圆角方形，井口宽2米左右，深度不详，井口旁边有平台形废石和贫矿堆积，颇为壮观。据考证，六朝到唐宋时期，铜陵义安的铜矿采冶业极其兴盛，号称坑冶之地。铜井山和五房山相距很近，山上开采，山下冶炼，形成两位一体的铜采冶区。唐代诗人李白曾经留有诗句："铜井炎炉歊九天，赫如铸鼎荆山前。"可见当时的这一地区铜矿采冶业壮观恢宏、场面浩大。

（5）师姑墩铸铜遗址

师姑墩铸铜遗址位于义安区钟鸣镇，面积约7500平方米，分四处分布，每个区域相邻700米。2009年，全国第三次文物普查时被意外发现，出土了一批与青铜有关的器物、冶炼原料、铜器、小武器、铜料、燃料、铜渣等物品，可以推断在西周中晚期到春秋时期该区域已经有了相对完整的青铜冶铸工艺。在遗址的地层之下，发现了陶器等遗存。著名考古学家、国家科技攻关重大项目"夏商周断代工程"首席科学家李伯谦认为，这很可能是我国考古学届第一次在长江南岸用科学的方法发现的铸铜痕迹。安徽省文物考古研究所的《安徽铜陵县师姑墩遗址发掘简报》显示，该遗址冶炼与铸造活动共存，年代相当于二里头文化三四期开始，西周中晚期最为兴盛，持续到春秋早中期。据此，师姑墩铸铜遗址从遗址高度、堆积形态、模式、主体文化来看，与安徽同类遗址相比，基本属中等偏大规模，证明铜陵在商代就已有人居住；发现的铜矿料、燃料、铜渣等表明，该遗址涉及铜器冶铸的各个环节。在遗址下方意外发现的一批商代遗存，证明铜陵早在商代已有居民了，从而将铜陵地区先人铜采冶铸的历史追溯到夏商时期。

（6）金榔古采铜遗址

金榔古采铜遗址（金山与燕子牧铜矿遗址）位于铜陵市义安区东南34千米处，年代为西周至汉、唐时期。该地区古代铜矿遗址分布较散，包括金山、团山、燕子牧、落牛岭、岗巴龙、徐冲林场等，并与邻县南陵的塌里牧、沙滩脚、破关山、大工山等古铜矿遗址相连。该地区古矿坑、古炼渣、废石堆等古冶遗址明显可见，曾发现过铜凿、铜斧、铁钎、平衡石、井下照明物、陶瓷等采矿工具和古坑木，不少地方仍然能见到已被淤塞的古矿井，其中金山在20世纪70年代出土过冰铜锭。该遗址内，以紧邻沙滩脚古矿场的燕子牧最甚，炼铜渣堆积约有5万平方米，厚度有2～3米，仅这一处的炼渣就有10万吨以上。该遗址产出的废渣，根据时代的不同，形状上有所变化。先秦炼渣，表面呈“挤膏状”，剖面多有气泡，流动性差，为铁矿石造渣的结果。汉代以后炼渣多呈长块形、灰绿色，背面凹凸不平，表面平整且有极细折皱，渣体结构致密，内发黑并含有金属光泽。六朝至唐宋时期炼渣呈长条形、灰黑色，数节相连，背凸面平，表面有流动的波纹，炼渣流动性好，反映了铜陵古代炼铜技术水平的发展概况。金榔古采铜遗址的发现，对研究我国古代铜矿采冶业生产格局的分布及技术水平的发展，有着重要的学术价值。2019年，该遗址被安徽省人民政府公布为第八批省级文物保护单位。

（7）义安青铜器文物

义安目前发现的青铜器大多数来源于墓葬和窖藏，部分采自矿冶遗址。这些铜器大体可分为生活用具、乐器、兵器和生产工具等几大类，品种繁多，工艺精美，而且特色鲜明，文化内涵丰富。年代多数为春秋至战国时期，文化面貌上既有与中原青铜文化相同的元素，又有吴越铜器所特有的南方风格，还有一些则反映出强烈的皖南地方文化色彩。现选辑馆藏青铜器文物9件，介绍如下。

春秋夔龙纹甬钟，1993年2月出土于原董店乡（现天门镇）双龙村。钟呈合瓦形，甬呈柱筒形，舞部两侧饰有透雕夔龙纹扉棱，并向下延伸至钲部。甬部饰有三角形夔纹，旋部两侧对称饰有四只小乳突。钲部分三排铸有36枚乳丁，舞部饰有云纹，钲、鼓、篆部均饰有夔龙纹。该钟通高34.4厘米，甬长9.2厘米，铣间17.6厘米，鼓间13.2厘米，舞横14.4厘米，舞纵11.1厘米。

春秋绳耳弦纹甗，1998年4月于西湖镇（后划至铜官区）第一轮窑厂出土。通高53.5厘米，口径3.2厘米，腹围105厘米。甑鬲分体，甑撇口、唇向外折，索状双耳立于口沿，腹微鼓，下腹圆收，底有箅，下有套接鬲口的榫圈。腹部饰有两道弦纹，鬲直口，肩部有一对绳钮，弧裆柱足。

春秋夔龙纹鼎，1998年4月于西湖镇（后划至铜官区）第一轮窑厂出土。通高26.8厘米，口径24.4厘米，腹围75厘米。撇耳，敞口，圆腹，底近平，三蹄足，耳部外侧饰连珠纹，内侧饰夔龙纹，腹部饰一圈夔龙纹。

春秋夔龙纹盖鼎，1998年4月于西湖镇（后划至铜官区）第一轮窑厂出土。通高16厘米，口径18厘米，腹围56.5厘米。浅圆腹，平沿，双耳外撇，圆盖，中央为环形钮，鼎腹部饰一周夔龙纹，上下各有一道绳纹为界栏，三蹄足。

春秋窃曲纹匜，1983年于新桥乡（现属顺安镇）铁湖村出土。通高13.1厘米，腹围 94 厘米，口径 29.6 厘米。扁圆形，平折唇，浅腹圜收，下承三蹄足，短流，短鋬，腹部饰一周窃曲纹。

春秋人面形牌，1997 年 3 月于西湖镇（后划至铜官区）朝山小金山出土。通高 12.7 厘米，面宽 4.8 厘米，銎部宽 3.6 厘米。人面，直柄，长方形銎，人面呈高鼻、圆目、龇牙、前倾，背部内凹，柄部正面饰有 W 形纹饰，器型优美，造型生动。

元大德铜权，1992 年于铜陵县文管所征集。通高 9.6 厘米，底径长 5 厘米，宽 3.4 厘米。方钮方孔，权身呈六棱六面，上窄下宽，束腰，下部为相对台所式，底呈六边形，正面铸有“池州路总管”，背面铸有“大德年造”，左侧面铸有“五”字，均为阴文。

春秋鸟首饰件，1996 年 5 月于西湖镇（后划至铜官区）朝山村出土。长 33 厘米，通高 11.8 厘米，管口高 3.5 厘米，管口宽 4 厘米。呈鸟形，前端鸟首仰起，鸟身为四棱管状中空，背部铸有一小鸟，鸟身呈卷云状。

春秋曲柄盉，1998 年 4 月于西湖镇（后划至铜官区）第一轮窑厂出土。通高 16.1 厘米，口径 11.5 厘米，腹围 42 厘米。敞口折腹钵形，素面，腹部有管状流，侧面置弯曲向上的圆柄，柄柱为空心，下部为鬲形三袋足。

2. 长江文化

长江是中国第一大河流，亚洲第一大长河，全长 6300 多千米，发源于青藏高原唐古拉山的主峰格拉丹东雪山。长江是世界第三大长河，仅次于非洲的尼罗河与南美洲的亚马孙河，水量也是世界第三，和黄河一起并称为中国“母亲河”。在“多元一体”的中华文明中，长江文化和黄河文化无疑是两支最具代表性和影响力的主体文化。长江文化有着长江流域文化特性，在长达数千年的中华文化发展过程中，以长江流域特殊的自然地理和人文地理优势以及生产力发展水平为基础，形成了具有认同性、归趋性的文化体系，是长江流域文化特性和文化集结的总和与集聚。从其生存空间来说，除传统观念包括的四川、重庆、湖北、湖南、江西、安徽、江苏、浙江、上海七省二市外，还应包括云南、贵州、广西、广东、福建等，这些地区是长江水系的干流或支流流经区，在文化体系上同出一辙，同属中国南方文化体系。因此，我们可以说，长江文化是一个时空交织的多层次、多维度的文化复合体。以巴蜀文化、楚文化、吴越文化为主体，包含滇文化、黔文化、赣文化、闽文化、淮南文化等亚文化，还有地域性文化，如河姆渡文化、马家洪文化、良渚文化、凌家滩文化等，这些不同的文化，在相同的文化规则下聚合成一个共同的文化体——长江文化。

位于长江南岸的义安区，在古代属于吴头楚尾之地，从安徽省文化分布位置来看，以淮河、长江水系为界，分为淮北、江淮和江南三个文化区。淮北地处黄河流域，具有浓厚的中原文化色彩；而江南的徽州地区由于接近太湖流域，则应归入吴越文化的体系，形成江南文化的分支——徽州文化。江淮文化区，又称为两淮文化区，带有吴越文化与中原文化过渡的性质，以巢湖为中心，其范围大致包括今天长江以北的江苏、安徽两省境地，北与黄河文化的齐鲁文化区、中原文化区接壤，南与两湖文化区、吴越文化区隔长江相望，处在长江文化与黄河文化交流的过渡地带，是连接中国南北文化的走廊与桥梁。义安夹在两淮文化与徽州文化之间，上游受楚文化影响，下游有吴越文化熏陶，更多具有的是长江文化因素，承袭炎黄文化的发育与繁荣，如古代稻作文明、世界蚕丝业起源地、苎麻生产及织品、生漆利用、古代战争、江南地域文化等。如今的义安在文化心理上，融合发展，跨江争游，抢抓发展机遇，争创一流幸福文明新城市。

（1）鹊江与鹊江之战

鹊江指万里长江流经铜陵大通至芜湖三山镇这段江面，长 80 多千米。鹊江在铜陵境内，总长 51.9 千米，流经大通、老洲、五松、西联、东联等乡镇。《辞海》记载："鹊洲，在今安徽铜陵至繁昌长江中。鹊头为铜陵西南鹊头山，鹊尾为繁昌东北三山。西对无为，为江流险要之处。"《明一统志》记载："鹊头山在池州府铜陵县北一十里，其山高耸，宛若鹊头。"鹊头山在今五松镇北面的十里长山处，南北朝时为重镇。

据唐代《元和郡县志》卷二十八"南陵县"记载："鹊头镇，在县西一百十一里。即春秋时楚伐吴，败于鹊岸是也。沿流八十里，有鹊尾洲，吴时屯兵处。"唐代南陵县，包括今铜陵、繁昌等地。南北朝时，朝廷曾于此设"鹊头戍"，至唐时则设立"鹊头镇"，为军事重镇，非现在行政建制。清代乾隆时期的《铜陵县志·山川》记载，鹊头山历来为兵家必争之地，自春秋至清初，战事频繁，有史可查的大规模战争达 25 次之多。《左传·昭公五年》记载："冬十月，楚子以诸侯及东夷伐吴……吴人败诸鹊岸。"三国时期北魏与东吴长期在鹊江沿线对峙，隋代灭南陈、北宋灭南唐、南宋的汀家洲之战、元末朱元璋与陈友谅自鄱阳湖至鹊江沿线三年拉锯战、清代八旗军与湘军同太平天国农民起义军在鹊江上开展的长期拉锯战、渡江战役等，铭记史册。而小规模的鹊江之战，更是不计其数。

鹊江战事多有三大原因：一是在水运为主的古代，鹊江是非常重要的交通运输线，为咽喉要道；二是区位优越，作为长江天险的鹊江是历来兵家看重的军事要地；三是鹊江沿岸的铜陵一带，铜矿资源丰富，是古代宝贵的战略资源。总之鹊江作为黄金水道，有着悠久历史与灿烂文化，一直受到军、史学界的关注。于是在万里长江上，争夺鹊江是不可避免的，所以在历史上也就发生了那么多的鹊江之战。

（2）白鳍豚及其传说

白鳍豚是中国特有的淡水小型鲸类，仅产于长江中下游。20 世纪 80 年代前，在铜陵义安江面，经常出没。白鳍豚（学名：*Lipotes vexillifer*），背面蓝灰色或灰色，腹部白色或乳白色，鳍皆白色，故名白鳍豚。白鳍豚喜欢群居，三五成群，最大群体达 16～17 头。白鳍豚视觉已退化，主要依靠“回声定位”识别目标。白鳍豚生性胆小，易受惊吓，一般远离船只，人类很难接近。白鳍豚寿命估测为 20～30 年，雄性 4 岁、雌性 6 岁性成熟。成年雌性一年中有两次发情期，每两年繁殖一次，每胎一仔，偶有双胞胎。母豚长有乳裂，哺乳时乳房从乳裂中伸出，幼豚会被母豚哺乳 8～20 个月，活动靠母豚带游。

白鳍豚为孑遗生物，出现时间约在 2500 万年前，化石证明 530 万年前的中新世晚期在长江出现。20 世纪后期以来，数量锐减，在 1988 年被列为中国一级重点保护野生动物，也是世界上 12 种最濒危的动物之一。2002 年估计已不足 50 头，同年 7 月，人工养殖的白鳍豚“淇淇”去世后，再也找不到可以研究的对象了。2007 年 8 月 8 日，《皇家协会生物信笺》期刊中正式公布白鳍豚功能性灭绝，至今没有确切证据显示白鳍豚仍然存在。国家为保护白鳍豚划出五个自然保护区，铜陵义安就在其中。在长江铜陵段，有人拍摄到白鳍豚，录像非常模糊，因此不能确定。

关于白鳍豚的民间传说有很多。例如，古代有位姑娘叫白姬，聪明伶俐，八九岁就能纺纱织锦，描龙绣凤。她 13 岁时死了母亲，父亲娶了张姓寡妇填房，带来一个女儿叫掌珠，外号懒猪。后来父亲死了，白姬为葬父，织布绣锦卖出高价钱，且被县太爷看中，定亲迎娶。掌珠嫉妒，羡慕富贵生活，便与其母设计将白姬推进龙涎井里，没想到白姬却意外被龙母娘娘收留。掌珠冒充白姬，嫁到县太爷家，不但没有被厚待，还命她去后院织布绣锦，她将一堆上等杭州丝绸，弄得沾满了鼻涕眼泪，把县太爷差点气昏了。后来，县太爷将母女俩丢进了江水中，那张寡妇变成难看的墨鱼，掌珠变成墨黑的江猪，而白姬则变成世间稀有的美人鱼，就是白鳍豚。

（3）鱼米之乡与江南文化

江南泛指长江以南的广大地区。不同历史时期，江南的含义不尽相同。最早在先秦两汉时期，江南是指以楚国为背景的长江中游今湖南省和湖北南部、江西部分地区。狭义的江南现指长江中下游平原南岸、濒临长江沿线组成的江南地区。以苏浙为中心的小江南经济更为发达。广义的江南涵盖长江中下游流域以南，南岭、武夷山脉以北，即湘赣浙沪全境与鄂皖苏长江以南地区。

鱼米之乡是指中国长江三峡以东的长江中下游沿岸带状平原，西起巫山东麓，东到黄海、东海滨，北接桐柏山、大别山南麓及黄淮平原，南至江南丘陵及钱塘江、杭州湾以北沿江平原，东西长约1000千米，南北宽100～400千米，总面积约20万平方千米，主要由江汉平原、洞庭湖平原、鄱阳湖平原、皖苏沿江平原、里下河平原及长江三角洲平原等组成。此区域地形特点是地势低平，河渠纵横，湖泊星布，一般海拔5～100米，但大部分在50米以下。铜陵义安位于安徽中南部的长江南岸，处在长江中下游地带，属于皖苏沿江平原，在鱼米之乡的中心位置上。义安降水丰富，气候湿润，灌溉方便，土地肥沃，物产丰富，盛产鱼、虾、蟹、菱、莲、苇，自古种植双季稻，盛产粮棉。

江南文化在人文地理概念中特指长江以南的文化。江南地区山明水秀、文教发达、美丽富庶，是长江文明的主要发祥地。无论是广义的江南文化，还是狭义的江南文化，都有南方人文的共有基因、精神纽带。义安是江南之地，鱼米之乡，自古兼收并蓄，孕育了江南人包容吸纳的精神特质、开眼看世界的进取意识。义安人自古崇文重教，诗礼传家，渔樵耕读，承袭了江南文化的许多优秀品质、精神动力。地处义安的铜陵江南文化园，融入了时尚娱乐文化、美食文化、旅游休闲文化、建筑文化、太白文化、古铜都铜文化、山水园林城市文化、八百里皖江文化等，打造出靓丽的人文风景线，成为安徽旅游业中崛起的新品牌。

（4）渡江解放第一城

1949年4月20日，南京国民党政府拒绝在《国内和平协定》上签字。按照既定部署，人民解放军渡江大军以排山倒海之势向长江南岸发起强大攻击，打响了震撼中外的渡江战役。依据战役计划，中突击集团军首先发起渡江作战。4月20日17时，二十四军用炮火摧毁敌沿江工事，掩护船只由内河翻坝入江，掩护各师第一梯队团上船。20时，突击部队开始上船。21时15分，二十四军发出开船命令。七十师第一梯队4个营以船为单位（每船一个班至一个排），在无为登垅地、仙估庙地段横渡长江，向铜陵文兴洲的新江口、沙凸拐、洼沟方向前进。七十一师第一梯队4个营在无为太阳洲起渡，向铜陵姚墩、王家拐急进。21时35分至45分间，两个师的先头部队在火炮和机枪掩护下，在文兴洲的新江口、东风泡和紫沙洲的套口等地强行登陆。七十师二一〇团9连3班和二〇九团5连

8班分别获得“渡江第一船”和“渡江突击模范班”光荣称号。七十师和七十一师先头渡江部队按预定作战任务攻击前进，在鳊鱼肚胜利会师。至4月21日凌晨1时，七十师在七十一师配合下全歼文兴洲守敌。4月21日凌晨4时，七十师以小木船和三脚架等简便器材渡过夹江。守敌南逃，全师展开追击，攻占太平街、汀洲，然后兵分两路会攻铜陵县城，国民党守军见状纷纷向东南逃窜。上午8时，人民解放军顺利占领铜陵县城，成为渡江战役发起后江南沿岸最早解放的城市。至4月22日上午7时，二十四军相继占领大通、顺安，并与二十一军、二十七军胜利会师。在渡江作战中，二十四军共计歼灭、俘虏敌军三千余人。

铜陵义安，以其“江南解放第一城”的独特殊荣载入共和国史册。当年渡江作战，组成东、中、西三个突击集团军，地处中突击集团军作战地带的铜陵，成为人民解放军发起渡江战役的突破口。铜陵位于安徽省中南部，长江中下游，东锁芜宁，西扼宜汉，南通浙赣，北达中原，战略位置十分重要。铜陵沿江防线近百里，多处有洲滩夹江，特别县城以下江岸，地势平缓，登陆容易。作为渡江战役的首攻地，铜陵义安更有着坚实的党组织和群众基础。为策应大军渡江，铜陵人民做了大量工作，建立情报站、掌握江边国民党军布防情况、协助解放军先遣渡江大队侦察敌情、开展对敌宣传和瓦解工作、做好群众支前工作。在大军渡江期间，铜陵人民供给过境的解放军粮食25万斤、马料2.5万斤、柴草8.6万斤，支援前线木柴200万斤，修补公路75千米，恢复和架设电话线路85千米，抢修架桥5座。解放大军所到之处，沿途群众自觉设茶水站，烧茶送水，不少人家还煮鸡蛋、米糕等摆在门前或送到路边、村口，热情慰劳人民子弟兵。在党的领导下，义安人民为迎接大军渡江做出了无私的贡献。如今，作为江南解放第一城的铜陵义安，今昔巨变，发展突飞猛进。烽火硝烟虽已不再，渡江精神却永存。义安在转型升级、高质量发展的“大江大河”中，传承渡江精神，缅怀红色基因，烙下精神密码，打造城市文化名片，在实现“两个一百年”奋斗目标的历史交汇期，团结奋进，改革创新，深度融入长三角一体化发展，谱写现代化幸福义安新篇章。

（5）长江石文化

长江石是中国观赏石的重要组成部分之一，是从长江发源地青藏高原的唐古拉山脉到长江出海口吴淞口整片流域的奇石总称。铜陵义安位于长江中下游，长江石资源丰富，有许多收藏、经营、保护和研究长江石的爱好者。长江流域长、流量大、河流落差大、水流湍急、流域地质结构复杂等为长江石形成提供了良好的条件基础。各种岩石经过长江水的搬运、水砂打磨、矿物质的浸染，在经历漫长岁月后，形成了质地细腻、石表光滑、花纹奇特、色彩丰富、品种繁多的长江石。长江石水洗度好，皮老质坚，把玩手感极佳，形成的图案千姿百态，造型鬼斧神工，有人物风景、天文地理、飞禽走兽、奇花异草、文字静物、化石标本等，数不胜数，是赏石家族中不可多得的石种，深受全国各地石友喜爱，是我国著名石种之一。长江石中著名的石种有画面石、长江红、金沙彩、芙蓉石、彩卵石等。对于长江石可从水冲度、石形、石质、画面内容四个方面来确定其价值，概括起来就是皮、形、质、意。纪录片《话说长江石》中以长江石的解读为文化视角，揭示了长江流域历史变迁、人文气象、自然景观、社会发展等方面的文化意蕴，展示了长江流域优秀的历史文化传承，弘扬了长江石文化。铜陵市长江石文化协会成立时，举办了首届长江石精品展，共展出长江石 268 方，吸引了来自全国各地的 200 多名长江石爱好者参观鉴赏，其中有许多义安收藏者。这些形态各异的长江石，有的价值连城精如珍宝，有的栩栩如生似鸟若兽，有的引人入胜浩如风景，让参观者赞叹称奇。长江石作为一种文化资源，它的研究与保护，对打造精品意识、弘扬义安地域人文、促进皖江经济和文化发展有着积极意义。

(6)“曹韩沙谶”与状元文化

义安区老洲乡别名曹韩洲，在清代乾隆时期的《铜陵县志》中被称为铜陵洲。此洲初现于宋代，成洲于明代，在明代中后期始有住户。明代嘉靖时期的《铜陵县志》“卷一·山川篇”对曹韩洲的记载：“在县南十里大江之中，相传水涸之际，视其沙嘴团圆涌出，则次年必有登第者。谶曰‘曹韩沙嘴圆，铜陵出状元’。教谕杨泰有诗。先年间沙嘴一圆，章应雷中探花。近年复圆，则发科发解，登第者日进，于盛尚未可量。人以为其谶果验。”《曹韩沙谶》为杨泰《铜陵八景》诗之一，此后流传于民间，作为诗谶让不少民众，尤其是读书人心驰神往。清代乾隆时期的《铜陵县志》“卷十三·古迹”对曹韩洲的记载：“在县西江中，昔传罗隐有‘曹韩沙嘴圆，铜陵出状元’之谶。后人于水涸之际，视沙嘴形圆，邑必有登第者。”罗隐，字昭谏，杭州新城人，唐末五代时期诗人、文学家、思想家。古时铜陵人借罗隐之口，表达了铜陵多出人才的美好愿望，这是崇文重教的优秀传统的体现，那渴望成就的“千年状元梦”，在明清两代官方志书里都有明确记载，实为文化幸事。清代彭文炜《曹韩沙谶》中的“就知谶纬无虚兆，伫看长安一日花。”与孟郊《登科后》中的“春风得意马蹄疾，一日看尽长安花。”谐和。高中状元、及第登科是古代学子的人生夙愿。而《曹韩沙谶》，期待每年江水退却后沙嘴能圆，即使来年出不了状元，多出些人才总是好的。事实上，在科举考试的 1284 年里，铜陵只出过文科进士 29 人，武进士 7 人，探花 1 人，并没有出过状元。状元梦或者说状元文化，则是铜陵古今人的美好愿望。

（7）戏剧《量江记》

传奇剧本《量江记》取材于《宋史·樊叔清传》，全剧分上下两卷，共34出，故事情节曲折跌宕，引人入胜。该剧本的主要内容：南唐时期，后主李煜沉溺酒色，奸臣当道，池州人樊若水怀才不遇，思谋明主，不畏艰难，独自深夜驾舟于采石矶附近丈量长江。待资料俱全后，他过江向宋太祖进献浮桥渡江之策，被宋太祖委以重任，督造舟桥，一举征伐南唐成功。与此同时，他池州府老家的母亲及妻子，误信算命先生传言，以为他在采石矶投水身亡了，于是也来到采石矶一起投江，被神明救起后，又被南唐朝廷爪牙抓捕，关进后宫为奴。樊若水在北宋出任舒州知府时，派人潜入池州接家人北归，却得悉她们已投江，悲伤不已。南唐覆灭，樊若水押解南唐俘虏前往汴京时，途中意外与妻、母团聚。全剧假托鬼神，借古讽今，剧情跌宕起伏，言辞秀美，语调工整，具有很强的艺术感染力，是中国戏剧史上的佳作名篇，传唱三百年不衰，直到中华民国时依旧在演出。

历史上樊若水，南唐池州人，为官宦家庭，其祖父和父亲都担任过南唐县令，其本人在南唐屡试不第，仕途无望，又自认才干超群，故思谋投奔宋太祖。《宋史》中记载："渔钓采石江上数月，乘小舟载丝绳，维南岸，疾棹抵北岸，以度江之广狭。""开宝三年，诣阙上书，言江南可取状，以求进用。"赵匡胤采纳了他的计策，赐他"恩科进士"，授舒州（今安庆一带）军事推官。开宝七年九月，大将曹彬、潘美统帅大军，出师江南，樊若水拜太子右赞善大夫，随军同行。十一月樊若水在采石矶，仅三天就架桥成功，潘美率宋军顺利过江。开宝八年十二月，南唐后主李煜奉表投降，南唐灭亡。樊若水因立大功擢拜侍御史，后升江南转运使，位高权重。宋太宗继位后，他依然受到重用，担任过京西北路转运使、荆湖转运使等职，并蒙太宗赐名"知古"，因此有《宋史·樊知古传》。

《量江记》作者佘翘，字聿云，号燕南，亦称铜鹊山人，铜陵大通镇人，明代戏曲作家、诗人。其父亲佘敬中是大通佘家"一门三进士"之一，而佘翘本人与剧中樊若水一样，屡试不第，仕途无望。佘翘性聪颖，笃志好学，工习诗文，研读经史，四岁即能授书成诵。幼时，其诗文曾受到汤显祖的赏识，惊称其为"小友"，并赠诗褒扬。汤显祖在《答佘聿云》中赞道："芳尊几借清韶色，妙墨传看锦绣文。为道碧鸡光景在，汉宫谁许洞箫闻。"佘翘一生著述颇丰，写有剧本《量江记》《赐环记》、杂剧《锁骨菩萨》等。其中，以《量江记》成就最为突出，当时的戏曲评论家吕天成称"《量江记》全守韵律，词调俱工，一胜百矣"。

冯梦龙也称《量江记》为罕见珍本，能与汤显祖的“临川四梦”并立。

3. 吴楚文化

中华文化由南北二元耦合而成，北方以黄河文化为标识，南方以长江文化为表率。在长江文化的第一个辉煌期，春秋战国时期的巴蜀北抗秦陇、内结羌濮以成为南强国，楚国筚路蓝缕、转弱为强一跃而为春秋五霸和战国七雄，以及吴国北进西突、东拓南征和越国的卧薪尝胆发愤图强，都表明了文化精神的自强不息。正是凭着这种精神，创造出了由巴蜀文化、荆楚文化和吴越文化汇聚成的上古长江文化的辉煌。

从楚人先祖熊绎被“封以子男之田”作为楚建国封号开始，到公元前 223 年秦灭楚，楚国有 800 余年历史，形成了光辉灿烂、博大精深的楚文化，为中华民族的古老文化增添了耀眼的光彩。屈原的《离骚》《白雪》《下里》《巴人》都是当时楚国的歌曲。民间节日端午节，也是从楚地兴起。楚文化里出现过楚庄王、孙叔敖、屈原、宋玉等一大批杰出的政治家、军事家、思想家、文学家，其成果包括天文、历象、算数、冶金、织帛、髹漆、筑陂、筑城、筑室、道术、辞章、艺事等方面。

商朝末年，周太王长子太伯、次子仲雍为把王位让贤于三弟季历，两人一起从陕西的岐山出奔到长江下游的荆蛮之地，两人抛却故国一切传统礼俗制度，入乡随俗，断发文身，得到当地居民的敬仰拥戴，成立了“句吴”，即江南第一个国家雏形。

吴、楚地处长江中下游地区，是古代两大诸侯国家，连年争霸战争，为吴、楚文化交流开拓了渠道。吴国任用楚人伍子胥为相，破郢都，大败楚国。楚国学习吴越先进铸剑技术，在战争中发挥巨大威力。吴国仿造楚式青铜器，纳楚民土坑墓葬俗；楚人则效法吴之坟丘。这些让吴、楚文化得到进一步交融。楚灭吴越统一长江中下游后，成为“东楚”富饶地区。吴楚文化是异源同流的二元性文化，即指从古到今存在于吴、楚交错地段的人类学文化，其中心区域是指鄂东、皖南、赣北等地。其广义指源自先秦、历代不绝而延续至今的吴楚之地文化或长江中下游文化。铜陵义安位于“吴头楚尾”之地，处在吴楚文化交融的中心地段，在吴中有楚、楚中有吴的文化交融中，形成了独特的地域文化特质：在农耕文化、青铜文化、建筑文化、民俗文化、舟楫文化、蚕桑绢丝织绣文化等方面，兼收并蓄，容纳吴楚精神气质，绵延生息，进取发展。义安文化有吴楚文脉之昌盛、江南文化之精粹，在泛长江三角洲新文化整合中，开放视野、奋起发展。

（三）非物质文化遗产

铜陵市义安区人文历史悠久灿烂，在多元文化交融中形成了义安的民间文学、民间舞蹈、民间音乐、传统手工技艺、民间习俗、民间美术等非物质文化遗产。截至2021年，义安区确定非物质文化遗产代表性传承人19人，其中5人为省级传承人；入选为安徽省省级非物质文化遗产名录的有竹马灯、铜陵牛歌、铜陵白姜制作技艺；铜陵凤丹制作技艺、中国传统石蜡法、顺安酥糖制作技艺、五松糖画制作技艺等18个项目入选为市级非物质文化遗产名录；民间文学等25个项目入选为县级非物质文化遗产名录。

铜陵铜采冶史，长达3000余年，西汉设唯一的“铜官镇”，六朝著名的“梅根治”、唐宋时的“铜官场”“利国监”等历代官方采冶机构，均设置境内，世称“中国古铜都”。义安作为铜陵采冶铜的核心区，从商周至今，伴随着灿烂的铜文化，形成了众多的民俗文化，为丰富的非物质文化遗产积淀了优势资源、奠定了基础保障。义安位于安徽省中南部，长江中下游南岸，境内河流和天然湖泊众多，山林茂密，物产富庶，是多元移民文化的交融地区，形成了三种文化形态，分别为以铜矿采冶生产为基础的矿山文化、沿江南岸圩区渔牧农耕文化和城镇商贸文化。作为移民城市，义安非物质文化遗产具有两个明显特征：一是承载着几千年铜文明史的传承意义，曾吸引众多文化名人，来此创作诗歌作品，还有本土的民间故事、谚语、歌谣等义安非物质文化遗产，原汁原味，丰富多彩。二是原生态的自然特征，在长期文化交融中生成的义安非物质文化遗产有着特定的地域人文内涵，如铜陵凤丹、中华白姜、顺安三月三庙会等，成为特定的乡土记忆、宝贵的精神财富。义安人对这些古人的智慧结晶进行多层次、多角度的宣传、保护、传承和管理，形成了广泛合力，并成果显著，具体如下。

1. 铜陵牛歌

铜陵牛歌，流行于安徽沿江地区，属于民间童歌。义安地处安徽沿江地区，自古以农耕为主，有耕就有牛，有牛就有牧，有牧就有牧童，有牧童就有了放牧童歌。在义安的老洲、东联、西联、天门、顺安一带圩区，草滩大、水潭多，是天然牧场。农村牧童每天晨出暮归，到田野湖滩放牛时，用歌声邀约同伴，结队前往。牛到牧场以后，只要吃草不走失，牧童们就可以对歌嬉戏，尽情开怀。牛歌是生活的真实写照、情感的表述。“顺安三月三古庙会”，旧时有个牛市，买牛卖牛的远近农民，都前来赶会。收市时集镇不远的放牛滩上，有数不清的牛和牧童，他们相互对歌，此起彼伏，汇成歌声海洋。中华人民共和国成立初期，基层文化站对铜陵牛歌进行初步发掘，选词记谱，并于1956年由两名代表对整理后的歌曲进行排练，参加了安庆地区民间文艺会演，这是“铜陵牛歌”第一次在舞台上展现。次年，此节目被选送参加安徽省首届民间音乐舞蹈会演，大获成功，荣获节目发掘奖、优秀节目奖、整理奖和演出奖，并被著名作曲家时乐蒙称为“中华民族人民的天才创造”。铜陵牛歌1959年被编入《安徽民间音乐》第二辑，1962年被编入上海戏曲学校的《民族音乐简谱视唱教材》，此后成为省、市、县文艺团体的保留节目和许多广播电台（包括中央人民广播电台）的音乐选播节目，1985年入选中国艺术研究院音乐研究所编著的《中国音乐词典》，1992年被收入《铜陵县地方志》，2006年被列入首批安徽省省级非物质文化遗产名录，2007年5月又成为安徽省第二批国家级非物质文化遗产名录的申报项目。

演唱“铜陵牛歌”

铜陵牛歌艺术特色突出，特别是对歌部分多为不固定的即兴问答，俗称“见风挂牌”。“见风”指身边事、眼前景，如“重打锣鼓重开台，我出牛歌给你猜”“什么团团团上天？什么团团在水边？什么团团长街卖？什么圆圆姐面前”等，天真机智，幽默逗趣，即问即答，反复循环，都是大白话，简洁精炼，合辙上口，充满朴素童趣，唱得天真无邪、自得其乐，是生活的悠然闲恬，演唱嬉戏，却不嬉闹。其曲调在曲式结构上比较复杂，调性对比特点鲜明，调式色彩十分独特。其旋律动听，在对比段采用五声角调式，因为主音缺少属音支持，无法分解和弦，所以影响演唱旋律的适度行进。但表演者在演唱时巧妙克服了此弱点，令人耳目一新、拍案叫绝。由于方言的特点，铜陵牛歌音域不宽、起伏较小，如第一、三两段，即呈示段和再现段，音域只有六度，显得非常舒缓、悠扬；对比段的速度和节奏有变化，显得活泼跳跃，音域仍在八度以内。铜陵牛歌通篇旋律，除偶尔出现五度跳进外，多为三度以内的小跳或级进，体现了义安人安逸祥和、平稳递进的追求。铜陵牛歌与安徽的徽剧、黄梅戏等地方戏曲有着千丝万缕联系，黄梅戏《刘三姐》就将铜陵牛歌吸收改编为戏里的主要唱段。在舞台演出铜陵牛歌时，大量吸收徽剧《小放牛》、黄梅戏《打猪草》等戏里的孩童形象，形成特别的表演风格。

2. 竹马灯

竹马灯又叫耍马灯、踩马灯、跑马灯、唱马灯，是一种民间歌舞。竹马灯是义安人的传统民俗，2006 年成功申报为安徽省非物质文化遗产，传承人是牧怀柱。竹马灯在义安区钟鸣镇牡东村白牡岭自然村，制作演出，经久不衰，其表演内容为三国“关公解皇嫂”故事，通过民间加工，配以民间乐器道具，形成集布阵、穿花、跑马等为一体的表演形式。竹马灯由竹子做支骨，扎成马首、马尾的形状，糊上纸，内燃烛火，并将前马首、后马尾固定在舞者腰上，如骑马状，类似踩旱船。舞时或骑马徐行，或疾驰跳跃，动作轻松活泼，情绪热烈奔放，边舞边歌。竹马灯全队共 40 多人，八匹马，八人骑，两个小生，一个扮书生手扶扇，另一个执令旗，各骑红马。两个小丑，顽童打扮，各骑白马。其余两对扮作村姑和青年，各骑黄马。四盏四角灯，两幅城墙城门布条。由骑红马的小生领头，在广场上做流动性表演，呈现各种队形变化的舞蹈，乐曲有《五更响》《补缸歌》《卖杂细》等。竹马灯是集故事情节、民间美术、民间音乐、民间舞蹈、民间手工艺、民俗信仰于一体的民俗。

竹马灯，起源于明末，兴于清代。传说明末清初，白牡岭南方的竹马公山上，在夜里听到马铃声，有人看见一个红脸大汉，疑是“关公老爷”现身。该村遂要玩灯纪念，四处游玩，接受人们烧香、朝拜、许愿，逐渐形成一种集布阵、穿花、跑马等为一体的汉族民俗表演舞蹈。竹马灯，在全国各地流行，表演形式和风格，有所不同。竹马灯元代传入福建，在福建闽西龙岩、闽南南靖等地，受群众喜爱。龙岩适中竹马灯，十人十骑，从人物脸谱、舞蹈动作及队形变化上看，属于表现丰收喜庆迎宾的欢乐场面。闽南竹马灯，则表演《昭君和番》的故事，脸谱各异，服饰有别，出场时有番兵头、小丑、小生刘状元、番王等，有的还加毛延寿，也是十人十骑。清代潘荣阶的《帝京岁时纪胜》记录了清代北京元宵汉族民间娱乐活动“岁时杂戏、元宵杂戏、剪彩为灯……博戏则骑竹马”。在安徽宁国、朗溪等地，至今仍流传着竹马灯。

3．铜陵白姜制作技艺

铜陵白姜为铜陵八宝之一，种植历史悠久，可追溯到春秋时期，在《史记》中早有记载。北宋时铜陵是全国著名的生姜产区，铜陵白姜也为朝廷贡品。传说乾隆下江南品尝“铜陵白姜”后，指定其为贡姜。铜陵白姜是安徽省著名特产，享有“中华白姜”的美誉。义安种植铜陵白姜的历史已有2000多年，始于西汉，兴盛于北宋，衰落于元末明初，复苏于清朝，振兴于中华人民共和国成立以后，大发展于改革开放后。尤其是实行社会主义市场经济以来，种植面积逐年扩大。2008年，铜陵白姜加工制作技艺被列入安徽省省级非物质文化遗产名录。2009年，被批准为国家地理标志保护产品。

田头采姜

铜陵白姜生产工艺有两大环节：一是种植，二是成品加工。

种植过程从第一年12月选好姜田开始，到次年11月上旬收获为止，需一年时间。搭姜棚，姜田要深翻一尺多深；追肥，要弯着腰往姜棚里挑肥料。在清明前后下种，选择优质良种，看护要细致。生姜喜潮，怕干旱、高温，喜阴怕阳，生长期需要通风，同时要防止大风将姜棚吹倒打折姜禾。义安的铜陵白姜种植技艺形成了一整套独特完整的栽培方法，可概括为24个字：“深挖起垄，切芽播种，搭棚遮阴，收获手拔，姜阁储种，炉火催芽。”

成品加工，将呈乳白色至淡黄色的鲜姜加工成腌制姜、糖醋姜、糖冰姜、酣酢姜、姜脯、姜汁饮料、姜汁啤酒、生物抗氧化剂等系列产品。铜陵白姜以“块大皮薄，汁多渣少，肉细脆嫩、香味浓烈”等特色而闻名，营养丰富，除含有姜油酮、姜油酚、姜油外，还含有蛋白质、糖、脂肪，以及人体所必需的钙、磷、铁、胡萝卜素、硫胺素、核黄素、烟酸、抗坏血栓和无机盐等营养成分，有除湿、发汗、增温、健胃、止血、去寒、化痰解毒、增进食欲等功效。每年十月，义安家家户户、大人小孩都忙着腌制生姜。腌制工艺要选优质姜，整块刮姜不能掰断，以防成分流失没有了姜香味，还要经过漂洗、日晒、腌制脱水、装瓶制糖醋卤浸泡等工序，最后封口。腌制酱姜，要在盐制脱水白姜后，在装瓶时将酱油熬红辣椒水或生抽灌入瓶中浸泡，封口即成。

4. 中国传统失蜡法

中国传统失蜡法为中国古代青铜铸造技术的重要成就，最早见于商代中晚期，先秦已开始使用，兴盛于隋唐，是明清以前皇家铸造青铜重器的传统工艺。中国传统失蜡法的来源有三种说法：一是商代起源说。以湖南宁乡出土的商代晚期四羊方尊和商代钟铙为证，二者均为失蜡法铸成。二是西汉时期外来说。以云南晋宁石寨山滇人墓葬群出土的大批西汉初期用失蜡法铸造的青铜器为证，学者认为在公元前2世纪，失蜡法通过云南传入中原地区，是随着佛教的传播由印度传入。三是最迟发明于春秋早中期说。以河南淅川春秋晚期楚令尹子庚墓出土的失蜡法铸造的铜禁等器物为证。北宋时期的《宣和博古图》中谈及周召公尊：“尊有五指痕……今此指痕以蜡为模，以指按蜡所成也。”这段文字是最早谈及失蜡法的文献。另一本《洞天清禄集》中记载了整个失蜡法的工艺过程。《宣德鼎彝谱》中记载了明代铸宣德炉用黄蜡作模坯。近代中国传统失蜡法广泛流传于北京、山西、内蒙古、江苏、广东、云南、青海、西藏等地，被列入安徽省第三批非物质文化遗产名录，郑东平是其代表性传承人。

失蜡法是熔模铸造的俗称，属于精密铸造，亦称走蜡、失蜡，古代又称拔蜡。其铸造模型由可熔性材料制成，古代多用蜂蜡、松香和动植物脂肪混合物加热融合后制造蜡模。其工艺步骤如下：蜡料加热混合—制作蜡模—在蜡模上复涂敷泥范范料—泥范阴干—烘焙泥范（此时泥范内蜡料熔失，故称失蜡）—将金属液浇入泥范空腔内—金属液凝固成形后敲碎泥范—去掉浇铸系统—磨抛—铸件成品。失蜡法在各时期除了用料不一样，制作方式基本相同，不同的是民国以前失蜡法基本上用古法，一模一器，而现代失蜡法可以重复使用同一个模具，大大降低了制作成本。蜡料可塑性好，雕塑纹饰方便，可以塑造出不同形状的精细复杂块范，铸造缠绕状的足、纽、镂空的三维立体花纹等。历史上，失蜡法广泛应用于铸作鼎、彝、印玺、乐钟和佛像，深受人们喜爱。中国传统失蜡法具有重要的历史、文化和科研价值，有着青铜文明的瑰美记忆，对弘扬青铜文化精神，推进义安传统工艺的利用、保护、发展和传承，有着极高的人文价值和传承意义。

5. 铜陵凤丹制作技艺

凤丹，又名铜陵牡丹、铜陵凤丹，属江南品种群。义安区顺安镇凤凰山是凤丹的原产地，已有1600多年栽培历史。清代乾隆时期的《铜陵县志·古迹》中记载："长山石窦中有白牡丹一株，高尺余，花二三枝，素色艳丽。"葛洪，字稚川，东晋道教理论家、医药学家和炼丹术家。他所种仙牡丹，相似凤丹，位于顺安镇长山。铜陵地区大量种植凤丹始于明代永乐年间，主要在顺安凤凰山一带。明崇祯年间，凤凰山药用牡丹的生产已达一定规模，到了清代，发展为全国著名的牡丹皮产区。1757年纂修的《铜陵县志》中把凤丹皮列为当地主要物产之一。顺治《铜陵县志》中记载："丹皮，居山人多栽之。以售他出。"清同治年间，凤丹皮市价昂贵，未经晒干的凤丹皮鲜根价至"万斤稻谷易其担"。凤凰山地区所产牡丹皮叫凤丹皮，品质上乘。

种植凤丹要经过4～5年的生长期才能收获，一般在每年秋末初冬时收获，此时凤丹地面部分已经枯萎，养分集中在根部。此时将凤丹根挖出来，掐去根须，除去泥土，晒干后用手从较细的侧根开始，在粗端扭拧，使根皮破裂，顺势抽出木芯，留下的丹皮根经过刮皮、分拣、包装等工序后，即为成品凤丹皮。凤丹皮与白芍、菊花、茯苓并称为安徽四大名药，亦是中国34种名贵药材之一。《中药大辞典》中记载："安徽省铜陵凤凰山所产丹皮质量最佳。"凤丹为珍贵中药材，所含化学成分有芍药甙、丹皮酚、丹皮甙、丹皮多糖、苯甲酸、甾醇、挥发油等，其中丹皮酚可用来制作抗心血管系统疾病的药物，丹皮酚含量的高低是检验丹皮品质优劣的主要指标。凤丹有根皮粗、肉厚、粉足、木心细、亮星多、久贮不变质等特色，有镇痛、解热、抗过敏、消炎、免疫等药用疗效，还可作为牙膏、香皂、花露水等日化产品的添加剂，在食品防腐、卫生保健等方面大有市场。凤凰山被国家农业农村部等部门评为“中国南方牡丹商品生产基地”和“中国药用牡丹之乡”。“铜陵凤丹”已通过国家地理标志认定。1998 年和 2002 年“铜凤”牌凤丹皮被安徽省人民政府授予“安徽省名牌农产品”。1999 年，凤丹皮作为中国农业协会的指定产品，参展农业博览会。作为安徽省知名农产品，凤丹皮还先后参加了广州、西安、上海、深圳、珠海、合肥等地农产品展销会。2014 年 6 月，铜陵凤丹制作技艺入选第四批安徽省省级非物质文化遗产名录。

制作凤丹皮

（四）文化遗存与文物

铜陵义安，以铜文化的历史为传承根脉，随着多元文化而衍生出古铜都文化。铜文化是义安城市的灵魂，当地青铜文物及采冶遗址众多，其中木鱼山古采矿遗址和金牛洞古采矿遗址是国家级重点文物保护单位。铜陵地区矿冶历史悠久，汉武帝元封二年（公元前 109 年）即在铜官山（当时属丹阳郡）置铜官，从此铜陵的铜矿采冶就未中断。李白在《秋浦歌》中所写的“炉火照天地，红星乱紫烟。赧郎明月夜，歌曲动寒川。”和在《答杜秀才五松见赠》中所写的“铜井炎炉歊九天，赫如铸鼎荆山前。”等诗句，反映了当时铜矿采冶规模宏大、气象壮观。

义安文化遗址从不同的侧面反映了义安各历史时期的社会活动、社会关系、意识形态，以及利用自然、改造自然的人文记忆，是义安宝贵的历史文化遗产。《保护世界文化和自然遗产公约》中指出，文化遗产包括历史文物、历史建筑、人类文化遗址，如古遗址、古墓葬、古建筑、石窟寺、石刻、壁画、近代现代重要史迹及代表性建筑等不可移动文物。而义安文化遗产主要为义安各时代的重要实物、艺术品、文献、手稿、图书资料等可移动文物。文物二字始见于《左传·桓公二年》中的记载：“文物以纪之，声明以发之。”《后汉书·南匈奴传》中记载：“制衣裳，备文物。”此时的“文物”是指当时的礼乐典章制度，与现代所指文物的含义不同。到唐代，骆宾王诗中有“文物俄迁谢，英灵有盛衰”，杜牧诗中有“六朝文物草连天，天淡云闲今古同”。这里所指“文物”的含义接近于现代，指前代遗物。北宋中叶（11 世纪），以青铜器、石刻为主要研究对象的金石学兴起，以后又逐渐扩大到研究其他各种古代器物，并把这些器物统称为“古器物”或“古物”。在明代和清初普遍使用的名称是“古董”或“骨董”，到清代乾隆年间（18 世纪）开始使用“古玩”一词。义安的文物及文化遗存，是义安社会历史发展进程中遗留下来的、由人类创造或者与人类活动有关的一切有价值的物质遗存的总称，具有历史、艺术和科学的研究价值，深含世代传承的文化价值，是有形文化遗产。

1. 荆公书堂

荆公书堂遗址位于义安区顺安镇明湖村晃灵山北麓，始建于北宋宝元二年至庆历二年之间。明代嘉靖时期的《铜陵县志》中记载，北宋宝元二年，青年王安石曾应铜陵乡绅胡省一重金相聘来此讲学。他讲学之地初名“逢原堂”，后改称“荆公书堂”。据说北宋宰相盛度是铜陵人，告老回乡归居铜陵后，因与王安石家是世交，经盛度介绍，铜陵乡绅胡省一请王安石来铜陵讲学，并陪他儿子胡舜元读书，为此建了一座书堂。王安石时年 21 岁，感念胡氏及其子侄笃志好学，取“君子资深逢原”之意，为书堂提名“逢原堂”，即表达志同道合，有着共同的理想抱负。荆公书堂周围环境清幽，风景绝佳。青年时期的王安石在这里奋发读书、讲学授道、抒发理想、广交贤良、感怀酬唱，充分施展了他的才华。3 年后，王安石从此地赴考，高中进士，荆公书堂就成了他魁星文运的发迹地。王安石，字介甫，科举入仕后曾两任宰相，后被封为荆国公，后人就将逢原堂改为荆公书堂。王安石是北宋改革派代表人物，因创新法以革弊政而被列宁称为“中国十一世纪的改革家”。

荆公书堂建成后，胡家后代人才辈出，成了铜陵名门望族。从荆公书堂走出去的胡舜元，胡舜元的女婿、门生、侄孙和孙子等 7 人都先后考中进士，史称“一堂七进士”。荆公书堂开创了铜陵义安重学、好学的人文风尚，影响了一代又一代铜陵人。以前铜陵有个习俗，每当新生入学或者家有考生，就会来荆公书堂转一转、拜一拜，启蒙开笔，崇尚先贤。荆公书堂闻名铜邑，见证了王安石与铜陵胡氏交往深笃。之后从宋代至明代，上至宰辅，下到小吏，留下不少有关荆公书堂的吟咏之诗。随着历史变迁，荆公书堂于元代废弃，虽经几次重建，后沦为败瓦颓垣。荆公书堂周围松林蔽日，竹影遮天，山川灵秀，风景绮丽。近旁的江南名刹大明寺，久负盛名，建于北宋嘉祐八年（1063 年），曾多次修葺或重建。在荆公书堂出土的石额刻有“钟灵毓秀”四个大字，为王安石亲笔题写。近旁有灵窦、海眼二泉，终年流水潺潺，如今仍有岩刻。王安石拜相后，数度重游荆公书堂，写下《题灵窦泉》《题顺安临津驿》《赠胡舜元公逢原堂》三首佳作，并为大明寺赐额。

2. 灵窦泉

灵窦泉位于义安区顺安镇明湖村晃灵山北麓，又称蟹眼泉、灵宝泉、海眼泉、万世海眼泉。清代乾隆时期的《铜陵县志》记载，在叶山山腰有灵窦泉，泉出两眼，形似蟹眼，故名蟹眼泉。民间传说，灵窦泉有六个泉眼，终年泉水不干，曾有龙含石而出。此泉在晃灵山下，大明寺的后山、荆公书堂遗址的近旁，周围茂林修竹，云环雾绕，幽谷流泉，鸟语花香，景色十分宜人。传说在陡峭的石壁上终年呈湿润状，洞石上有两个形如蟹眼的石孔，两股清泉终年从中涌出，这就是灵窦泉。每当夏汛和秋雨之际，泉水喷涌而出；旱季，泉水则缓缓流淌。灵窦泉四季变化无穷，为义安奇异景观。王安石青年时期曾寓居在此读书讲学，他及第拜相和实行变法期间多次旧地重游。每当清晨和傍晚，王安石常在泉边驻足流连，面对悬挂在半山腰间的奇丽山泉触景生情，写下《题灵窦泉》：“山腰石有千年润，海眼泉无一日干。天下苍生望霖雨，谁知龙向此中蟠。”他借景抒情，表达了感怀苍生的心灵夙愿，体现了他“务为有补于世”的人文精神，也披露了他心怀壮志的宏大政治抱负。

3. 赵氏宗祠戏楼

赵氏宗祠戏楼（简称赵祠戏楼）位于义安区东联镇水浒村，为明清建筑风格，是铜陵唯一一座古戏楼。赵祠戏楼门上悬挂“赵氏宗祠”鎏金牌匾，门楼两侧立有巨型石鼓，刻有龙凤图案。赵祠戏楼为砖木结构，分上下两层，内有木制简易楼梯，墙体为青砖砌成，白灰抹面，小瓦盖顶，楼北侧有 4 个飞檐翘角，中间开门，左右各 3 大间。赵祠戏楼内部木质结构，全部由木雕刻成的木条拼榫而成，顶部有一大两小 3 个藻井，穹顶结构精致，彩绘鲜艳可见，一榫一卯尽显古代工匠智慧。该戏楼保存较好，造型古朴雄浑，青砖碧瓦，雕梁画栋，飞檐翘角。赵祠戏楼斗拱、藻井、柁梁等处可见形象逼真的木雕，有人物、龙、凤、狮等形象。赵祠戏楼的彩绘图案形态各异，飞禽走兽、花鸟鱼虫应有尽有，栩栩如生，为罕见艺术珍品。戏台上方的天花，当年吊了几盏大汽灯；两边厢房供演员进出、化妆、住宿；戏台后半部为文武场，是敲锣打鼓、存放道具的地方。赵祠戏楼于 1999 年 6 月 10 日被列为县级重点文物保护单位，2011 年 8 月 9 日被列为市级文物保护单位，2012 年 6 月 21 日被列为省级文物保护单位，2014 年赵氏戏楼自然村被列入第三批中国传统村落名录。

4. 临津驿

临津驿位于铜陵市义安区顺安镇，已有 1400 多年历史，在今顺安镇回龙山畔。史载，唐初贞观年间（638 年左右），朝廷在铜陵顺安设立临津驿，专供传送公文的使者换马、就餐和过往官员憩息住宿，兼具交通和邮递功能。顺安地处南（京）浔（九江）古道中段，沿江通衢，且有顺安河上连内地山区，下通长江，为通江的要道“水口”，水陆交通十分便利。唐宋时期，铜陵矿冶业兴盛，临津驿也人烟繁华。北宋名相、唐宋八大家之一的王安石，于北宋宝元二年（1039 年）在大明寺（逢原堂）读书，常与友人来临津驿游玩。熙宁九年至元祐元年（1076—1086 年），王安石辞相后多次来铜陵讲学，仍寓居于大明寺、临津驿，并写下诗文，其中《题顺安临津驿》最为脍炙人口，诗中写道：“临津艳艳花千树，夹径斜斜柳数行。却忆金明池上路，红裙争看绿衣郎。”诗里的金明池为人工池，于北宋太平兴国三年（978 年）开凿，在汴京开封城西南郑门西北，初为军队演习水战之用，后成为著名的水上园林。《水浒传》中曾写道：“金明池上三春柳，小苑城边四季花。”王安石借汴梁最繁华的金明池来媲美临津驿，可见当时顺安商贸繁华、人群欢快、车水马龙、风光旖旎。传说李白自南陵来铜陵游览五松山，多次驻足临津驿。北宋宝元二年（1039 年）铜陵石洞耆人，北宋知枢密院事盛度告老还乡由南京路过顺安时，驿承率全镇百姓隆重迎送。盛度在此下轿，向乡亲致谢。北宋贵上耆（今钟鸣镇）林学家陈翥和新桥凤凰人翰林院著作郎胡舜元等，居家离此地不远，经常小憩于临津驿。

5. 葛仙洞

葛仙洞位于铜陵市义安区顺安镇，坐落在顺安镇陶山村杏山。此洞系由石灰岩层流水侵蚀而形成的天然溶洞，洞口海拔 35 米，洞内有个 3000 平方米的大厅，四壁钟乳石千奇百怪，有八卦台、石床、石几、花堰泉、丹井、响洞、大象峰、天柱峰、万年灵芝等景观，鬼斧神工，险峻奇特。传说东晋道教理论家、医药学家、炼丹术家葛洪曾在此修道养生、种杏炼丹，并为山民治病，受到山民们的爱戴，被称为“葛仙”。当人们得知葛洪谢世后，在此曾建杏山庵，四时祭祀，香火不绝。后因战争频繁，庵毁洞塞，杏山荒芜。清顺治七年（1650 年），时任铜陵县令的刘日义感佩葛洪名望，敬他悬壶济世之功德，自愿捐出几年俸禄修筑凉亭立于丹井旁，雕文立碑以示追思。清代乾隆时期的《铜陵县志》中记载，刘日义县令还购买过两块廉田，“以官稻养官马，以官马应官差”的方式补贴官税，他为民减赋、爱民如子，成为造福铜陵一方的清官。1992 年 8 月，铜陵县（今义安区）政府兴建葛仙洞公园，开发葛仙洞，并增建楼阁亭榭、公园门坊及介绍该园的碑刻。2022 年初，义安区再次修葺葛仙洞。

民间传说，明太祖朱元璋有一次被敌人追赶，慌乱之中躲入此洞内丹井中，待敌人赶到搜查时，从洞里飞出一群群黑鸟，使敌人误以为洞中无人。敌人走后第二次又赶到此处时，发现井口被蜘蛛结了一层蛛网，更以为洞中无人，便调头离去。朱元璋因洞内天井保了性命，建功立业后便赐名“天井护驾”。宋代孙载的《葛仙洞》中写道：“九载功成驾鹤骈，空遗丹灶冷无烟。衣冠昔日犹埋冢，鸡犬当时亦上天。高步瑶池观日月，几经沧海变桑田。可怜黄野归来晚，留与人间作地仙。”明代许天锡也留有《游南岩寺抵葛仙洞留题》一诗，诗中写道：“穿岩越壑访遗踪，直度虹桥扣石钟。云幕半笼青菡萏，砂床长荐紫芙蓉。”可见葛仙洞，既是风景奇丽的自然景观，也是历史悠久的人文景观。

6. 千年御赐牡丹

千年御赐牡丹位于铜陵市义安区天门镇五峰村，经安徽省绿化委员会专家组评审鉴定，被列入安徽省古树名木名录。《铜陵县志》中记载，盛度曾“奉使西夏……在陕得牡丹数本入贡，上嘉其德……御赠还所贡牡丹一本以奉亲。今其花蔚然成树，一开数百朵，世世培植不替……”他知识渊博，思维敏捷，为官清廉，为朝廷做出了巨大贡献，深受宋真宗赞赏。1038 年，盛度年老辞官回乡，宋仁宗设宴送行，并赐给他当年供奉的牡丹一株。回乡后，盛度亲手将这株牡丹种植在盛氏宗祠前厅花坛中，精心培育。此株牡丹枝干高大、根深叶茂，每年农历三月花开数百朵，花大色艳，富丽堂皇。

民间传说，盛度告老还乡时，由江宁经南浔古道返回石洞耆，一路吹吹打打，旌旗招展，当地官员纷纷迎送。在路过顺安临津驿时，驿丞率百姓香案排队，夹道欢迎。只见众人簇拥着一台八人抬的大轿，一台青布小轿跟着后面缓缓走来。当轿子来到驿站门前时，驿丞立刻率领大家躬身下拜。然而，八抬大轿里却空无一人，只有一盆大牡丹花。随后一位老者从小轿中下来，由一个老仆人和一个小书童搀扶着缓缓行走，并向众乡亲拱手致谢。这位老者就是告老还乡的盛

御赐牡丹

度。据考证，铜陵盛氏牡丹与内蒙古宁城牡丹是国内仅有的两株御赐古牡丹，有着重要的历史遗存价值，是地域文化的著名标志。此株牡丹在《宋史·盛度传》里也有记载，佐以《五松盛氏宗谱》序跋，还有《盛度与御赐牡丹》等书，足以证明当年被盛度奉为“传家之宝”的御赐牡丹，是牡丹里的极品，有着文化、经济、民俗等诸多方面的研究价值。御赐牡丹如今在盛度后人盛昌春的老宅院内，每年牡丹盛放时，都有四面八方的游客纷至沓来，争相观光。

7. 明代顺安古桥

明代顺安古桥位于义安区顺安镇临津公园内，原顺安河上，建于明代嘉靖年间。该桥是一座三孔两垛用青石叠砌的石拱桥，全长 20 米，桥面宽 3.5 米，桥高 7 米，桥两边有石栏板，高 67 厘米、长 155 厘米、厚 16 厘米，上面刻有单浮雕。桥西边各有 11 根柱，中心柱高 1.8 米，六面刻有莲花宝座、如来佛像及花鸟图案等。桥东西两头有石阶，其建筑精湛而坚固。该桥于 1990 年被列为铜陵县县级文物保护单位，2011 年被确定为铜陵市市级文物保护单位，2019 年被安徽省人民政府确定为第八批省级文物保护单位。顺安古桥在铜陵东部城区建设时，位于拆迁改造的顺安旧城范围内。政府当时按就地保护原则，在原址进行修缮保护，将其与附近临津融为一体，打造成公园一道亮丽的风景线。如今的顺安古桥周边杨柳依依、碧水悠悠，让人流连忘返，有着“临津艳艳花千树，夹径斜斜柳数行”的诗意风光。

临津公园

8. 清凉寺

清凉寺也叫南泉古寺，位于义安区钟鸣镇狮峰村，为旅游和佛教圣地，分为上清凉寺和下清凉寺。上清凉寺坐落于狮子山上，下清凉寺坐落于狮子山下。狮子山又名贵山，也称清凉山，山脉绵亘铜陵、青阳、繁昌三地。狮山为头，故有首枕铜陵，身卧繁昌，尾抵青阳之说。清代乾隆时期的《铜陵县志》中记载："狮子山……宛似狮形……绝顶为狮首，突兀嶙峋，眉目毕具，类神工鬼斧所雕刻者。"狮子山树木参天，奇药如锦，鹿兽珍禽繁多，更有泉水清甜、四季长流，为灵山佛地。狮山建寺庙，已是1100多年前的事，清凉寺始建于宋代，历史上分为上、中、下三座清凉寺。历经损毁，如今上清凉寺经重建后，尚存寺院基座，殿基旁有济公井。中清凉寺不复存在。下清凉寺经过重建，庙宇宏伟，门前有株300年的桂花树，枝繁叶茂，香味沁人心脾。古人诗中称赞清凉寺："偶到清凉寺，山幽景自奇。峰高天易全，树密月升迟。"明代繁阳中丞吴琛为狮子山写有诗句："雾罩晚岩疑气吐，草铺春麓若毛生。从龙有意能兴雨，与世无情岂啖牲。"狮子山有八大胜景，分别是天台秀峰、喷珠泉美、玉鼎含烟、百丈丹崖、马岭松韵、天女前拜、罗公书堂和狮子昂霄。与八大胜景齐名的还有八大奇石，分别是磨盘石、关门石、犀牛石、和居石、鸟鱼石、猪槽石、船形石和狮头石。

传说南泉法师为兴建清凉寺，盘膝坐在芜湖巨商贩运的木排上，深深施礼以求布施。见排主毫不理睬，他便闭目凝神，不断敲着木鱼，连续坐了7个昼夜。到了第八天，排主不耐烦了，向南泉法师大声喝道："你这老僧到底要化多少方休？"南泉法师双手合十答道："只求化得一布袋木材，则足矣！"排主嘲笑不止应允了。谁知南泉法师取出的大布袋，是只神袋，能装日月、吞山河，一下就装走了所有木排。又传说清凉寺竣工后，为给佛像装金点光，南泉法师再次下山化缘，在芜湖某一金号讨要一口金水。店主诧异地说，金银论两，哪有取一口金水的，随后店主就应允了。不料南泉法师谢过施主，喝镬中金水犹如喝汤一般，喝个精光后，飘然而去。南泉法师回至庙中，登上佛龛吐尽金水，只涂了佛的上半身。后来那下半身经施主赠助，以赤金补贴，却不如上半身光泽炫耀。"吐金佛"的传说，也就流传开来。

9. 大明寺

大明寺位于铜陵市义安区顺安镇明湖村晃灵山麓，建于北宋嘉祐八年（1063年），为江南名刹之一，与钟鸣狮子山清凉寺同为东南佛教名地。历史上的大明寺，殿宇壮观，寺宇为四正结构，分东西正殿和一栋偏房，建筑面积400平方米，藏身于一片竹林之中。鼎盛时，寺内供佛像百余尊，有僧侣数十人，终年香烟缭绕，日夜钟声不绝。大明寺后遭到毁坏，仅存4间偏屋和清代、民国重修碑记。后来的大明寺得到逐步修葺，重修了部分庙屋，有殿堂、偏房和厨房。从整个庙宇建筑的风格和规模上看，大明寺显得小巧玲珑，隐没在山野之间，周围茂林修竹，云环雾绕，幽谷流泉，鸟语花香，景色十分宜人。大明寺现为铜陵市市级文物保护单位。

大明寺现存王安石手书“钟灵毓秀”题额，该题额为荆公书堂门楣高悬之物。《铜陵县志》中记载：“胡舜元，幼与王安石读书大明寺，同砚席。”胡舜元，字叔才，号益庵，北宋铜陵县洪口耆沸水（现属义安区顺安镇）人，后官至翰林院著作郎，与王安石在荆公书堂聚徒讲学，亦师亦友。王安石在《赠胡舜元公逢原堂》诗中写道：“前日辟书堂，名之曰逢源，有志在古道，驰情慕高贤。”王安石还为胡舜元写了一篇传体散文《送胡叔才序》，文中溢美他为：“叔才铜陵大家世，以赀名子弟之豪者”。在大明寺南侧的晃灵山北麓，王安石曾触景生情，奋笔写下《题灵窦泉》一诗：“山腰石有千年润，海眼全无一日干。天下苍生望霖雨，不知龙向此中蟠。”后人曾把这首诗镌刻在大明寺宇壁上。大明寺融佛教文化和古贤遗迹为一体，具有较高的历史文化价值和丰富内涵，是义安胜迹，为铜陵名胜之地。

10．护国寺

护国寺位于义安区顺安镇先进村的掩眼冲，历史上非常壮观，有三进正殿，佛像满堂，大小房屋多达60多间。护国寺在鼎盛时期，寺内有僧人10多人，四季香火不断，周围环境优美。传说护国寺与明太祖朱元璋有关，充满神秘传奇色彩。元末江南地区有两大割据势力，一路是拥兵自重的陈友谅，另一路是明朝开国皇帝朱元璋，他们之间经常发生战事。有一天，朱元璋兵败逃到掩眼冲这个地方时，精疲力竭，仓皇躲进一座破庙。当四方追兵赶来，看见破庙内蜘蛛网密布，寸步难行，误认为没有人进入，于是退兵走了，让朱元璋化险为夷。后来朱元璋做了皇帝，为了报答救命恩情，下令动用国库资金扩建小庙，赐名护国寺。历经几百年风雨，护国寺几度兴衰，如今的护国寺建在原寺的寺基上，为二进正殿。前进正殿中供奉弥勒佛和维弥佛，后进正殿中供奉释迦牟尼、阿弥陀佛、药师佛、送子观音、东海龙王、十八罗汉等。在二进正殿之间的东侧有一座小庙，庙内供奉了朱元璋的塑像，并竖立了一块石碑，碑上记述了护国寺的来历、传说和概况。庙门两侧有一副对联：“圣封护国，蜘蛛救主”。

11. 云崖寺

云崖寺位于义安区顺安镇星月村莲台山之巅，建于明代正德年间，是由一钱姓人捐资营造的，起初定名为石山寺，后更名为云崖寺，俗称观音洞。云崖寺依山临崖，四面群山簇拥，形如莲台佛座。环寺四周，古木参天，幽谷空灵，风光旖旎。寺前厅正南侧有一天然石洞，名曰观音洞。洞门左右立有碑石两块，第一块碑额为“莲台山观音洞”，于清朝光绪元年（1875 年）勒立；第二块碑额为“莲台山观音洞云崖寺”，于中华民国三十五年（1946 年）勒立。这两块碑刻上记述了云崖寺的一些历史概况。寺内遗存明代铁钟一尊，高 0.95 米，重 250 千克，铁钟面铸有“正德十年十月吉日造。石山寺募缘僧”等字迹。这尊铁钟是当今铜陵地区唯一存世的明代铁钟，铸造精良，浑然大气，敲响清音袅袅，空谷回响。光绪二十七年（1902 年），南陵红教起义，朝廷命统领李定民率兵镇压，死者无数，惨不忍睹。李定民良心不安，不忍再滥杀无辜，弃戈皈佛，出家为僧。中华民国十四年（1926 年），李定民来到莲台山云崖寺，重修寺庙，于此潜修。中华民国二十年（1932 年），李定民圆寂。

12. 翠竹禅林寺

翠竹禅林寺位于义安区天门镇、天门山下，建于明末清初，距今有 300 多年的历史。翠竹禅林是沿江一带香客朝圣九华山的途经要道，故称陆路“九华山头天门”。传说新罗国太子金乔觉来九华山修行，途经此地时，见风景秀丽、古树参天、翠竹幽幽，就在这里悟道修行，开坛讲法，教化世人。为了纪念金乔觉，人们在此兴建了翠竹禅林寺。翠竹禅林寺山门面朝东南，在东西两间立有四尊木制的“四大护法伽蓝”像，身高丈余，头触房顶。寺内亭台殿阁雕梁画栋，房内墙壁绘满彩色佛像。院内左右各有几间对面配殿，东边配殿供奉有释大岸法师肉身和弥勒佛，西边配殿供奉西方三圣佛像。山门后面正中是观音殿，殿外墙上镶有多块石匾，镌刻修庙捐款人的姓名。再后方坐落有“蟠龙大佛”正殿，廊下有十多根根笔直红雕龙明柱，辉煌耀眼。殿前有铜香炉、香塔，两边塑有四大金刚、十八罗汉像。寺内佛像造型匀称、姿势各异、栩栩如生，最引人注目的是大殿正中的释迦牟尼佛像，它眼睑低垂，慈悲笑容，仿佛能度尽世间一切苦厄。寺东边山上配有钟鼓楼，院内各有 3 间相向的正房，东面一排禅房是住持、法师及居士的寝室，东北面是厨房和菜园。寺后有石门、石墩、石柱、僧人古墓、石碑、遗址等。

13. 西明寺

西明寺位于义安区钟鸣镇水龙村，又名西明禅寺、观音禅寺。始建于明代，几度兴衰，西明寺于1982年重建。重建的寺院规模小巧玲珑，有碑刻、殿堂、神像、侧屋和厨房，在厨房角屋边的小门外，有条长年流淌不息的涓涓泉水，甘洌清晰，被称为“人间圣泉”。西明寺的正门外有一棵大桂花树，树的胸径为1.5米，冠幅面积约1亩，是铜陵的“桂花王”。寺后峭壁耸崎，山势雄峻。从寺后往后山正峰攀登，其间山道陡峻，一路上山泉潺潺，林幽石奇，环境宜人，风景十分优美。沿路有凉风洞、兀突岭、美人石、将军柱等景点。行至正峰顶处有一断崖，宛如一室，又如天然楼阁，是一处面积约60平方米的天然山洞，即观音洞；内有泉水四季长流，叮咚作响，正面供一尊观音菩萨，每月初一、十九，周边百余里香客结伴而至，热闹非凡。西明寺位于水龙山下，近旁有水龙洞、缪家古村落、十里断崖等景点。水龙洞也称“梦游神府”，洞内宽处一川平野，窄处像一条视线；洞内溪水涓涓长流，钟乳石千奇百态，或川或林或瀑或花或云等，目前发现的景点有百丈悬梯、观音指路、迷仙宫、通天河、百米长廊、二耆对酌和石瀑奇观等。水龙缪村是明清时期的古村落，其房、水、路、树、桥构造得非常合理，协调一致，整个村庄就是一座典型的徽州古村落；村内主要有明代古桥，母子树、龙眼洞、古民居、乱石林、古檀溪等。许多景观让人叹为观止、流连忘返。

14. 陈翥墓园

陈翥墓园位于义安区钟鸣镇狮峰村，在狮子山的下清凉寺北侧，系安徽省省级文物保护单位。陈翥墓园于1991年扩建，墓前正下方有一亭，立有大碑，碑正面为陈翥像，背面为其传历，且有王安石、苏东坡、包拯、黄庭坚等人颂其的诗句，墓园原址的墓、碑、旗杆石尚存。墓地呈圆形，正前立碑“宋贤陈翥之墓”，此碑后有宋代原碑，四周由大理石块凿砌而成，上呈圆堆状，长满青草。

陈翥，字凤翔，号虚斋，自称“咸聱子”“桐竹君”，别号闭户先生，是铜陵县贵上耆（今钟鸣镇）人，生于北宋太平兴国七年（982年），卒于嘉祐六年（1061年），享年79岁。他出身官宦世家，天资聪颖，博学多才，一生安贫乐道，5岁识字，14岁入庠（县学），博综今古之文，详明圣贤之道，毕生著述颇丰，有天文、地理、儒、释、道、农、医、卜算之书26部182卷，成为当时“里人称德，府县知贤”的闻名学者。他60岁时，亲自开垦山地栽植泡桐，潜心考察研究，笔耕3年写成世界上第一部林业科学专著《桐谱》。该书有1.6万字，分为叙源、类属、种植、器用等 10 篇，具有很高的学术史料和科学研究价值，在国内外林学界颇负盛名。

宋仁宗天圣三年（1025 年）召陈翥入朝，陈翥屡辞不就，因此得别号“荆台先生”“闭户先生”。皇佑二年（1050 年）刺史曹君奉诏赍赠陈翥皇帝冠带，世人以荣终身，可是陈翥婉言拒收，实乃“不听天子宣，出栖碧涧前”。他一生弃功名、潜研究，置土地、种桐竹，闻溪声、观云海，成隐士、著《桐谱》，乃北宋治学雅士。陈翥逝世后，宋仁宗将其赐入“乡贤祠”享祀，同时代的名人墨客也多有诗文颂德纪盛。陈翥同窗好友盛度咏诗赞叹他：“知君非是寻常客，看破功名一羽毛。”王安石在《挽吊隐翁虚斋先生》中称赞他：“洒落襟怀超俗侣，能全道德卧林丘。”元丰二年（1079 年），苏轼因公转道苏州与好友黄庭坚会叙陈公园，两人写诗称赞陈翥，苏轼写有“潜心藐视三公贵，寄迹高随四皓风”，黄庭坚写有“默契诗书新日月，趣遗桃李旧山川”。可见古代名流欣赏陈翥品格，崇敬他不被浮名所缚、淡泊明志、一生甘为布衣的超脱情怀。陈翥的博大胸怀，在他的诗文里可见一斑：“莫道功名真富贵，须知山野大文章。”陈翥心境坦荡恢宏，他的治学思想和人生境界、光照日月、传诵千秋。

15. 胡舜元墓

胡舜元墓位于义安区顺安镇长龙山村，现存墓址在望牛山上，有墓碑、坟堆，四周绿树掩映，环境优美。胡舜元，字叔才，铜陵县凤凰耆沸水（今义安区顺安镇）人，其出身铜陵大世家，曾与王安石“共砚席，相友善”。他于北宋嘉祐四年（1059 年）中进士，历任德兴、郑县县令，后迁秘书省著作郎。王安石青年时期结识了胡舜元，他在舒州任上写了一篇《送胡叔才序》，赞美“叔才纯孝人也，悱然感父母教己之笃，追四方贤才，学作文章，思显其身以及其亲”。后来，胡舜元辞官归隐，在“优游林下二十年”后，卒于故乡义安。胡舜元去世后，王安石为其作《胡君墓志铭》，概述他的生平、志趣、为人、经历等，以寄情谊，表达哀思。

16. 盛氏老宅

盛氏老宅位于义安区天门镇双龙村，系双龙洞景区的重要景观，为北宋名相盛度后人所建，距今已有 100 多年的历史，是典型徽派建筑。此建筑于 1910 年兴建，中华民国二年（1913 年）建成，坐南朝北，面积约 180 平方米，有前门、后门、东门三进门，分上下两层，西侧二楼楼梯仍可使用。盛氏老宅的青石柱上雕有走兽，门庭地面用三岗土（石灰、糯米汁、硫铜）锤制而成，建筑形式为青砖小瓦马头墙，并装饰有青砖门罩、青石门套，具有典型的明清徽建风格，保存完整。史料记载，天门盛氏即五松盛氏。北宋瑞拱年间（988 年），盛尚泰（长子）携五弟盛尚享来铜陵游玩，觉得此地山清水秀，随卜筑安家。盛尚泰生三子（盛庸、盛京、盛广），盛尚享生二子（盛冲、盛度）。从此盛氏在铜陵历经千年，繁衍生息，长盛不衰，盛氏宗族成为石洞耆（现天门镇）名门望族。盛度以清廉闻名，勤奋好学，曾与李宗谔等人编纂《续通典》《文苑英华》等书，又收集皇帝日常文书和群臣奏章，编成《愚谷集》《银台集》《中书集》《枢中集》和《中书制集》《翰林制集》《沿韦制置敕》三卷，还编有《庸调租赋》三卷等。

17. 五松胜游

五松山位于铜陵市天井湖宾馆一带，原铜陵县（现义安区）境内。《舆地纪胜》中记载，山旧有松，一本五枝，苍鳞老干，黛色参天，故名五松山。跃然登临此山，见长江蜿蜒，环顾四周群峦逶迤。风乍起，松涛盈耳，“因具凉爽宜人，盛夏不知暑。”李白曾 3 次登上五松山，写过 8 篇关于五松山的诗歌。其中《与南陵常赞府游五松山》中写道：“我来五松下，置酒穷跻攀。征古绝遗老，因名五松山。五松何清幽，胜景美沃州。萧飒鸣洞壑，终年风雨秋。响入百泉去，听如三峡流。”《铜官山醉后绝句》中写道：“我爱铜官乐，千年未拟还；应须回舞袖，拂尽五松山。”《五松山送殷淑》中写道：“载酒五松山，颓然白云歌。”《宿五松山下荀媪家》中写道：“我宿五松下，寂寥无所欢。”后人为纪念李白，在此建太白书堂、太白楼、太白祠，这些建筑后毁于战火。历代名人如王安石、苏轼、黄庭坚、李纲、王十朋、汤显祖等慕名来游，题诗作赋。五松胜游被列为“铜陵八景”之一。北宋郑獬，字毅夫，安州安陆（现属湖北安陆）人，为宋仁宗皇祐五年（1053 年）进士一甲一名，即状元。郑獬 1072 年卒，享年 51 岁，生前著有《郧溪集》50 卷，他在 1069 年出任杭州知府，写了《五松山》一诗：“天上仙人谪世间，醉中偏爱五松山。锦袍已跨鲸鱼去，惟有山僧自往还。”

18. 义安馆藏文物

义安馆藏文物反映了义安区不同历史时期的生产力和生产关系特征，以及其不同年代的经济、政治、人文、艺术、科学的发展状态和重要价值取向，对义安考古学和文化特征研究有着重要的价值。义安馆藏文物有石器、陶器、瓷器、金银器、石刻砖瓦、钱币、竹木、织绣、古籍善本等，大多是当地出土或从民间征集的，包括新石器时代的石斧、唐宋瓷器、宋代莲花砖、明代鎏金银发簪等，数量可观，有着很高的价值。现选辑义安馆藏文物 11 件，介绍如下。

新石器时代石斧：2001年出土于朱村乡（现天门镇）新民村；长14厘米，斧脑宽3.4厘米，刃宽7.1厘米；石质坚硬，通体厚重色黑，背面有一层绿色，正面上窄下宽，上部略粗糙，刃部锋利。

晋青釉虎子：1995年12月出土于铜陵县城关镇（现王松镇）；高18.5厘米，口径5.3厘米，长22.8厘米，宽12.7厘米；两端稍阔，中间束腰，前端上部有一斜直圆筒形口，后端圆平微凹，器身有一圆柱弧形提梁，梁后贴塑兽尾，器底贴塑跪卧兽足，通体施青釉，莹润光泽，后端见胎，胎呈青灰色，器物造型生动，似一只卧虎。

唐长沙窑青釉褐彩鸡爪纹粉盒：1996年4月出土于流潭乡（现东联镇）；高6厘米，口7厘米，底径7.4厘米；呈圆柱形，盖直口，顶略鼓，平底，器表施青釉，器内无釉，底见胎，盒盖顶饰有两道弦纹，两弦纹间等距饰有褐色鸡爪状纹饰，胎呈灰色，釉色清亮，器型优美工整。

宋白釉划花葵口碗：1994年3月出土于顺安镇长龙村；高5厘米，口径17.2厘米，底径5厘米；六棱葵口，孤壁浅腹，外壁素面无纹，器内刻有缠枝花卉，线条流畅，小圈足，白釉，胎薄体轻。

宋绿釉印花碟：1994年3月出土于顺安镇长龙村；高2.4厘米，口径11.3厘米，底径3.7厘米；唇口，浅腹，底近平，无足，碗内壁刻有缠枝花卉，中心刻有规矩花卉，线条流畅，纹饰生动，通体施绿釉，外壁不及底，釉色鲜艳，脂质细，器物纹饰优美。

宋青釉镂空点彩瓷枕：1999年出土于钟鸣镇出土；长18厘米，宽11.7厘米，高9.2厘米；为青釉六方瓷枕，枕面前低后高，饰有梅花状点彩，腹部六面有长方形格栅镂空，格栅下各有一云朵状镂空，底足无釉。

唐青釉水盂：1988年出土于顺安镇金山村；小口，扁圆腹，下接饼足；内外施青釉，外壁不及底，局部施点彩；釉色清亮，青中见绿，胎质白细。器型小巧别致。

宋青釉印花碗：2000年出土于钟鸣镇；高4.8厘米，口径11厘米，底径3厘米；敞口外撇，斜腹，圈足，内壁刻有缠枝花卉，线条流畅，通体施青釉，足沿无釉，釉色莹润清亮，胎呈褐色，器型纹饰精美。

唐长沙窑青釉点褐绿彩鸟形水注：1996年4月出土于流潭乡（现东联镇）合兴村；高9.5厘米，口径3.5厘米，底径7.1厘米；敛口，球腹，下承柿饼足，肩部前侧有一短直流，肩部后侧有一鸟尾状錾，左右贴饰有鸟翼，盖凸面，上附圆钮，盖及器身施青釉，上施青褐点彩，足底见胎，器物造型生动。

宋莲花砖：1985 年出土于新建乡（现大通镇）利民村；高 10.8 厘米，宽 25.5 厘米，厚 5.5 厘米；正面刻有莲花、藕节，线条流畅，在藕节两侧分别刻有“白”“莲花”三字，砖背面分两列刻有“绍定五年五月壹拾捌日”纪年铭文。

明鎏金银发簪：出土于天门镇兴化村；通长 12.7 厘米，针梃部长 9 厘米；银质，针梃部细长，呈圆柱状，簪首部呈三只叠加灯笼状，自上而下为大、中、小灯笼状下有一个花托，花托下有细银丝缠绕固定，通体鎏金，器物雕刻精美、栩栩如生。

（五）古代名人关于义安的诗文选辑

1. 王安石（宋代）

临　津

临津艳艳花千树，夹径斜斜柳数行。
却忆金明池上路，红裙争自绿衣郎。

《龙泉寺石井二首其一》

山腰石有千年润，海眼泉无一日乾。
天下苍生待霖雨。不知龙向此中蟠。

胡氏逢原堂

我爱铜官好，君实家其间。
山水相萦萃，花卉矜春妍。
有鸣林间禽，有跃池中鲜。
叶山何嵯峨，秀峙东南偏。
峰峦日在望，远色涵云边。
宾客此遴集，觞饮常留连。
君家世儒雅，子弟清风传。
前日辟书堂，名之曰逢原。
有志在古道，驰情慕高贤。

深哉堂名意，推此宜勉旃。
木茂贵培本，流长思养源。
左右无不宜，愿献小诗篇。

和叔才岸傍古庙

树老垂缨乱，祠荒向水开。
偶人经雨踣，古屋为风摧。
野鸟栖尘座，渔郎奠竹杯。
欲传山鬼曲，无奈楚词哀。

挽舜元胡著作郎

德行文卓里开宗，姓名朝野尽知公。
侍亲存没皆全孝，报政初终必竭忠。
性直不从花县乐，分安求逸郁堂空。
从今永别人间去，笑入蓬瀛阆苑中。

挽凤翔陈学士

隐翁何事逝仙游，遐想遗芳泪暗流。
洒落襟怀超俗侣，能全道德卧林丘。
倾心夹辅收三益，握手交欢共四休。
泣拜尊灵今日别，不堪回首思悠悠。

次韵陈学士小园即事

墙屋虽无好鸟鸣，池塘亦未有蛙声。
树含宿雨红初入，草倚朝阳绿更生。
万物天机何得丧，百年心事不将迎。
与君杖策聊观化，搔首春风眼尚明。

送胡叔才序

叔才，铜陵大宗，世以赀名。子弟豪者驰骋渔弋为己事，谨者务多辟田以殖其家。先时，邑之豪子弟有命儒者耗其千金，卒无就。邑豪以为谚，莫肯命儒者，遇儒冠者皆指目远去，若将浼己然，虽胡氏亦然。独叔才之父母不然，于叔才之幼，捐重币，逆良先生教之。既壮可以游，资而遣之，无所靳。居数年，朋试于有司，不合而归。邑人之訾者半。其父母愈笃，不悔，复资而遣之。

叔才纯孝人也，悱然感父母所以教己之笃，追四方才贤，学作文章，思显其身以及其亲。不数年逐能裒然为材进士，复朋试于有司，不幸复诎于不己知。不予愚而从之游，尝谓予言父母之思，而惭其邑人，不能归。予曰："归也。夫禄与位，庸者所待以为荣者也。彼贤者道弸于中，襮之以艺，虽无禄与位，其荣者固在也。子之亲，矫群庸而置子于圣贤之途，可谓不贤乎？或訾或笑而终不悔，不贤者能之乎？今而舍道德而荣禄与位，殆不其然；然则子之所以荣亲而释惭者，亦多矣。昔之訾者窃笑者，固庸者尔，岂子所宜惭哉？姑持予言以归，为父母寿，其亦喜无量，于子何如？"因释然寤，治装而归。予即书其所以为父母寿者送之云。

胡君墓志铭

王安石之治鄞三月，其故人胡舜元凶服立于门。揖入，问吊故，则丧其天五月，留而馆，意独怪其来之早也。居数月，语吾弟曰："吾释父之殡，跋山浮江，从子之兄于海旁，愿有谒也久矣，不敢以言。吾亲之生，我学于四方，不得所欲以养。今已不幸卒也，得子之兄志而铭之，藏之墓中，可以显于今世以传于后，虽吾小人与荣焉，无悔焉。不知子之兄可不可？"吾弟以告。予叹曰："审如是，可以为孝。君子固成人之孝，而吾与之又旧，其何顾而辞？"即取吾所素知者为之志而铭之。志曰：君讳某，池之铜陵人。生于丁丑，兴国之年也。卒于丁亥，是为庆历七年，子七人。某以十月葬君于谷垂山。胡氏世大家，阖门数百人。君有子舜元，独招里先生教之为士。其卒也，族分而赀衰，舜元为善士。铭曰：寿七十一，不为不多。吾与之铭，千古不磨。

2. 李白（唐代）

宿五松山下荀媪家

我宿五松下，寂寥无所欢。
田家秋作苦，邻女夜舂寒。
跪进雕胡饭，月光明素盘。
令人惭漂母，三谢不能餐。

秋浦歌十七首·其十四

炉火照天地，红星乱紫烟。
赧郎明月夜，歌曲动寒川。

铜官山醉后绝句

我爱铜官乐，千年未拟还。
要须回舞袖，拂尽五松山。

答杜秀才五松山见赠（节选）

铜井炎炉歊九天，赫如铸鼎荆山前。
陶公矍铄呵赤电，回禄睢盱扬紫烟。

与南陵常赞府游五松山

安石泛溟渤，独啸长风还。
逸韵动海上，高情出人间。
灵异可并迹，澹然与世闲。
我来五松下，置酒穷跻攀。
征古绝遗老，因名五松山。
五松何清幽，胜境美沃州。
萧飒鸣洞壑，终年风雨秋。
响入百泉去，听如三峡流。
剪竹扫天花，且从傲吏游。
龙堂若可憩，吾欲归精修。

3. 苏轼（宋代）

题铜陵陈公园双池诗
（其一）

南北山光照绿波，濯缨洗耳不须多。
天空月满宜登眺，看取青铜两处磨。

（其二）

春池水暖鱼自乐，翠岭竹静鸟知还。
莫言叠石小风景，卷帘看尽铜官山。

（其三）

落帆重到古铜官，长是江风阻往还。
要使谪仙回舞袖，千年醉拂五松山。

陈公学堂诗
（其一）

虚斋识得名利空，甘守林泉到老同。
宏博古今通圣域，闲依花草咏芳丛。
潜心藐视三公贵，寄迹高随四皓风。
每忆屡征端不就，令人千载话无穷。

（其二）

狮山青映碧云天，侧有天民嗽醴泉。
丹凤七襄频赐诏，黄冠千古独招仙。
闲夹清啸无愁月，醉里沉酣不计年。
我为羊裘忘世态，羊裘偏应客星元。

4. 黄庭坚（宋代）

陈公学堂诗——山谷咏

千里相知隐逸园，羡君名重翰林仙。
自惭谬点朱衣列，独惜真儒绿野贤。
默契诗书新日月，趣遗桃李旧山川。
须知樽酒无情曲，恨极相逢十年前。

阻风铜陵

顿舟古铜官，昼夜风雨黑。
洪波湍奔去，天地无限隔。
船人谨维笮，何暇思挂席。
凭江裂嵌空，中有时水滴。
洞视不敢前，潭潭蛟龙宅。
网师登长鳣，贾我腥釜鬲。
斑斑被文章，突兀喙三尺。
言语竟不通，噞喁亦何益。
魁梧类长者，卒以筌饵得。
浮沉江湖中，波友永相失。
有生甚苦相，细大更噉食。
安得无垢称，对榻忘语默。

铜官县望五松山集句

北风无时休，崩浪聒天响。
蛟鼍好为祟，此物俱神王。
我来五松下，白发三千丈。
松门点青苔，惜哉不得往。
今日天气嘉，清绝心有向。
子云性嗜酒，况乃气清爽。
此人已成灰，怀贤盈梦想。
衣食当须几，吾得终疏放。
弱女虽非男，出处同世网。
搔背牧鸡豚，相见得无恙。

送刘道纯

五松山下古铜官，邑居褊小水府宽。
民安薄鱼少嚣讼，簿领未减一丘槃。
胸中峥嵘书万卷，簸弄日月江湖间。
稠人广众自神王，按剑之眼白相看。

老身风波谙世味，如食橘柚知甘酸。
麒麟图画偶然耳，半枕百年梦邯郸。
平生樽俎宫亭上，涉世忘味皆朱颜。
此时阿翁尚无恙，追琢秀句酬江山。
堂堂今为蜕蝉去，五老偃蹇无往还。
大梁城中笏拄颊，颔髭今成雪点斑。
青云何必出公右，亨衢在天无由攀。
椎鼓转船如病已，梦想楼台落星湾。
子政诸儿喜文史，阿秤亦闻有笔端。
丹徒布衣未可量，诗书且对藜藿盘。
穴中生涯识阴雨，木末牖户知风寒。
我今四壁恋微禄，知公未能长挂冠。

铜官僧舍得尚书郎赵宗闵墨竹一枝笔势妙天下

（其一）

省郎潦倒今何处，败壁风生霜竹枝。
满世阎刘专翰墨，谁为真赏拂蛛丝。

（其二）

独来野寺无人识，故作寒崖雪压枝。
想得平生藏妙手，只今犹在鬓如丝。

5. 李纲（宋代）

铜陵阻风

春色到江渚，梅花正断魂。
风波留远棹，烟雨湿寒村。
雁过传遗响，潮来没旧痕。
凄凉一樽酒，愁绝与谁论。

江行十首其八

晚泊铜陵口，烟村八九家。
岸沙崩浪响，江雨带风斜。
泛泛浮波雁，捎捎接翅鸦。
无情东注水，对尔叹年华。

游五松山观李太白祠堂（节选）

大江东南流，鼓舵江水上。
薄游五松山，获见谪仙像。
呜呼天宝间，治乱如反掌。
兵戈暗中原，豪杰多长往。
谪仙当此时，逸气溢天壤。
脱身来江东，缥缈青霞赏。
作诗几千篇，醉笔笼万象。
迄今有遗祠，识者共瞻仰。

自铜陵行四十里风复作泊江北岸地名散潭属淮南（其二）

镜中渐觉鬓丝多，半世劳生可奈何。
极望不来青足鸟，满江更起白头波。
扬帆贾客风前笛，撒网渔人月下歌。
自断此生甘寂寞，毗耶归作老维摩。

6. 杨万里（宋代）

解舟铜陵，望淮山白云二首（其一）

天惜淮山不惜银，浑银砌起一长城。
淮山里在银城里，半山诸峰越样青。

（其二）

银城遮不尽淮山，许事何缘便达天。
谁遣诗人强饶舌，和山失却忽苍然。

7. 盛度（宋代）

题陈公学堂

曾记当年笔砚交，于今何事不同袍？
德星高耀陈千米，圣诏难宣翔凤豪。
版筑无心思傅说，竹林有意愧山涛。
知君非是寻常客，看破功名一羽毛。

修竹台

我来小小郡，爱此高高台。
前对苍筤竹，万竿球琳材。

庶子泉

深藏西竹寺，寒拥北谯城。
石字赞皇古，泉铭庶子清。

8. 陈翥（宋代）

曲江亭望慈恩寺杏园花发

曲江晴望好，近接梵王家。十亩开金地，千林发杏花。
映雪犹误雪，煦日欲成霞。紫陌传香远，红泉落影斜。
园中春尚早，亭上路非赊。芳景堪游处，其如惜物华。

西山桐十咏·桐孤

高梧已繁盛，萧萧西山陇。
毳叶竟开展，孙枝自森耸。
擅美惟东南，滋荣藉萋苯。

不能容燕雀，只许栖鸾凤。
宁入吴人爨，堪随伯禹贡。
雨露时加润，霜雪胡为冻。
况有奇特材，足任雅琴用。
中含太古音，可奏清风颂。

金钱花

裛露牵风夹瘦莎，一星星火遍窠窠。
闲门永巷新秋里，幸不伤廉莫怕多。
古藓寒芜让品流，小斋多谢伴清幽。
若教夷甫门前种，也是无多过一秋。

西山桐十咏·桐花

吾有西山桐，桐盛茂其花。
香心自蝶恋，缥缈带无涯。
白者含秀色，粲如凝瑶华。
紫者吐芳英，烂若舒朝霞。
素奈未足拟，红杏宁相加。
世但贵丹药，夭艳资骄奢。
歌管绕庭槛，玩赏成矜夸。
倘或求美材，为尔长所嗟。

桐竹君咏

高桐凌紫霞，修篁拂碧云。
吾常居其间，自号桐竹君。
不解仿俗利，所希脱世纷。
会交但文学，启谈皆典坟。
嘘嗟机巧徒，反道是胡云。

西山桐十咏·桐风

分材植梧桐，桐茂成翠林。
日日来轻风，时时自登临。

拂干动微毳，吹叶破圆阴。
虚凉可解愠，轻鼓如调琴。
莫传独鹄号，愿送栖凤吟。
岂羞楚襄王，兰台堪披襟。
亦陋陶隐居，高阁听松音。
无为摇落意，慰我休闲心。

西山桐十咏·桐根

吾有西山桐，密邻桃与李。
得地自行根，受芘逾高藟。
上濯春云膏，下滋醴泉髓。
盘结侔循环，岐分类枝体。
乘虚肌体大，坟涨土脉起。
扶疏向山壤，蔓衍出林地。
愿偕久深固，无为半生死。
倘仪大厦材，合抱由兹始。

西山桐十咏·桐径

时人羡桃李，下自成蹊径。
而我爱梧桐，亦以成乎性。
中平端隧道，还往非辽复。
直入无敲斜，横延亦径挺。
月夕叶影碎，春暮花光映。
清朝蒙露湿，落日随烟暝。
不使草蔓滋，任从根裂迸。
堪诣蒋谢徒，惟任蓬蒿盛。

西山桐十咏·桐乳

吾有西山桐，厥实状如乳。
含房隐绿叶，致巢来翠羽。
外滑自为穗，中虚不可数。
轻渐曝秋阳，重即濡绵雨。

霜后威气裂，随风到烟坞。
虽非松柏子，受命亦于土。
谁能好琴瑟，种之向春圃。
始知非凡材，诸核岂余伍。

西山桐十咏·桐叶

吾有西山桐，下临百丈溪。
布叶虽迟迟，庇根亦萋萋。
密类张翠幄，青堪剪封圭。
滑泽经日久，濡毳随干跻。
迎风带影动，坠雨向身低。
宁隐凡鸟巢，自蔽仪凤栖。
松柏徒尔顽，蒲柳空思齐。
但有知心时，应使常弗迷。

西山桐十咏·桐阴

枝软自相交，叶荣更分茂。
所得成清阴，仍宜当白昼。
荫疑翠帝展，翳若繁云覆。
日午密影叠，风摇碎花漏。
冷不蔽空井，高堪在庭甃。
吾木闲野人，受乐忘茕疚。
亭亭类张盖，翼翼如层构。
月夕独徘徊，犹思一重复。

西山桐十咏·桐栽

吾有西山桐，栽之未盈握。
所得从野人，移来自乔岳。
节凝叶尚秘，根疏土自剥。
匪为待篱鹨，庸将栖鸑鷟。
异日成茂林，论材谁见擢。
巨则为栋梁，微亦任楹桷。

仍堪雅琴器，奏之反淳朴。
大匠如顾怜，委躯愿雕斫。

9. 汤显祖（明代）

过铜陵

夕向燕支夹，遥分白马者。
苍浪荷叶点，春色凤心知。
邑小无城郭，人欢有岁时。
谁怜江月影，悬弄五松枝。

10. 王守仁（明代）

铜陵观铁船歌

铜陵观铁船，录寄士洁侍御道，契见行路之难也。青山滚滚如奔涛，铁船何处来停桡。人间刳木宁有此，疑是仙人之所操。仙人一去已千载，山头日日长风号。船头出土尚仿佛，后冈有石云船稍。我行过此费忖度，昔人用心无已忉。由来风波平地恶，纵有铁船还未牢。秦鞭驱之不能动，奡力何所施其篙。我欲乘之访蓬岛，雷师鼓舵虹为缫。弱流万里不胜芥，复恐驾此成徒劳。世路难行每如此，独立斜阳首重搔。

三、第三展厅：生态义安

（一）自然资源

1.“八宝”之地与“十二宝”新说

传说清康熙年间，铜陵佘家大院的举人佘合宗赴京赶考，适逢康熙皇帝五十大寿，满朝庆祝，考生纷纷写寿联以表祝贺。佘合宗也写了一副对联，上联“四万里皇图，伊古以来，未有一朝一统四万里”，下联“五十年大寿，从今而后，还余九千九百五十年。”康熙皇帝赏阅后，龙心大悦。次日，康熙皇帝便召见佘合宗，当廷赐官。满朝文武大臣个个心里不服，纷纷说铜陵是个小地方，一个小地方来的人，能有什么真才实学？康熙皇帝便问佘合宗：“小小铜陵有何独特?”佘合宗不慌不忙地禀奏道：“回禀皇上，铜陵虽小，乃八宝之地：金银铜铁锡，生姜大蒜麻。”两句话就把铜陵说得恰到好处，让群臣无话可说。从此，铜陵作为八宝之地，声名鹊起，流传至今。八宝主产于义安区，铜陵八宝，也是义安八宝。今铜陵市政府办公大楼前的广场上，立有八根大柱，每根柱上记载一“宝”，为铜陵地域文化与自然资源的经典雕塑，极具象征意义。

随着社会发展，铜陵及义安的资源极为丰富。在史料中，从没有找到铜陵有锡资源的记载，而金银铜铁锡，为古代“五金”合称，以代表地方物产丰富。于是就有了新八宝的说法，以硫代替锡，号称“金银铜铁硫，生姜大蒜麻”。事实上，铜陵硫铁矿储量在 2 亿吨以上，先后建有新桥硫铁矿、虎山硫铁矿、狮子山硫铁矿、桃园硫铁矿、朝山硫铁矿、五松硫铁矿等；还有铜陵的化工总厂、第一冶炼厂、金昌冶炼厂，每年都要生产出数十万吨硫酸、硫黄、硫酸铜等硫产品。铜陵义安还储藏有大量石灰石、泥煤、凤丹、再兴圩萝卜等资源，于是就有了

“十二宝”新说，这些特色资源产量丰富，为地域经济支柱产业，有力促进了义安的社会发展。

2. 享誉资源称号

义安区资源丰富。其中矿产资源，以铜誉名，矿种多达30余种，金属矿有铜、金、银、铁、锰、铅、锌等，相伴生的有铀、镍、钴、铋、镉、锗、硒等。非金属矿有硫、煤、磷、石灰石、花岗岩等。森林资源、水资源、动物资源、农作物及水产资源也相对富有，为江南富庶之地，号称“鱼米之乡”。明代嘉靖时期的《铜陵县志》中记载：“邑产姜、蒜、苎麻、丹皮之类，近亦间有贩贾者，但远人市贩者居多”，可见当地农产品丰富。义安区地理条件优越，土地资源和气候资源得天独厚，优势明显，为义安经济社会发展奠定了极大的优势。义安区从古至今因资源优势而获得的佳誉和称号众多，其中有青铜故里、凤丹之乡、中华白姜之乡、泡桐故里、全国重点产煤县、全国重点产金县、全国国土资源节约集约模范县等，分别简介如下。

青铜故里：义安区铜文化源远流长，是中国青铜文化的发祥地之一，铜采冶的历史始于商周，盛于唐宋，延至当代，三千年绵延不断。义安区境内有全国重点文物保护单位金牛洞古采矿遗址、木鱼山古采矿遗址、师姑墩古采矿遗址等，为中国古铜都铜陵的核心采冶铜区，享有“铜邑胜境，千年义安”的美誉。

凤丹之乡：义安凤丹，素与白芍、菊花、茯苓并称为安徽四大名药，亦是全国34种名贵中药材之一；为集药用、观赏于一体的木本植物，种植历史悠久，声名远播。据史考，崇祯年间（1628—1644年），铜陵义安区凤凰山地区的凤丹皮生产发展到相当规模。到清代，凤凰山地区已发展成为全国的凤丹皮生产中心区，凤丹成为名贵特产。义安凤凰山，被誉为“凤丹之乡”，也是观赏牡丹花的胜地。凤凰山所产牡丹称凤丹，花为单瓣，大多色呈玉白，或间有粉红，与洛阳、菏泽的牡丹齐名，为国内三大名贵牡丹之一，素有“三分天下春色”之誉。《中药大辞典》记载，安徽省铜陵凤凰山所产丹皮质量最佳。国家市场监督管理总局授予义安凤丹国家地理标志保护产品称号。

中华白姜之乡：义安产姜历史悠久，早在春秋时就有种植。北宋年代，义安已成为全国生姜的主要产区，并被列入朝廷贡品。清顺治十三年（1656年），《铜陵县志·物产》中记载当时的姜产量“每岁不下十万担”。因此，义安享有“中华白姜之乡”的美誉。

中华白姜加工制作技艺被列入安徽省非物质文化遗产保护名录，被农业农村部列入第四批中国重要农业文化遗产名单。

泡桐胜地：义安的泡桐资源丰富，素有桐乡之称，被称为泡桐胜地。义安种植泡桐的历史悠久，早在宋仁宗三年（约为 1051 年），著名植物学家陈翥就撰有专著《桐谱》，对泡桐的类属、习性、种植、采伐、利用等方面进行了系统详尽的论述。中国林业科学研究院在铜陵建立了泡桐树科研站，成为全国四大林业科研基地之一，承担了国家有关部委“泡桐树良种选育”的相关重点攻关项目。

全国重点产煤县：义安区（原铜陵县）于 20 世纪 90 年代初，成为全国重点产煤县，早在 1981—1990 年矿总产值达 1 亿多元，创利税 2500 万元，为当时县域经济支柱。义安天门镇天门村于 1958 年建设国营中型煤矿，简称中矿；当时所产大通煤矿煤炭燃烧大卡高，供应铜陵及周边城市的工业和城镇居民用煤，矿区有 3000 多人。义安煤炭资源丰富，先后有龙云煤矿、小岭煤矿、高联煤矿、东山煤矿等，并成立铜陵县煤矿安监局专门管理。

全国重点产金县：义安区（原铜陵县）于 20 世纪 90 年代初，成为全国重点产金县，为当时县域经济支柱。义安金矿资源丰富，先后有金山矿业、棋子冲金矿、黄狮涝金矿、仙人冲金矿、大团山金矿、龙虎山金矿、郎坑铁金矿、牛山金矿等，并成立铜陵县矿管局专门管理。

全国国土资源节约集约模范县：义安区荣获 2012 年度国土资源节约集约模范县。义安区多年来围绕矿产资源开采、加工、利用和管理，做好矿业秩序整治及矿产资源整合，积极抓好矿山技术改造及产能提升，不断提高矿产资源节约、集约、综合利用水平，按时完成新一轮的矿产资源规划修编工作，不断加大矿山地质环境保护与恢复治理工作，加强矿产资源勘查开发秩序维护及矿山巡查督查力度。

3. 七大资源优势

（1）矿产资源

截至 2020 年底，义安区已查明资源储量的矿产有铁、铜、金、硫铁矿和水泥用石灰岩等 23 种，有各类矿种矿产地 98 处，其中大型矿产地 11 处，中型矿产地 14 处，小型矿产地 20 处，小型以下矿产地 53 处，大中型矿产地占比为 25.51%；能源矿产地 13 处；金属矿产地 50 处；非金属矿产地 35 处。

① 主要矿种资源情况如下：

铁矿：查明矿产地 19 处，均为小型以下矿产地，共伴生矿产地 8 处。累计查明铁矿石量 10705.1 万吨，保有铁矿石量 2590.9 万吨。

铜矿：查明矿产地18处，其中大型矿产地1处，中型矿产地1处，小型矿产地4处，小型以下矿产地12处，共伴生矿产地7处。累计查明铜金属量1857424吨，保有铜金属1215245吨。

金矿：查明矿产地6处，其中中型矿产地3处，小型矿产地2处，小型以下矿产地1处，共伴生矿产地22处。累计查明金金属量216931千克，保有金金属量90439千克。

硫铁矿（矿石硫）：查明矿产地8处，其中大型矿产地1处，小型矿产地2处，小型以下矿产地5处，共生矿产地9处。累计查明硫铁矿矿石量13804.0万吨，保有硫铁矿矿石量9170.3万吨。

硫铁矿（伴生硫）：查明矿产地9处，其中中型矿产地2处，小型矿产地1处，小型以下矿产地6处。累计查明硫元素量884.8万吨，保有硫元素量569.7万吨。

铅矿：查明矿产地3处，其中小型矿产地1处，小型以下矿产地2处，共伴生矿产地11处。累计查明铅金属量585831吨，保有铅金属量565594吨。

锌矿：查明矿产地3处，其中大型矿产地1处，小型矿产地1处，小型以下矿产地1处，共伴生矿产地13处。累计查明锌金属量1258715吨，保有锌金属量1139236吨。

煤矿：查明矿产地13处。累计查明保有资源量2059.2吨，资源储量2787.7吨，保有煤矿量2059.2吨。

② 采矿权基本情况：截至2020年底，义安区现有采矿权49宗，其中铜矿13宗、金矿3宗、铁矿9宗、铅矿2宗、锌矿2宗、硫铁矿2宗、熔剂用灰岩1宗、方解石1宗、建筑石料用灰岩7宗、水泥配料用页岩2宗、膨润土3宗、水泥用灰岩4宗等。

③ 探矿权基本情况：截至2020年底，义安区现有探矿权31宗，其中多金属1宗、金矿4宗、铅矿2宗、熔剂用灰岩1宗、石膏1宗、水泥配料用砂岩2宗、水泥用灰岩2宗、铜矿18宗。

（2）森林资源

义安区通过实施退耕还林工程、千万亩森林增长工程和林业增绿增效行动等重点林业工程建设项目，使森林面积和森林覆盖率逐年提升。截至2021年底，义安区林木绿化率达到39.4%，森林覆盖率达到31.64%，活立木总蓄积量达到123.19万立方米，其中乔木林总蓄积量为110.5万立方米。义安区森林资源基本情况如下：

① 地类情况：林地总面积为 30671.42 公顷，其中有林地面积 26163.98 公顷，占林地总面积的 85.31%；疏林地面积 59.51 公顷，占林地面积的 0.19%；灌木林地面积 1631.59 公顷，占林地总面积的 5.32%；未成林地面积 745.47 公顷，占林地总面积的 2.43%；苗圃地面积 43.91 公顷，占林地总面积的 0.14%；无立木林地面积 667.19 公顷，占林地总面积的 2.18%；其他地类林地面积 1359.77 公顷，占林地林面积的 4.43%。

② 权属情况：在 26723.19 公顷森林总面积中，乔木林 23491.71 公顷、竹林 2672.27 公顷、国家特别规定灌木林 559.21 公顷；权属为国有的森林面积 649.25 公顷，占森林总面积的 2.43%；权属为集体的森林面积 8166.9 公顷，占森林总面积的 30.56%；权属为个人的森林面积 17907.04 公顷，占森林总面积的 67.01%。

③ 森林类别情况：在林地中，公益林面积 11424.7 公顷，占林地总面积的 37.25%；商品林面积 19246.72 公顷，占林地总面积的 62.75%。在公益林地中，国家级公益林面积 5190.1 公顷，省级公益林面积 4126.7 公顷，市级公益林面积 2107.9；国有公益林面积 434.9 公顷。

④ 林地保护等级：全区无Ⅰ级保护林地；Ⅱ级保护林地面积 5151.03 公顷，基本涵盖国家级公益林，占全区林地总面积的 16.80%；Ⅲ级保护林地面积 4275.80 公顷，基本涵盖省级公益林，占全区林地总面积的 13.94%；Ⅳ级保护林地面积 21237.59 公顷，涵盖市级公益林和商品林，占全区林地总面积的 69.26%。

⑤ 古树名木保护情况：全区古树名木共有 117 株，其中古树 113 株、名木 4 株；按保护等级分，一级保护古树 2 株、名木 4 株，二级保护古树 9 株，三级保护古树 102 株。

⑥ 林业增绿增效行动和林业产业发展情况："十三五"期间，全区共完成人工成片造林面积 1.5 万亩，完成森林抚育任务 10.6 万亩，完成退化林修复任务 1.2 万亩，完成封山育林 0.5 万亩；完成创建省级森林城市建设任务，完成省级森林城镇 5 个、森林村庄 74 个。同期全区林业产业呈现出快速发展的良好势头：一是发展油用牡丹产业，建成了油用牡丹生产基地约 1 万亩；二是发展商品林基地，建成经济林基地 2.8 万亩、速生丰产林基地 3 万亩、工业原料林基地 5 万亩；三是发展花卉苗木业，建成花卉苗木和林苗两用林生产基地 2.5 万亩，年产值 1.4 亿元；四是发展森林康养旅游业，充分利用现有古树名木、古寺名刹、名胜景点、森林植被等资源，初步形成森林康养旅游格局。

（3）水资源

义安区属沿江地区，位于长江深泓线以南，有两个乡为江心洲，境内水资源分为地表径流、长江水、地下水。长江的铜陵市义安区段从黑砂河口至繁昌庆大圩，总长67.81千米，含老洲乡和胥坝乡右侧叉江，总水域面积约75.4平方千米，折合11.3万亩。义安境内的长江主要支流有顺安河、黄浒河、青通河。义安区还有缸窑湖、天井湖（南湖和北湖）及水桥湖三个湖泊，35座水库，二级支流8条，撇洪沟5条，主干渠71条，支沟近千条，支渠200余条。水资源年均总量为6.6037亿立方米（未含长江义安段），长江义安段多年平均径流量约9000亿立方米。2020年铜陵市水资源公报统计显示，2020年全区年降水量1960.4毫米，16.57亿立方米，径流深1118.7毫米，径流量（地表水总量）9.45亿立方米，占全市地表水资源量30%；最高（1959年）径流量5.51亿立方米，最低（1978年）径流量3.06亿立方米。地下水资源量1.32亿立方米，占全市地下水资源量27%，其中平原区地下水资源量0.63亿立方米，山丘区地下水资源量0.69亿立方米。2020年全区总用水量7.20亿立方米，其中直流火电用水量6.01亿立方米，农田灌溉用水量0.68亿立方米，林牧渔畜用水量0.19亿立方米，非火电工业用水量0.15亿立方米，居民生活用水量0.12亿立方米，生态环境用水量0.01亿立方米。2020年全区人均用水量（不含直流火电冷却水）472.0立方米，万元GDP用水量65.3立方米，万元工业增加值用水量23.8立方米；城镇居民人均生活用水量205.8升/天，农村居民人均生活用水量81.0升/天，农田灌溉亩均用水量215.3立方米，农田灌溉水有效利用系数0.544立方米。

（4）野生动物资源

铜陵市义安区共有陆栖脊椎动物125种，鸟类71种，兽类21种，两栖类野生动物6种，爬行类动物22种，鱼类有8目15科44种。其中，属国家一级野生保护动物的有白鳍豚、中华鲟、江豚、梅花鹿、金钱豹等，属国家二级保护动物的有猫头鹰、穿山甲、喜鹊、灰喜鹊、乌鸦、苏门羚等。

鸟类：白颈乌鸦、黑颈黄鹂、黑卷尾、灰卷尾、发冠卷尾、赤腹鹰、燕华、黄脚三趾鹑、白胸苦恶鸟、白腰草鹬、山斑鸠、珠颈斑鸠、蓝翠鸟、黑枕绿啄木鸟、四声杜鹃、鹰鹃、池鹭、夜鹭、牛背鹭、苍鹭、白鹭、大白鹭、金腰燕、白鹡鸰、白头鹤、寿带鸟、丝光椋鸟、乌鸫、画眉、暗绿绣眼鸟、白脸山雀、红嘴长尾蓝雀、柳莺、八哥、百灵鸟、鹌鹑、野矢鸟、绿头鸭、油鹕芦、雁、鹳、草号鸟、苇莺、董鸡、竹鸡等。

兽类：梅花鹿、苏门羚、金钱豹、狗獾、狐狸、狼、刺猬、黄鼬、野猫、花面狸、猪獾、水獭、花面狸、蝙蝠等。

两栖类：大蟾蜍、无斑雨蛙、泽蛙、黑斑蛙、林蛙、姬蛙等。

爬行类：水龟、黄喉、鹰嘴龟、金钱龟、甲龟、多庞壁虎、蓝色石龙子、北草蜥、蝎、赤链蛇、水赤链蛇、金环蛇、银环蛇、乌风蛇、蝮蛇、五步蛇、竹叶青蛇、菜花蛇、竹芦蛇、蟒蛇等。

鱼类：黄颡、铜鱼、胭脂鱼、青鱼、草鱼、黄鲢鱼、白鲢鱼、鲤鱼、鳊鱼、团头舫、黄鳝、泥鳅等，珍贵鱼类有鲚刀鱼、银鱼、鲟鱼、鳜鱼、鲥鱼、河鲀、鳗鱼等。另外甲壳类鳖、龟、蚌、螺、虾、螃蟹等品种资源也很丰富。此外稀有水生动物还有白鳍豚、江豚、扬子鳄等。

（5）农作物及水产资源

① 农作物资源。义安农作物分为粮食作物、经济作物、绿肥及饲料作物三大类。粮食作物分为三类：一是禾本科植物，有水稻、小麦、玉米、高粱等；二是豆类作物，有大豆、蚕豆、豌豆、绿豆、菜豆、小豆等；三是薯芋类作物，也称根茎作物，有甘薯、马铃薯、山药等。经济作物分为五类：一是纤维作物，有棉花、大麻等；二是油料作物，有油菜、花生、芝麻、向日葵、蓖麻等；三是糖料作物，有甘蔗、甜菜等；四是果蔬类作物，有西瓜、香瓜、葡萄、柿子、桃、枣、杏、栗、白菜、甘蓝、芥菜、萝卜、豇豆、大蒜、葫芦、瓠子、苋菜、菠菜、芫荽、花椒、茄子、丝瓜、南瓜、豇豆、扁豆、韭菜、辣椒、丝瓜、栝蒌等；五是其他作物，主要包括茶叶、中华白姜、凤丹、百合、白芍、菊花、茯苓、木通等，还有芡实、茭白、莲藕、菱角等水生作物，以及马兰、马齿苋、芦笋、莒蒿、野芹菜等野生蔬菜。绿肥及饲料作物有苕子、苜蓿、紫云英、草木樨、田菁、念珠薏苡等。

② 水产资源。义安区水产养殖面积 4.45 万亩，主要养殖品种有草鱼、青鱼、鲢鱼、鳙鱼、团头鲂、大口黑鲈、异育银鲫等，年产商品鱼 1.6 万吨。全区共有部级健康养殖示范场 9 家、市级健康养殖示范场 22 家、国家级休闲渔业示范基地 1 家、省级休闲渔业示范基地 5 家、省级水产龙头企业 1 家、市级龙头企业 25 家。其中，国家级水产良种场 1 家，为安徽省张林渔业有限公司，年繁殖大口黑鲈苗种 5.1 亿尾，被农业农村部批准为国家级大口黑鲈良种场，其水产良种场被命名为“国家级安徽铜陵大口黑鲈良种场”，填补了铜陵市在“国字号”水产良种场方面的空白。在长江铜陵段滨江花园，义安区政府实施增殖放流，共计投放草、鲢、鳙、黄颡和翘嘴红鲌鱼苗 95 万尾，进一步提升了长江水生生物资源养护水平，保护鱼类多样性，修复水域生态环境，促进渔业可持续发展。

(6) 土地及区位资源

义安区位于长江中下游平原与皖南山区交接地带，有低山、丘陵、山涧河谷、波状起伏的岗地和沿江冲积平原。地貌呈明显的地域差异和过渡性变化，境内总地势南高北低，中部为南北过渡地带。根据地貌形成特点、形态特征和组成物质，分为3个类型区，地势自南而北依次分布低山区、丘陵区、洲圩区。南部低山区范围包括西牌峰、黄木岭、狮子山一线以南地区，约占全区面积的40%，海拔高程较高，一般在200～500米。中部丘陵区范围包括新沟、花园王、玉楼山、山边崔家一线以南和五松、东联、钟鸣、顺安等地，约占全区面积的30%，海拔高程小于200米，多在50～150米。北部洲圩区为地势最低区，因长江及其支流的冲积作用而形成，地形起伏小，往北趋临平原圩区，地势随之逐渐降低，相对高程在20～30米，范围包括老洲、胥坝、西联、东联，以及钟鸣、顺安、五松的部分地区，约占全区面积的30%。

义安区紧临中国经济发达的“长三角”地区，地处皖江城市带承接产业转移示范区的核心区域，是八百里皖江的中心，世界级风景旅游度假区“两山一湖”的北大门，也是长江中下游承东启西、安徽省连南接北的重要节点，四小时交通圈覆盖上海、南京、杭州、武汉等重点城市。京福高铁、宁安高铁、宁铜铁路、铜九铁路、京台高速、沪渝高速和铜宣高速穿境而过，铜陵长江公铁大桥贯通南北，城区距九华山机场仅20余千米，坐拥长江黄金水道60余千米，深水岸线资源丰富，建港条件得天独厚。

2013年末，义安区国土面积84533.5公顷，农用地面积56543.21公顷，其中耕地面积23730.04公顷，建设用地面积15787.01公顷，未利用地面积12203.26公顷。区内土壤类型共分为7个土类、13个亚类、49个土属、85个土种。中南部低山丘陵地区的主要土壤类型有黄红壤、棕色石灰土、水稻土及小面积的潮土和紫色土。从低山丘陵到冲畈分布以黄红壤、水稻土为主；山间谷地以香灰土田、砂砾泥田、砾身砂泥田为主；河流两岸的以砂泥田、石灰性泥骨田为主；冲两旁呈梯级分布白浆土田；石灰泥田呈环状分布于石灰岩丘坡脚。北部沿江洲圩平原以潮土为主要旱作土壤类型。江心洲沿主江一侧向内依次为江沙土、青沙土、灰沙土和灰泥土，沿江滩地向内依次为灰沙土、灰沙泥土、灰泥土，并与水稻土灰泥田相接。

(7) 气候资源

义安区位于长江中下游南岸，属北亚热带季风过渡区，四季分明，全年气候温和湿润，雨量适中，湿度较大，日照充足，无霜期长，季风气候显著。义安区四季气候特点：春季高空西风带逐渐北撤，冷高压衰弱北缩，暖高压增强北移，冷暖空气活动频繁，气温回升快，天气多变，时晴时雨，乍暖还寒，降雨日数多；当寒潮或较强冷空气南侵时，常伴有阴雨、大风降温过程，形成“倒春寒”天气。义安区夏季较长，5月底进入夏季，西太平洋副热带高压北跃，暖湿气流活跃，天气炎热；6月中下旬至7月上中旬，雨量集中，阴雨连续，降水强度较大，进入梅雨季节，易出现洪涝灾害，属防汛关键期；在气候变暖的大背景下，易出现极端强对流天气；出梅后多出现持续高温少雨天气。义安区秋季较短，晴好天气多，入秋后，副热带高压减弱南撤，北方冷空气不断增强南下，气温随之不断下降，日温度差加大，雨水少，易致秋旱；遇有较强冷空气南侵时，常形成秋季低温，淫雨绵绵；但常有持续高温天气，俗称“秋老虎”。义安区冬季，受蒙古高压控制，干燥寒冷，以偏北风为主，雨雪日少，降水量少，晴朗天气居多；1月天气较寒冷，月平均气温3.6℃；霜或霜冻出现频繁，每年均有降雪，大多年份有积雪。

义安区年平均气温16.4℃，年际差异较大，最高年平均气温17.1℃（1961年），最低年平均气温15.5℃（1980年），高低差1.6℃；累年平均地面温度为18.8℃，最高20.1℃（1978年），最低17.7℃（1989年）；极端最高气温41.1℃（2013年8月11日），极端最低气温－11.9℃（1969年2月6日），年高温（≥35℃）日数最多为44天（2013年），年高温（≥35℃）日数最少为2天（1982年）。全年日照可照时数平均为4427.2小时，闰年为4438.3小时。全年平均风速为3.1米/秒，瞬时极大风速为22.4米/秒（2009年6月6日）。全年平均无霜期为247天，最长达276天（1960年），最短为212天（1966年）。全年平均降水量为1401.5毫米，历年年平均降雨日为136.3天，日最大降水量为276.1毫米（1966年6月29日），一小时最大降水量为91.1毫米（1970年8月18日），10分钟最大降水量为21.6毫米（1976年9月1日），最大连续降水量为644.6毫米（1999年7月21日—8月1日），最长连阴雨日数为16天（1996年3月14日—30日）。历年年平均降雪日为11.3天，年最多降雪日为21天（1973—1974年），最少为2天（1970—1971年），最大积雪深度为35厘米（2008年2月2日）。

由于气候的过渡性，义安区冬夏温差显著，降水年际变化较大；冬季盛行东北风，夏季盛行西南风。由于南北冷暖气流常常交汇于此，义安区天气多变，降水年际变化大，常有旱、涝、风、雹等灾害性天气出现。义安区主要灾害性天气有春季连阴雨，盛夏暴雨、雷电、冰雹、大风等强对流天气，秋季高温干旱，秋冬季常有雾霾、寒潮，冬季偶有暴雪，常伴有低温雨雪冰冻。

4. 五类标志性作物

（1）铜陵凤丹

铜陵凤丹种植，历史悠久，已有1600多年历史，主要产于义安区顺安镇、钟鸣镇与南陵县何湾镇三镇交界处的盆地及周边地区。清代乾隆时期的《铜陵县志》中记载："邑产姜、蒜、苎麻、丹皮之类，近亦简有服贾者，但远人市贩者居多。"说明义安物产丰富，其中丹皮闻名于外，畅销各地。

盛产凤丹的凤凰山村以凤丹种植为农业主导产业，其产品多次获得安徽省优质名牌农产品称号，被国家农业农村部授予"中国南方凤丹基地"称号，被原国家林业局授予"中国药用凤丹之乡"称号，被安徽省农业委员会授予"凤丹种植专业示范村"称号，通过了国家地理标志认定。目前全村凤丹种植面积达2000余亩，最高时可达万亩；如今从事凤丹种植、加工、销售的人员近2000人；该村于2005—2007年度，先后与河南宛西制药厂、北京同仁堂制药厂成功合作组织实施了"凤丹皮种苗培育基地"，并建立了长期的产品销售业务网络；于2008年成立了"铜陵凤凰牡丹种植专业合作社"，使"一村一品"走上良性发展轨道，让农民增产增收，获益颇丰。如今铜陵凤凰山村年产凤丹10多万千克，不仅满足了国内市场需要，还远销东南亚，成为铜陵外贸出口的重要产品。

铜陵凤丹特点是根粗、肉厚、粉足、木心细、内含金泽、久贮不变质。中医认为，丹皮清寒，味辛，具有凉热血、散淤血之功能，对吐血、便血、尿血、闭经等症有疗效。中医临床验证表明，丹皮用于妇科炎症及阑尾炎的疗效较好。另外，它还是中成药六味地黄丸的主要成分。凤丹生长习性与野生类型相近，不尚花朵，株型富丽多姿，一般为半重瓣花，呈白色，有的略带紫红晕。铜陵凤丹的栽培强调选用新垦的"子荒棵"或预定的休闲地，忌边连作，须轮作，轮作期一般不少于3年，以5年为宜；只施有机肥；在根皮加工方面，要求按照一定的规格，分别处理，分级包装，并注意产品外形质朴美观。铜陵凤丹还可以用于加工生产丹皮酚、丹籽油、丹花茶等，产品较多，效益良好。

（2）铜陵白姜

铜陵义安产姜历史悠久，早在春秋时就有种植。如今铜陵白姜的种植核心区为义安区的天门镇、钟鸣镇、顺安镇、东联镇、西联镇及铜陵市郊区的大通镇，其中主产区天门镇是白姜优质种质资源区和优质名产区。2008年，铜陵白姜加工制作技艺被列为安徽省省级非物质文化遗产名录；2009年，原国家质检总局批准对“铜陵白姜”实施地理标志产品保护；2017 年，农业农村部公布了第四批中国重要农业文化遗产名单，铜陵白姜生产入榜，同年 8 月，铜陵白姜商标，被原安徽省工商局评为省十佳地理标志商标。

铜陵白姜，享誉“中华白姜”，系铜陵八宝之一。北宋时，铜陵已成全国著名生姜产区，被列入朝廷贡品；明代嘉靖时期的《铜陵县志》记载，明代铜陵生姜，已成为“热门”特产；清顺治十三年（1656 年）《铜陵县志·物产》记载，当时姜的产量“每岁不下十万担”；清代乾隆时期的《铜陵县志》中记载：“邑产姜、蒜、苎麻、丹皮之类，近亦间有贩贾者，但远人市贩者居多”；中华民国年间，铜陵经营生姜的私营行商，每年采购鲜姜销往安庆、芜湖、镇江、扬州等地，安庆的“胡玉美”、扬州的“四美”、镇江的“恒顺”等著名酱园，纷纷采购铜陵生姜，加工糖冰姜、糖醋姜、酱姜、生干盐姜等。

铜陵白姜为多年生草本植物，一年生栽培作物；鲜姜皮白，略呈黄色，姜块成佛手状，瓣粗肥厚；姜指饱满，色白、鲜嫩、汁多，味美爽口，辣而不呛，食后“隔夜留香”，满嘴清爽。铜陵白姜品质上乘，属多功能食用产品，适合食药两用，具有块大皮薄、汁多渣少、肉质脆嫩、香味浓郁等特色。铜陵白姜营养十分丰富，除含有姜油酮、姜油酚、姜油以外，还含有人体必需的蛋白质、钙、磷、铁、胡萝卜素、硫胺素、核黄素、烟酸、抗坏血栓和无机盐等营养成分，老姜有健胃、止血、顺气去寒、化痰解毒、发汗消热、调味蔬菜、增进食欲等功能。

（3）汀州大豆

铜陵义安种植大豆历史悠久，秦汉以前，大豆为主要口粮，关系到老百姓的生计。在商代甲骨卜辞中，大量出现“菽”（大豆）字，通过考古挖掘，论证了大豆在中国悠久的种植历史，铜陵义安也不例外。汀州大豆，也称铜陵大豆，为铜陵标志性作物、地方优良农特产品，原名“平头黄”，有大平头黄和小平头黄两个品系。经科学测定，大平头黄和小平头黄中蛋白质含量分别为 47.87% 和 47.31%，比一般大豆分别高 19.7% 和 18.3%；脂肪含量分别为 18.46% 和 17.5%，比一般大豆含量略低。用汀州大豆加工制作的大通茶干口感细腻，久嚼不烂，营养丰富，品种有火腿、蒲包、十香、双味等，适宜不同层次、不同年龄段人群食用。大通为抵达九华山的必经之地，古时那些全国各地的香客，因吃素食之需，都要购买一些大通茶干作为食物。另外，采用汀州大豆生产的豆制品味道可口，品质优良。汀州大豆种植面积逐年扩大，不仅解决了本地市民所需，还远销南京、上海、浙江等地。

（4）再兴圩萝卜

义安再兴圩萝卜种植有数百年历史。再兴圩萝卜的种子播在其他地方，很难长出同样品质的萝卜，为此，再兴圩当地人一提起萝卜都自豪地说：“我们再兴圩萝卜最好吃。”民间有“萝卜一上市，药铺无生意”之说，在义安区西联镇再兴圩一带，这句话则变为“再兴萝卜一上街，家家户户争着买”。再兴圩萝卜品质独特，其色白如玉，皮薄肉嫩，汁多肉满，不抽丝，不空心，入口无辛辣味，甜脆可口，且只生一根主根，极少有须根，肉质致密，为萝卜中的佳品，其生长适应性广、速度快、产量高、品性好，为铜陵标志性作物。

传说有年冬天，天寒地冻，一个老农挑着一担萝卜到集镇去卖，路遇一位落魄书生，见他饥饿难耐，便送个萝卜给书生充饥。书生吃后连连说“此乃土人参也”。从此再兴圩萝卜名声大噪。在再兴圩一带，有多种吃萝卜习俗，如将腌制晒干的萝卜丝拌上麻油，入早茶，边吃边喝，实乃福事。每年腊月，当地有炸萝卜丸的习俗，将萝卜洗净切碎，拌上山芋粉，捏成丸子，油炸后作为节日招待亲朋好友的美食。当地人生吃萝卜也很讲究，将萝卜洗净，用开水微烫后，或直接吃，或切成块状洒上白糖，当点心吃，味道鲜美。萝卜苗菜易于被人体吸收，可制作成菜肴，炒、煮、凉拌等俱佳。再兴圩萝卜也可入药，其性凉味辛甘，入肺、胃二经，可消积滞、化痰热、下气贯中、解毒，可用于治疗食积胀满、痰咳失音、吐血、衄血、消渴、痢疾、头痛、小便不利等。

（5）太平大蒜

太平大蒜栽培历史悠久，亦称铜陵大蒜、汀蒜，为铜陵八宝之一，是铜陵标志性作物、地方优良农特产品。太平大蒜的栽培区域在铜陵义安区的西联、胥坝及铜官区西湖等乡镇。太平大蒜具有衣薄色白、个大味美、汁多油足、久贮不烂等特点；太平大蒜品种稳定性好，不易退化，耐高温、抗逆性强，产量高；蒜头富含维生素C、碳水化合物及多种矿物质，具有独特的辛辣味；该蒜的青蒜苗口感上佳；蒜薹微苦。太平大蒜可露地栽培，无须任何保护设施，其青蒜苗在国庆节前就可以上市，是铜陵地区填补蔬菜秋淡的主要蔬菜之一。铜陵大蒜产量较大时，除满足本地市场需求外，还销售到江西等外省，同时出口到港澳地区和东南亚，深受国内外好评。

蒜为一年生草本植物，为百合科葱属，以鳞茎入药。公元前113年，西汉张骞出使西域时，把大蒜带回中原。2世纪，东汉的华佗曾用蒜汁和酒治虫症。宋代以后，大蒜已在医药方面“大显身手”。明代李时珍的《本草纲目》中，记载，大蒜“通五脏、达诸窍、祛寒湿、辟邪恶、削痈肿、化积食”。1722年，法国马赛疫症大流行，许多人因服用大蒜醋而避免了被疫疾传染。1930 年，法国首先申请了大蒜药物制剂的专利。大蒜精油中的活性成分对心脑血管病、糖尿病等有预防功效，被誉为“药用植物黄金”。

5. 义安特色风物

（1）风味小吃

我国物产丰富，历史悠久。《现代汉语词典》中对小吃的解释是“饮食业中出售的年糕、粽子、元宵、油茶等食品的统称”。北京人称小吃为“碰头食”，有别于主食的“冷盘”。民间小吃类型五花八门，遍及粮食、果蔬、肉、蛋、奶各类，酸甜苦辣各味俱全，热吃、凉吃吃法不一。铜陵义安小吃循风俗而成，特色鲜明，体现了义安的风土人情、物华气象。义安小吃风味独特，就地取材，突出反映了义安物质文化及地域生活风貌，是义安人文不可或缺的重要内涵。义安是座美食之城，深藏在大街小巷的小吃，是这座城市的重要组成部分，其中有五大特色风味小吃，分别为太平街臭干、顺安麻酥糖、太平街烧饼、义安小刀面、糖冰姜；还有米粉粑粑、义安闸蟹、义安小龙虾、杀猪汤、糖醋姜等。具体如下。

① 太平街烧饼。

太平街烧饼为义安特产，原名横埂头小酥饼，又称铜陵烧饼、汀洲烧饼，久负盛名，是徽派传统美食，为铜陵传统名点之一，距今有 200 多年历史。太平街烧饼既是饮茶待客的理想食品，也是馈赠亲友的小吃佳品，在 20 世纪三四十年代，太平街烧饼装满铁箱，被一箱箱运往芜湖和上海等地销售，广受欢迎。太平街烧饼配料精良，工艺讲究，采用上等白面为原料，配以大葱、八角、芝麻等多种佐料，经过大火烘烤和二次文火烘烤等十多道工序，慢焙细烤而成。烧饼做得好，关键在两点：一是推好酥，二是烧好火。酥是一种黄色糊状体，是做烧饼的主要原料。推酥要靠手工，细工慢活；烧火要用柴或木炭，不可用煤或液化气。当天做的烧饼不好吃，必须在晚上回炉，也就是用文火将水分焙干。因此，烧饼艺人夜里一定要起床，给烧饼翻个身，才能生产出精品烧饼。烧饼出炉后外黄内酥，颜色诱人，有“出炉金灿灿，醇香扑鼻来。入口酥酥脆，余味满齿间”的佳誉。太平街烧饼有茶杯口大小，黄澄澄的，亮光光的，如烧熟的蟹壳一样，像刚从油锅里捞出来似的；烧饼里外十八层，层层酥透，外表黄中微带焦色，闻一闻香气扑鼻，咬一口又酥又脆，吃后唇齿留香，色香味俱佳。

② 太平街臭干。

太平街臭干为义安特产，是沿江一带风味独特的民间小吃，广受人们喜爱。

早在清代，太平街臭干就已远近闻名，现如今是铜陵的一道招牌风味小吃。制作太平街臭干，选用本地的优质黄豆，配有多种调料，手工精制而成；其生产形式，以古老的家庭制作方式为主，传承至今，各家的原料配方均属祖传；必须当天做，早晨起卖。太平街臭干营养丰富，风味独特，口感细腻，香气四溢，让人吃后回味无穷，为老少皆宜的休闲食品，也是佐茶、烹饪的理想美食。在铜陵许多地方，大年初一有客人来家拜年时，一定要备些臭干子，撕碎后淋上麻油，加点辣椒糊、香菜碎，让人喝茶佐食，非常惬意。芦蒿炒臭干，清香味美，让人吃得上瘾，一清香，一臭鲜，两者和谐，美味相宜，口感非常美妙。在油锅里炸好的臭干外表焦酥、内心鲜软，配上麻油或者辣椒酱，让人回味无穷。

③ 顺安麻酥糖。

顺安麻酥糖为义安特产，又名顺安酥糖、铜陵酥糖，是义安区顺安镇的传统美食、风味小吃，为铜陵人待客佳品、佐茶好料。《铜陵县地方志》中记载，早在唐代，顺安设立“临津驿”开始，顺安麻酥糖就声名远扬，畅销本邑及周边地区。顺安麻酥糖生产历史悠久，千年传承，代代沿袭，皆为作坊式手工制作。中华人民共和国成立后，顺安麻酥糖全部由顺安供销社负责生产和销售。精通传统制作工艺的师傅们，一丝不苟，使顺安麻酥糖始终保持着原有风味和上乘质量。1984 年，顺安麻酥糖获得安徽省供销社系统甲级产品称号。从 20 世纪 70 年代至 20 世纪 80 年代末，顺安麻酥糖的年产量基本稳定在 120 吨以上。如今顺安麻酥糖仍兴盛不衰，深受人们喜爱。顺安麻酥糖的制作，采用优质面粉、精细白糖、纯黑芝麻，配以适量的桂花、青梅、金橘饼等精制而成；其特点是口感松柔甜润、成块不散、入口即化；顺安麻酥糖包装一直为传统风格，四块麻酥糖装成一包，外形简单朴素。

④ 义安小刀面。

义安小刀面为义安特产、风味小吃，是市井类传统美食，起源于安徽沿江一带，为许多食客所钟爱。义安小刀面远近闻名，面条筋道，汤汁鲜美。义安区有不少小刀面馆，其中有裴师傅小刀面馆、戴记小刀面、梅子小刀面等。清代有诗称赞小刀面“不托（面条）丝丝软似绵，美汤煮就含腥鲜。尝来巨碗君休诧，七绝应输此盎然”小刀面丝丝细软，绵糯筋道，香滑可口，口味绝佳，为早餐优质美食。

小刀面做法如下：面粉加温水、盐，揉成光滑面团，将面团饧面，在擀面板上反复撒上面粉，不断揉捏面团，且将面团擀成圆饼，每擀一次，铺撒一层面粉，翻面再擀，不断从中心往四周擀面；面擀好后，将圆面饼从一端折叠，用小刀切成1厘米左右的面条。传统小刀面全程手工操作，面要揉成雪花状，且要放几个小时才能用；制面求快，压实大面皮后，用刀将其裁切成细细的条，放入滚水中，稍加氽烫即熟，见沸离火，倒入面碗中即可。如果用机器压制面条，则无论压多少遍，面条入水就软，没有手擀面耐煮。手擀小刀面吃到嘴里，爽滑筋道，柔中带韧；在面汤中放一点葱、姜、盐、蒜、生抽和白胡椒，汤清、面黄、味美，让人享受到真正的江南味道；也可以加入排骨、笋干、荷包蛋、油炸臭干、银鱼、青菜、鸡汤、鱼汤、排骨汤等，口味更佳。

⑤ 糖冰姜。

糖冰姜为义安特产、传统美食、风味小吃，是用姜制作的甜品，深受人们喜爱。早在明清时期，糖冰姜即为皇室贡品，远近闻名。传说清代乾隆皇帝南巡时，吃了义安糖冰姜赞不绝口，称其为美食。

加工糖冰姜，应以上等白姜、砂糖为原料，经选姜、去皮、刨片、漂水、压干、入盘、日照、拌糖等十多道工序后即成。成品糖冰姜晶亮似冰，色白如雪，肉嫩味美，食之甜辣可口，嚼之无渣，清香宜人，开胃生津，风味独特。义安糖冰姜为佐餐、品茗的美食，是小吃中的佳品。

民间有“一片生姜，胜过丹方”的说法，还有“冬食萝卜夏食姜，不劳医生开药方”的说法。青少年吃生姜可以美容，少女吃生姜可以使面色红润。生姜味辛、性微温，入脾、胃、肺经，具有发汗解表、温中止呕、温肺止咳、解毒等功效，主治外感风寒、胃寒呕吐、风寒咳嗽、腹痛腹泻、中鱼蟹毒等病症。

⑥ 糖醋姜。

糖醋姜为义安特产、传统美食、风味小吃。加工糖醋姜，应挑选细长白嫩姜、水灵饱满的姜，刨皮、洗净，用盐腌渍一夜，第二天拿到户外晾晒，待生姜表面干透后装瓶，装一层姜码一层白糖；装满后，倒入白醋，白醋要漫过生姜，可长时间留存；最后封上保鲜膜，盖上盖子，三五天后即可食用。加工姜时，可将晾晒干水分的姜收回，切成片，也可不切为整块状，盐腌一晚后滤去盐水，放入玻璃瓶中；用白醋加白糖上火熬成糖醋汁，倒入姜饼，用盖密封即成；熬汁时，火不能太大，利用温度降解一些酸度，保证糖醋汁的酸甜可口。如果遇到阴雨天气，则可以在刨皮洗净后，将姜切薄片放到阳台上沥干，用盐腌上几小时后，直接装瓶。使用生姜去筋法，应在用盐腌生姜时，加知了壳少许，使筋自脱，且柔嫩；如果先用加知了壳的水洗姜，则效果更好。腌制糖醋姜，应在中秋节或其后一个月内，那时姜刚上市，姜块大皮薄，嫩脆渣少，姜味浓郁。糖醋姜在义安日常生活中非常重要，来客端出一碟，叫“迎客糖醋姜”，亲戚好友串门时，以姜相待，为礼仪习俗。还有“三朝糖醋姜”“中秋糖醋姜”“新人糖醋姜”“满月糖醋姜”为义安民俗传统。人们借姜传达思想，表达情感。

⑦ 米粉粑粑。

米粉粑粑为义安特产、风味小吃，是乡村民俗类传统美食，历史悠久。义安许多地方在农历腊月二十三过小年时，有做米粉粑粑的习俗。传说灶王爷在此日叩见玉皇大帝，为让他在玉帝面前多多美言，民间就做米粑粑祭拜灶王爷，以求玉帝恩赐，风调雨顺，福贵吉祥。民间有“欢欢喜喜过小年，五谷丰登米粑粑”一说。小年一家人聚在一起，做米粉粑粑，吃米粉粑粑，欢天喜地，尽享美好生活；也有邻里互动，在一起做米粉粑粑，互助快乐。

在义安，有正月初八举办粑粑会的习俗，也称粑粑宴，规模隆重，场面热闹，为一年中最热闹的一天，几乎全村男女老少都参加聚会。人们在一间共用的房屋里，摆满了由各家各户送来的桌子，各种粑粑摆满了几十张桌子，还有人家不仅送来了粑粑，还送来自家做的各种圆子，如肉圆子、鱼圆子、藕圆子、蔬菜圆子等。粑粑种类繁多，有糯米粑粑、山芋粑粑、藕粑粑、萝卜粑粑、蔬菜粑粑等，有甜有咸，有圆形、方形、长条形等。每家少则做二三十斤，多则做二三百斤，人们在大缸里放“腊水”（腊月里取冰雪融化成的水），将粑粑泡起来，随吃随取，一般吃到农历二三月份也不会变质。

制作米粉粑粑，全为手工制作，有炒粉、捏团、填馅、模具压花等工序；粑粑馅有很多种，有咸菜、红豆、芝麻、白菜、萝卜、瓜类、豆干、粉丝、黄花、香菇、豆角、肉丁等。米粉粑粑可蒸食，也可油煎吃。也有不填馅料的，揉好米团，掐成小块，用手做成米粉粑粑，直接下开水锅中，放入白菜、盐、油、味精，待米粉粑漂起来即可食用，润滑可口，汤味清鲜。

⑧ 义安小龙虾。

义安小龙虾为义安特产、风味小吃，是市井类现代美食，广受人们喜爱。小龙虾是甲壳纲、十足目、螯虾科水生动物，也称克氏原螯虾、红螯虾和淡水小龙虾，甲壳坚硬，成体长 5.6～11.9 厘米，整体呈暗红色，甲壳部分近黑色，腹部背面有一道楔形条纹；幼虾体为灰色，有黑色条纹；螯狭长，甲壳上明显具颗粒。小龙虾为淡水经济虾类，杂食性，生长速度快，适应能力强，摄食范围广泛，其食物包括水草、藻类、水生昆虫、动物尸体等，食物匮乏时亦自相残杀。小龙虾在义安是重要的经济养殖品种，可混养在水稻田中，实施稻虾轮作，或进行池塘养殖，仅在义安区东联镇就有 4000 多亩小龙虾养殖地。

小龙虾营养丰富，蛋白质含量很高，且肉质松软，易被消化，是极好的食物；虾肉每百克含蛋白质 18.9 克、烟酸 4.3 毫克、维生素 E 3.58 毫克，还富含镁、锌、碘、硒、磺、磷、铁等，其中镁对心脏活动具有重要的调节作用，能保护心血管系统，减少血液中胆固醇含量，防止动脉硬化，同时还能扩张冠状动脉，有利于预防高血压及心肌梗死。小龙虾含有的虾青素是很强的抗氧化剂。日本大阪大学的科学家发现，虾青素有助于消除因时差反应而产生的“时差症”。另外，小龙虾还可入药，能化痰止咳，促进手术后的伤口生肌。

选购时，要选色干净、色泽光鲜、红亮洁润的小龙虾；如果煮熟的小龙虾虾尾部蜷曲，则说明小龙虾入锅之前是活虾，如果尾部是直的，则说明入锅前是死虾。小龙虾做好后，一次不要吃过量，因为人体摄入过多的蛋白质，易引起消化不良。在义安，小龙虾烹制方法很多，多蒸或煮熟后剥壳取肉，供食客蘸姜醋等调味料食用；餐饮业做小龙虾，有酱汁、冰镇、爆炒、油焖、麻辣、红烧、秘制、咖喱、香辣味、啤香烧、蒜泥烩等风味，丰富多彩，嫩鲜爽口。

⑨ 杀猪汤。

杀猪汤为义安特产、传统美食，是沿江一带风味独特的民间小吃，广受人们喜爱。铜陵钟鸣老字号月明土菜的杀猪汤相当有名，为乡村老味道。杀猪汤主料为猪瘦肉、猪肝、猪腰子、猪血肺叶等，猪瘦肉要选猪背上最好的肉。这部位的肉叫护心肉，也称横膈肌，为隔断猪胸腔与腹腔的组织，肉质活性强，非常鲜嫩。做杀猪汤时，将猪肉、猪肝和猪腰子切成薄片，将切好的肉下锅，烧至五成熟时，捞出放入瓷锅，用炭火慢煮；在煮的中间，加入猪血、姜片、盐等；起锅前，切些葱花放入锅中，此时已经香味四溢。刚开锅的杀猪汤吃在嘴里，满口生香，嫩滑爽口，鲜美无比。以前都是家里有喜事，或过年、过节时，才杀猪做杀猪汤吃。当一碗冒着热气的杀猪汤端在手中时，那冒着的是正宗的年味儿、腊味儿、人间幸福的烟火味儿。

⑩ 义安螃蟹。

义安螃蟹为义安特产、风味美食，是沿江一带独特的水生物产，广受人们喜爱，义安、养殖螃蟹的历史悠久，吃蟹民俗源远流长。义安螃蟹为长江水系螃蟹，学名中华绒螯蟹，又称河蟹、毛蟹、清水蟹、大闸蟹，为甲壳类动物，身体被硬壳保护着，靠鳃呼吸，在生物分类学上，与虾、龙虾、寄居蟹为同类动物；其背部甲壳呈青灰色，有光泽，腹部为白色，金螯足用于取食和抗敌，掌部内外缘密生绒毛，色泽光亮，因此得名绒螯蟹；脐部圆润，向外凸；其肢体连接牢固，呈弯曲形状，活动敏捷，活力强劲；某为杂食性动物，食物包括藻类、鱼、虾、螺、蚌、蠕虫、蚯蚓、昆虫及其幼虫等。

义安螃蟹为一种经济蟹类，义安境内有螃蟹养殖水面 1 万多亩，主要分布在东联镇和东湖等地，有蟹池混养、青虾混养、鲢鳙鱼混养等生态养殖方式。螃蟹一般在中秋、国庆节过后，接近 11 月时，经过几次蜕壳，发育成熟，此时蟹肉肥美，为食蟹最好时机。螃蟹富含蛋白质和微量元素，味鲜清甜，营养丰富。古人咏蟹常用蟹黄、脂膏、嫩玉，形容蟹之鲜美。明代徐渭《题蟹》诗中写道："稻熟江村蟹正肥，双螯如戟挺青泥。若教纸上翻身看，应见团团董卓脐。"徐渭作为明代杰出画家，在一次酒酣后画了一只秋蟹，品评后突发奇想，若是将画中蟹翻过身来看，定是黄膏丰腴的美物。食蟹方法以清蒸、泼醋、擂姜、就酒为佳。蟹脐性冷，多食易积寒于腹，故用姜蒜解之。死蟹、隔夜蟹应丢弃，含有细菌、病毒。蟹有不吃"四部件"，即蟹腮、蟹肠、蟹心（俗称六角板）和蟹胃（三角形的骨质小包，内有泥沙），其中有细菌、病毒甚至寄生虫等致病物，务要除尽。痛风病人和过敏人员忌吃螃蟹。不应吃蟹时饮茶，茶水会冲淡胃液，而胃液有杀菌作用，能杀死螃蟹携带的细菌。

（2）花卉栽培

早在战国时，我国就有栽植花木的习俗，至秦汉时，所植名花异草更加丰富。至西晋时，从越南地区输入的奇花异木达数十种，西晋时期的《南方草木状》中记载了各种奇花异木的产地、形态、花期，如茉莉、睡莲、菖蒲、扶桑、紫荆等；晋代，人们已开始栽培菊花和芍药。至隋代，花卉栽培渐盛，此时芍药已得到广泛栽培。我国的花卉产业蓬勃发展，至今愈盛，被誉为"朝阳产业"。花卉栽培，可以美化园林、改善环境、丰富生活、推动经济发展，是社会生活不可或缺的组成部分。

义安花卉栽培，深入千家万户，广泛融入人们的生活。花卉栽培作为地域产业，以观赏、美化环境、绿化环境、香化环境为主要用途，将花卉分为切花（切叶）、盆栽植物、观赏苗木、食用与药用花卉、工业及其他用途花卉，以及草坪、种子用花卉、种球用花卉和种苗用花卉，成为义安农业和旅游业的重要分支产业。义安人将花卉作为商品进行研究、开发、生产、贮运、营销及售后服务等一系列活动。花卉栽培目前的销售渠道有传统批发、拍卖、直销、电商等，已在义安经济产业结构中形成独立的产业体系。义安花卉栽培品种丰富多彩，主要有牡丹花、铜草花、梅花、百合花、郁金香、桃花、芍药花、杜鹃花、油菜花、玫瑰花、格桑花、百日草、向日葵等，其种植基地在凤凰山名胜风景区、梧桐花谷景区、梦思康百合庄园景区、龙山梅园等地。

梧桐花谷

① 牡丹花。

牡丹花为芍药科芍药属植物，是多年生落叶灌木，别称或雅号众多，有鼠姑、鹿韭、木芍药、百雨金、洛阳花等，被誉为花中之王、富贵花。“庭前芍药妖无格，池上芙蕖净少情。唯有牡丹真国色，花开时节动京城。”牡丹自古被世人赞美歌颂。早在秦汉时，《神农本草经》中记载：“牡丹味辛寒，一名鹿韭，一名鼠姑，生山谷”。牡丹花开富丽堂皇、雍容华贵、气质高雅，因而著称于世。

义安牡丹栽培历史悠久，相传晋代葛洪在铜陵炼丹时植一株牡丹，至今传为凤丹，属南方药用牡丹。

有诗云：“国色在洛阳，天香在铜陵。”如今的义安是享誉江南的牡丹品种群栽培中心、中国药用牡丹之乡、中国南方牡丹生产基地、国家地理标志产品保护地。义安区为凤丹原材料产地，已形成“一二三产”深度融合的牡丹全产业链，大力发展凤丹观赏，建成以凤凰山牡丹园、梧桐花谷为代表的牡丹科技观赏园 8 处，以“凤丹文化”带动乡村旅游和特色产业发展。全区已有油用牡丹种植、加工省级产业化龙头企业 6 家，持续开发高附加值的凤丹特色药用产品、保健食品和日化品。据不完全统计，全区年加工牡丹籽 150 万千克，牡丹籽油年产量达到 30 万千克，油用牡丹系列加工产品年产值超过 2 亿元，牡丹全产业链总产值约 3 亿元，惠及近万人。

凤凰山牡丹园

② 铜草花。

铜草花是唇形科香薷属植物，为多年生草本植物，学名海州香薷，花开似牙刷，又称牙刷花、牙刷草。每年农历九月，铜草花开，花海如潮，蜂蝶飞舞，淡紫色的花蕊、花瓣，紫红色的茎，绿色的叶，一簇簇相依，一片片相连，随风摇曳，芬芳迷人，风景如画。正如《铜草花》歌中所唱“铜草花，山崖里，自然芬芳又美丽；铜草花，开秋天，一朵一朵招人迷……”。铜草花或生长在含铜元素较多的土壤中，或生于藏有铜矿石的山野，是准确显示铜矿藏位置的特色植物。铜草花很小，花期也很短，可全草入药。

在古代义安，铜草花与铜相伴而生，古人探矿技术落后，于是依靠它寻找铜矿资源。那时的铜草花遍布铜官山、笔架山、狮子山、凤凰山等地，后因矿山开采过多，地表浅层铜矿资源日渐枯竭，铜草花生存环境受到严重损害。铜草花鲜艳美丽，号称“铜陵八宝”之外的“第九宝”，越来越受到人们的重视。义安区凤凰山景区尾砂坝有一片铜草花紫色花海，美丽壮观，风光旖旎，让人心驰神往。铜陵学子们成立铜草花研究课题组，对铜陵地区的铜草花野生资源进行了调查与初步研究。同时，媒体实景聚焦、文章艺术推介，以及以“铜草花”为名的电影上映，让铜草花更负盛名，家喻户晓。近年来，铜草花热度更高。我们应着力打造铜草花主题公园、铜草花特色景点，以及生态、科普、科研等教育基地，充分发挥铜草花的生态效益、经济效益和社会效益。

③ 梅花。

梅花是蔷薇科杏属植物，原产于中国长江流域以南，已有 3000 多年的栽培史。梅花多为小乔木，花瓣呈倒卵形，以白色至粉红色为主，花开于冬春季节，果子成熟于 5—6 月。梅花的用途极广，经济价值高，可供观赏，可为鲜切花，可药用，可食用。鲜花可用于提取香精，花、叶、根和种仁均可入药。梅花果实可食，可盐渍或干制，熏制成乌梅入药，有止咳、止泻、生津、止渴之效。古时梅子代酪，作为调味品，是祭祀、烹调和馈赠等不可缺少的东西。春秋时期，野梅通过驯化栽培，成为家梅。1975 年，安阳殷墟商代铜鼎中发现了梅核，这说明早在 3200 年前，梅已为食用。梅花为中国十大名花之首，与兰花、竹子、菊花合称“四君子”，与松、竹并称“岁寒三友”。在中国传统文化中，梅花象征高洁、坚强、谦虚的品格，《书经》中云“若作和羹，尔唯盐梅”，《诗经》中云“摽有梅，其实七兮”。古人种梅、用梅、咏梅，皆成佳习。咏梅诗词，自古佳作层出不穷。吴昌硕、齐白石、徐悲鸿、张大千等书画大师，在诗、书、画、印里，借鉴中西文化精髓，笔墨创新，使梅艺灿烂夺目。

义安梅花栽培历史悠久。如今义安区天门镇的龙山梅园占地近百亩，栽培梅花近万株，有 110 余品种，其中 100 年以上树龄的梅树有约 40 棵，300 年以上树龄的古梅有 10 余棵，500 年以上树龄的古梅有 1 棵。龙山梅园内，引进、培育了万余株新品种的梅花，有红梅、白梅、绿梅、黄梅等。其中 3 棵古梅分别为“梅花王”“蜡梅王”和“佛山精灵”，它们的树龄分别为 500 年、250 年、200 年；“梅花王”曾遭 3 次砍伐，新生一枝为现主干，根繁叶茂，花开葱茏，让人叹为观止。人们感念此梅身世不凡，称其为龙山古梅，认为它是大美义安化身、美丽家园的精灵。龙山梅园每当梅花盛开时，景色迷人，赏心悦目，为休闲观光的好去处。人们赏梅、拍梅，感受梅园风光。在义安，梧桐花谷的种植梅园面积近千亩，其中的主要品种为红梅、白梅、青梅、绿梅等，梅树平均树龄在 20 年以上，为景区春季赏花的第一品牌。另外，在铜陵国家级农业科技园区内也有梅园多处，栽梅众多。

④ 百合花。

百合花为百合科百合属植物，多年生草本植物，又名强蜀、番韭、山丹、倒仙、重迈、中庭、摩罗、重箱、中逢花、百合蒜、大师傅蒜、蒜脑薯、夜合花等，原产于北半球温带地区，主要分布在亚洲东部、欧洲、北美洲等地，全球已发现 110 多个品种。我国为世界百合产地中心，有 55 种百合产于我国境内，占世界百合种类总数的一半以上，其中橙红色的卷丹和白色的野百合为中国宝贵的种质资源。还有不少人工杂交的新品种，如亚洲百合、麝香百合、香水百合等。百合花姿态雅致，叶片青翠，花色娟秀，茎干亭亭玉立，为名贵的切花新秀，也是观赏的极品花卉。百合花素有“云裳仙子”之称，其外表高雅纯洁，在世界花卉史上有举足轻重的地位。百合花中国民间有百年好合、百事合意之意，自古为婚礼必不可少的吉祥花卉。百合球根由鳞片抱合而成，含丰富淀粉质，可作为蔬菜食用，口感与土豆类似；百合球根晒干后，可用来煮汤，且植株的多个部分可入药，可以清热解毒，为健康食品。

义安区天门镇金塔村梦思康百合庄园景区为国家3A级景点，种植百合200亩，花海如茵，景色绝佳；园内的七彩百合园里，以百合花海为特色主题，建有多处景观，可供游客坐赏休闲、拍摄美景、品尝美食，集食用、药用、观赏于一体，以“赏药景、品药膳、购农特”为特色，能游、能看、能乐，有吃、有住、有玩，现已成为铜陵市民游览的打卡点；园内配套齐全，可以让游客深切感受乡土风情，亲近自然风光。在义安区境内，钟鸣镇的梧桐花谷也有百合园，占地30亩，拥有红妆、阿尔巴、苏蕾等20多个名贵百合品种，这些百合花分别于每年5月和9月中旬进入盛花期，花期持续一个月。

⑤ 郁金香。

郁金香为百合科郁金香属植物，多年生草本植物，别名洋荷花、草麝香、郁香、荷兰花，原产于中国古代西域及西藏、新疆一带，如今分布在地中海沿岸及中亚等地。郁金香被引入欧洲后，于17世纪成为荷兰疯狂金融投机商们竞相逐利的目标，现为土耳其、荷兰、匈牙利等国的国花。经过长期园艺栽培，全世界已有8000多种郁金香，被大量生产的约有150种，其中红色、黄色、紫色郁金香最受人们欢迎。在荷兰的传说中，古代有位美丽少女住在雄伟的城堡里，有3位勇士同时爱上了她，分别送给她皇冠、宝剑、金堆。但她对谁都不钟情，只好向花神祷告。花神把皇冠变成鲜花，把宝剑变成绿叶，把金堆变成球根，这样就合成了郁金香。在欧美的小说、诗歌中，郁金香被视为胜利与美好的象征，代表优美和雅致。郁金香花大而艳丽，高雅脱俗，清新隽永，气质神秘高贵，寓意高雅、富贵、能干、聪颖，花语为爱、慈善、名誉、美丽、祝福、永恒。

义安区钟鸣镇梧桐花谷景区引进国内外精品郁金香20余种、数十万株。经过专家精心设计，此处郁金香园视觉效果和别处不同，近看花朵精致艳丽，光彩夺目；远观波澜壮阔，如画卷，似织锦，美不胜收。此园中的郁金香分早、中、晚3个花期，最早在3月中旬进入盛花期，之后持续到5月中旬。每年数千万株郁金香在此园中轮番开放，与风车、栅栏、草地构成了一片充满异域风情的画卷，成为八方游客赏花必游胜景。美丽的郁金香花海，远远望去像一条条五彩缤纷的色带；置身其中，花香扑鼻而来，满眼的浓妆艳色，无边的花海世界，伴有蜂蝶齐舞，让人心旷神怡、神清气爽。

（3）工艺产品

工艺产品，为千百年来民众创造的民间艺术，是民间文化的重要组成部分，历史悠久，源远流长，种类繁多，是人民精神生活的重要内容，反映了劳动人民独特的生活情趣，包含着丰富深刻的社会历史信息，代表着民众的审美理想。它是大众的艺术，泛指劳动者自己而非专业艺术者创造的工艺物产，是大众的、生活的、民俗的艺术，是艺术领域中的一项分类。我国工艺产品有着悠久的历史，为中华民族文化艺术的瑰宝，是中华民族的一大特色产业。其中有丝绸刺绣、陶瓷器具、剪纸艺术、木雕、泥塑等。中国工艺产品的特点是具有和谐性、象征性、灵动性、天趣性、工巧性。工艺加工技术讲究审美效应和追求，技艺浑然天成，风格气象万千。义安民间工艺产品，有自身特质。义安人根据义安地域资源优势，遵循传统文化习俗，创造了铜工艺品奇石、盆景、园艺等工艺产品，产品多元，远近闻名，工艺历久弥新，经久不衰。

① 铜工艺品。

义安铜工艺品中有仿古铜工艺品，可依据实物原貌进行表面处理，用化学的方式或其他方式做出铜绿，也可根据观赏的需要进行选择处理。现代铜工艺品表面一般经过钝化处理，即仿照传世青铜器表面处理成古朴的色调，也有的表面镀金，还可以对本色铜进行抛光后由其自然氧化。处理的方式不同，趣味也各异，尽显丰富多彩的工艺特色。铜工艺品的特点是博、全、精，“博”是指加工制作的手段多，如铸铜、煅铜、拓铜、挤压成形、冲压成形、非金属镀铜、无模铸铜、铜丝镶嵌等；“全”是指不同风格、不同表现形式的铜工艺品种，如仿古、本色、镀金；“精”是指集民族传统和科技于一体，集全国各地铸铜工艺所长于一身，生产皆为精品。

义安有多家铜工艺品生产公司。其中铜陵市远程艺术制品有限责任公司，是集大型城市景观雕塑、大型佛像、仿古和现代铜工艺品设计、制作、生产和安装于一体的企业，公司设备先进、工艺精湛，先后为国内外城市创作设计并制作安装了数百件大型青铜雕塑。其中有香港湾仔闹市广场的“蟠龙汇瑞”、英国和智利友好城市街头的“四喜铜娃”、佛教圣地九华山的“仁德老和尚”大型铜像、南京市金贸花园大型青铜组雕“共同的家园”、歙县陶行知家乡的“陶行知铜像”、铜陵市铜都大道景观雕塑群“山水之门”巨鼎和六组大型铜浮雕等。坐落于义安经济开发区的铜陵铸景阁艺术铸造有限公司，拥有国内先进的青铜铸造生产设备，运用中国传统失蜡法铸造技术，打造铜工艺精品，其产品畅销全国各地。此外，铜陵青铜时代雕塑有限公司坐落于铜陵市翠湖三路西段509号，先后为全国20多个城市设计、制作青铜雕塑，有神农架景区的“神农鼎”、安庆五千年文博园国内规模最大的铸铜雕塑群“三百六十行”、山西省抗日纪念馆伟人群像“红军东征交响曲”、新疆天山景区的“八骏赴瑶池”、新疆乌鲁木齐核工业大队的“新疆核工业纪念碑”、伊犁那拉提景区的“芳香天使”、南京青奥文化体育公园的大型雕塑“九骏”、甘肃正宁县黄帝文化博览园的雕塑“黄帝像”等。

② 奇石。

奇石泛指天然形成的形状不同一般的石头，又称怪石、象形石、供石、案石、几石、玩石、巧石、丑石、趣石、珍石、异石、孤赏石等。奇石的奇字，乃异也，有别于一般者为奇，有猎奇或审美特色，为大自然鬼斧神工、洗练雕琢而成。奇石的材质、造型、色彩及花纹不同寻常，或石形独特，或石色鲜艳，或石质细腻，或纹理图案优美，千奇百态，具有观赏、收藏、经济、美学等价值，有着极高的石品，且未经任何人工雕琢、修饰。目前中国有观赏奇石95种，分为象形石、纹理石、清供石、生物化石、矿物晶体、工艺石6大类。其中前3类涵盖绝大部分奇石品种，有灵璧石、太湖石、戈壁石、栖霞石、雨花石等；生物化石为动植物化石；矿物晶体有绿松石、孔雀石、水晶、萤石等；工艺石有大理石、草花石、菊花石、牡丹石等。中国最著名的四大奇石为“东坡肉形石”“岁月”“中华神鹰”“小鸡出壳”。义安区境内有众多奇石爱好者，他们从事山石工艺制作、观赏石收藏、销售及艺术加工。义安区奇石经营单位有云亮奇石工艺制作部，位于顺安镇长龙山村大砰组；义安区天保奇石馆，位于钟鸣镇街道；义安区凤凰山村绿景奇石园艺中心，位于顺安镇凤凰山村。此外，永泉农庄、铜陵国家农业科技园区等皆有奇石收藏。

③ 盆景。

盆景是中国传统艺术珍品，历史悠久，深受人们喜爱。盆景制作以植物、山、石、水、土等为素材，经过精巧构思、造型加工、精心护养，方成盆景珍品。盆景是栽培技术和造型艺术的结合，也是自然美与艺术美的结合，在咫尺盆中，“缩地千里”，展现大自然的无限风光，被誉为“立体的画”和“无声的诗”。随着时间和季节的变化，盆景还呈现出不同的姿态、色彩和意境，让人赏心悦目。盆景体现了创作者的生活阅历、思想性格、审美趣味、艺术才能及文化素养。拥有不同个性和修养的创作者，会创作不同风格的盆景。

义安区四季分明，温差较大，地质构造独特，多奇山异石，适宜多种植物生长。据统计，义安区现有 88 科 600 余种植物，为盆景选材制作提供了丰富的植物资源和石种资源。义安盆景多取材于皖南深山，得黄山、九华山之灵气，创天生奇葩，营造盆境风光。树桩盆景的树种以雀梅、米冬、天竹、榔榆、三角枫、构骨、紫藤、黄荆、扶芳藤、杜鹃等为主，兼有黑松、五针松、罗汉松等其他树种；山水盆景常用芦管石、砂积石、千层石、龟文石、钟乳石、斧劈石、英石、宣石等石种，造型丰富多彩、形象生动；水旱盆景用山、石、水、树构思奇趣，树种选材则以榔榆、雀梅、三角枫等为主。义安盆景在造型技艺上，继承徽派盆景优秀技法，且不拘一格，师法自然，博采众长，吸取海派、苏派、岭南派等盆景造型技艺，形成独特风格。义安境内从事盆景制作的爱好者和经营者众多。顺安镇有时光盆景园、晨诺盆景园、多多盆景种植园、移花宫盆景店等；天门镇有德贵盆景园、放庆盆景园、放平盆景园、思妍盆景园等；义安钟鸣镇的盆景制作更是兴盛，如金山苗木盆景专业合作社，为金山村“一村一品”特色产业，现有苗木盆景种植总面积 500 多亩，年产值近千万元，带动了当地百余名群众就业，并通过网络平台扩大盆景销售渠道，让盆景成为特色品牌，带动村民实现共同富裕；境内的永泉农庄、铜陵国家级农业科技园区皆有盆景收藏。

④ 园艺。

园艺为中国园林建筑艺术，是世界文化的特色组成部分，也是中国传统文化的重要组成部分。园艺经历 2000 多年的发展，有着极为丰富的文学、美学内涵。园艺发展分成 3 个时期：第一时期为先秦及秦汉时期的“自然时期”。此时期为从“囿”到“苑”的发展时期，其特点是占地宽广、工程浩大、人工设施多。第二时期为唐宋时期为中国古典园林的“形成时期”。园林发展出现两个特点：一是在苑囿营建中注意了游乐和赏景的作用。二是绘画技术发展与造园艺术的发展互相促进。这一时期突出的成就是造园和文学、绘画相结合。第三时期为明清时期。明清时期是中国古典园林的“全盛时期”。至此，中国园林建筑艺术已具备了功能全、形式多及艺术化 3 个特点。

义安区风景旖旎，绿化树种繁多，为造园提供了丰富的资源。义安区全面推进园林绿化建设，大力提升境内绿化水平，以城镇主次干道绿化提升为重点，以美丽乡村建设和“三线三边”整治为突破口，以城镇小区和单位普遍绿化美化为基础，在“增绿、提质、强管、精养”上求突破，按照生态化、园林式的绿化理念和“多层次、多色彩、多品种、巧组合”的要求，实现园林绿化管理的长效化、常态化，全面推进园林绿化建设，使境内绿化水平持续提升，景观面貌不断改善，人居环境不断优化。义安区美好乡村建设成效突出，村庄园林化宜居建设让村民安享园林风光。义安园艺琳琅满目，其中有永泉小镇、龙山梅园、咱们牡丹园、铜陵国家级农业科技园区等一大批特色园艺风光，构成集休闲、旅游、观光于一体的佳园胜地。义安区园林绿化种植业十分兴盛，西联镇有桂香苗木种植园、名景苗木场、汀洲苗木种植基地及钱湾苗木和华农苗木有限责任公司；钟鸣镇有鸿飞园艺中心、新禾苗木种植园、牡东苗木培育基地、新世纪苗圃；天门镇有高飞苗木种植园、文昌苗木种植园、新鹏苗圃种植园、朱家苗木种植园、团山园艺场、雅美园艺场、富国园艺场、龙艺盆景园、放庆盆景园、放平盆景园；顺安镇有润绿园林园艺工程有限公司、瑶山园林苗木场等。

（二）旅游风光

1. 五大旅游风景区

（1）凤凰山景区

凤凰山景区位于义安区顺安镇凤凰山村，处于铜陵市东南部，为国家4A级旅游景区、省级风景名胜区。凤凰山古有凤凰落脚地之说，寓意吉祥美好，为圣洁人文宝地，物阜民丰，矿产资源众多。明景泰年间，诗人周铎写有十六首“凤凰八景”诗，其中有佳句：“庐外山高插半天，石边孤井聚甘泉。凤凰一饮千年后，尚有遗迹万古传”。凤凰山景区坐落的凤凰山村是铜陵首个国家地理标志保护产品凤丹的核心产地，为全国闻名的中国南方牡丹观赏基地，被誉为中国药用牡丹之乡、中国美丽田园、长三角最佳慢生活乡村旅游度假区。凤凰山景区集文化观光、人文体验、健康养生、生态休闲等功能于一体，成为特色鲜明的综合性旅游景区。

凤凰山景区景点众多，有金牛洞古采矿遗址、相思树、滴水崖、牡丹园四大主题景观。其中，金牛洞古采矿遗址，为20世纪80年代发掘的露天古采场，边坡上暴露出古代采矿井巷、采掘工具、陶制生活用具等，遗址场面壮观，有不少古代采掘遗址和大量古代炼渣堆积，构成较为完整的古代铜矿采冶铸基地，年代跨度从春秋至西汉，为国家重点文物保护单位。相思树俗称水桦树，入选了安徽省绿化委员会公布的第一批安徽省名木名录，为景区标志性景点。此树长于明末清初，树龄有350多年，树高18米，胸围3.6米，冠幅20米，远远望去像绿色华盖笼罩在小河上，壮观优美，风景绝佳。它为异株连理成树，由两棵树倾倒后，相依支撑，合并生长，树形似热恋男女拥抱，给人以爱情的浪漫遐想。传说中，古代凤小姐和黄公子在相思河畔为爱情殉情，便化成此树。滴水崖又名泼珠崖。《铜陵县志》中记载："滴水崖，在县东南六十里横山岭坞；悬崖峭壁，宛如画图。有泉流其侧，如泻银河。"滴水崖由熔岩断层形成，长 300 多米，高约 30 米，崖底右上方有一个石洞。置身崖下，可见一泓清泉从高崖顶飞泻而下，水花溅处，如雾似烟，在阳光照耀下，似彩虹若隐若现。整个崖体仿佛巨大天然壁画，悬挂在天地之间，青绿葱茏，蔚为壮观。牡丹园为国内三大名贵牡丹基地之一，素有"三分天下春色"之誉。该园引种各类牡丹品种，建有"江南第一牡丹园"，春天牡丹盛开，满园竞春，姹紫嫣红，国色天香，风光无限。凤凰山景区内还有凤凰落脚石、原铜陵县首次党代会纪念馆、万松禅寺、周氏古民居、相思湖等特色景点。

凤凰山景区多次举办凤丹文化节，并开展多种文娱纪念活动等因而闻名遐迩，让人心驰神往。

（2）永泉小镇景区

永泉小镇景区位于义安区钟鸣镇叶山腹地，依山傍水，毗邻叶山林场，为国家 AAAA 级旅游景区，总规划用地 8000 余亩，有 70 亩水域、近 6000 亩浩瀚原始森林覆盖，另建有大面积观赏园林、休闲度假建筑。该景区集吃、住、行、游、购、娱为一体，融合养生文化、建筑文化、餐饮文化、生态文化等旅游内涵，为休闲娱乐度假的名胜之地。该景区为徽派园林建筑风格，兼有江南自然人文风情，有民宿宾馆、江南味道、忆江南景区、江南童话四大核心旅游项目。民宿宾馆建有客房、山地别墅、农家院落，极具江南意境，配以农家厨娘地道的厨艺，实为休闲佳境；江南味道为明清风格江南民居建筑街区，有青石板、老灶台、临街店铺，街区临水，水边廊桥小岛有林荫摇椅，闲庭信步其中，如置身于梦里，在小吃街上，用铜钱消费，购买各种地道小吃，品尝江南味道；忆江南景区有十二景，分别为枫林晚照、檀爱抱石、乱石听涛、七星采樵、冰川奇观、奈何碉楼、无忧竹海、送子观音、望江阁、天书问道、涵波望江、原始森林，风景秀丽，让人叹为观止；江南童话为儿童乐园，是精心打造的综合性儿童游乐世界，有室内、室外、水域等多个项目，也是儿童户外拓展、室内手工、水上游乐的亲子游乐园。

（3）梧桐花谷景区

梧桐花谷景区位于义安区水村村，地处"铜陵东大门"，为国家 AAAA 级旅游景区，总面积22平方千米，主要精品景点有牡丹园观赏园、千亩凤丹园、青梅园、农业观光体验基地、梧桐湖、玫瑰岛、大金山、小金山等，以及生态漂流、高空漂流、高空滑索、高空自行车、彩虹滑道、卡丁车、挑战桥、瓜果采摘园、人民公社食堂等互动体验项目。该景区以生态农业为基础，以四季花海为主题，以休闲体验为发展方向，围绕春季赏花、夏季玩水、秋季登山、冬季养生休闲定位，实现现代农业、科普教育、农耕文化、红色文化、养生养老、旅游体验六大功能，打造集观赏、体验、健身、养生等为一体的田园综合体和乡村旅游目的地。其中，梧桐花海景点四季花开、争奇斗艳，有牡丹、凤丹、芍药、杜鹃、梅花、玫瑰、紫荆、格桑、海棠、郁金香、五彩油菜花、桃花、鲁冰花、百合花、金鱼草、百日草等；梧桐花谷漂流全程3.5千米，由隧道、青檀丛林、水生植物河道三部分组成，被誉为“不怕晒的森林隧道漂流”；梧桐湖水上乐园是孩子们的天堂，游览之余，家长可陪孩子泛舟湖上，共享亲子时光；在农事体验区内，游客观景之余可以亲自参与种植、采摘，吃农家饭，品尝众多的蔬菜和水果，购农特产品。整个景区旅游项目丰富多彩，集游、购、吃、娱为一体，为享受自然、尽情娱乐的旅游胜地。

（4）犁桥水镇景区

犁桥水镇景区位于义安区西联镇犁桥村，总建设面积为4万多平方米，占地310亩，为国家AAA级旅游景区。犁桥村先后荣获全国美丽宜居村庄示范、全国美丽乡村创建试点、全国文明村镇、中国人居环境范例奖、全国乡村旅游重点村名单、国家森林乡村、安徽省优秀旅游乡村、安徽省乡村旅游百强村、安徽省“一村一品”示范村镇、第五届安徽省文明村镇、安徽省民主法治示范村等称号。

犁桥水镇景区由犁桥老街、漫园、明塘艺术文化村、中式精品民宿群、农耕文化体验、水乡休闲旅游、非物质文化展示等构成，集人文传承、旅游休闲、研学采风、文化活动功能于一体，为综合性旅游休闲观光胜地。在犁桥老街中，通过修复110栋明清老建筑，打造博物馆群落、非遗传统文化老街，为明清徽州建筑精华的宝库集聚地，建有古戏台、古县衙、姻缘楼、当铺、更楼、三元门、古祠堂、书苑、聚英台、状元楼等，还有博物馆、钱币馆、火文化博物馆、红色革命纪念馆、农耕民俗文化博物馆、木雕博物馆、万佛古塔及百尊佛像、非遗传承文化一条街等景观。漫园内建有3栋古民居和8个院落，完整保存了徽州建筑的风貌格局，园中有亭台楼阁、曲径廊檐、小桥流水、徽州物件，全园以木为本，建设深宅大院、重脊高檐、穿竹石栏，尽现古典的徽州三雕；临河水阁为古旧木屋瓦舍，呈现一派古朴风光，明洁幽静，伴有清清湖水，乃典型的古典水乡风

犁桥村

貌，令人流连忘返。明塘艺术文化村中四处皆见文化美景，有浮在水上的微型美术馆、绘在田野的巨幅稻田画、建在池塘边的空中图书馆、特色民宿星空泡泡屋、休闲咖啡馆，在田间地头、村庄道路、房屋墙面，随处可见雕塑、小品、彩绘文化墙等，风景如画，浪漫迷人。

犁桥水镇沧桑古朴，景观众多，风光绮丽，以古镇、老街、水乡、民俗、农耕等风貌为文化脉络，以朱子为文化主题，集游览观光、民俗体验、文化休闲、传统美食、精品民宿、节庆活动、传统文化研学等多功能于一体，展示古建筑的宏伟壮观、呈现江南水乡迷人的生态风貌。犁水村先后举办中国·铜陵田原艺术季、龙灯狮会大型游园展演、首届犁桥水镇灯会、义安区迎新春联欢会暨“好人慰问”等众多大型文化活动，一举成为全国知名景点。

（5）天井小镇文化旅游区

天井小镇文化旅游区位于义安区五松镇，为国家AAAA级旅游景区天井湖的重要组成部分，为安徽省“861”计划重点项目之一，以中华传统文化、生态绿色文化、青铜文化、江南民俗文化和民俗风情相互契合为内涵，是集旅游观光、度假休闲、学术交流、文化考察、餐饮商贸、演艺娱乐等于一体的高品位、高标准、高档次的综合性大型文化旅游区，为天井湖景区核心旅游区域。该旅游区先后被评为安徽省非物质文化遗产传习基地、安徽省文化产业示范基地、安徽省十大旅游品牌、中国生物多样性保护与绿色发展示范基地、第二批安徽省研学旅行基地、民俗文化教育基地等。

该旅游区景点众多，有安徽民俗村、天下生肖乐园和铜官府三大主要特色园区。其中，安徽民俗村有“安徽民俗第一村”美誉，是集民俗旅游、餐饮购物、游艺娱乐、教育培训于一体的大型民俗文化旅游餐饮园区；一二楼有小吃区、江南百工坊、民俗大舞台、4D民俗影院等；三楼是以吉祥文化为主题的吉祥苑，分为福园、禄园、寿园、喜园、财园5个院落，另外还设立了五福神殿、月老殿、六尺巷等；四楼以金、木、水、火、土五行命名的5个院落，分别称为鑫园、森园、淼园、焱园、垚园，设立了描述中国古代交通法规的驿道巷。天下生肖乐园为国内第一家生肖文化主题博览园，是以生肖文化为主线，以江南民族风情、民俗文化为内容，集旅游观光、文化考察、学术交流、度假休闲、娱乐购物于一体的文化旅游餐饮园区；园内有12生肖头暗藏像、人身兽面12生肖塑像、玻璃迷宫宝莲灯、星座文化演示等观游项目。铜官府为集3000年青铜文化和汉代宫廷文化于一体的铜文化展示平台，府内有汉代风格仿古建筑及精仿的青铜编钟、司母戊方鼎、秦始皇陵出土的铜车马、古代酒器仿制品等，蔚为壮观。该旅游区另有五福坊、天井湖风光、火车酒吧、江南画舫、华谊影院、婚庆堂、天井茶人、铜雀台金陵大酒店等旅游休闲地。

该旅游区曾举办第一届、第二届中国安徽民俗文化节，以“拥抱民俗、快乐民众”为主题，惠民乐民，为园区繁荣、义安发展、铜陵腾飞、竞名宣传；该旅游区还举办灯光秀、腊八打酒节、农特产品展销博览会等活动，颇具影响。

2. 十绝自然风光

（1）天门山

天门山，又称天坪山、天屏山，位于义安区东南方与青阳县交界处，距铜陵市区20多千米。天门山主峰海拔576.6米，为义安区最高山峰。天门山脉向西4千米自然断开，与五峰山之间形成一条高大峡口，南面有另一道山脉将天门山与五峰山连接起来，这条山脉在峡口处拱起一座高于峡口的弧形山峰，像两扇欲开未开的大门，这个巨大的门户被称为“天门”，天门山由此得名。天门山主峰北侧有两股泉水，被誉为“圣泉”，名为“天门泉”“梵天泉”。泉水大旱不涸，襟带数里，汇入长江，沿途灌溉山下400余顷良田，养育了一代又一代的山民。据地方志记载，元代著名诗人、进士房芝兰曾两次行游天门山，并留有诗作《题梵天寺泉》：“云根流出泻寒声，冷沁禅关竹树清。气泄化胎飞宝锡，岩开冰谷愧尘缨。鹤林月浪秋常浸，龙海波涛夜忽惊。分我一瓢甦旱岁，化为霖雨泽苍生。”诗人借景抒怀，把梵天泉写得形神兼备，意蕴真挚，深怀关爱民生之情。天门山上曾有梵天寺，始建于五代后晋天福二年（944 年）。寺院兴盛千年，后毁于战火，现存废墟遗址及残碑一块。寺院四周风光依旧，寺前有棵 4 人合抱的古桦树，根深叶茂，古朴苍劲。天门山为天然洁净之地，药材丰富，有贝母、石斛、石耳、党参、七叶一枝花、绞股蓝等百余种中草药，被誉为“百草之园”。天门山下有座珍稀动物园，养殖有梅花鹿、金钱豹、狼、山羊、山鸡、丹鹤、斑鸠等。动物园后，是十里长冲生态园，享有“铜陵小九寨沟”的美称，山谷中修竹茂密，嘉树葱茏，风景旖旎，是旅游观光的佳绝胜境。

（2）狮子山

狮子山，又名贵山、清凉山，位于义安区钟鸣镇东北处，海拔约 390 米。狮子山山顶酷似一只昂首长啸的狮头，山形如狮身，因而得名狮子山。此山绵亘铜陵、青阳、繁昌三县。民间有“狮子山坐铜陵，吃繁昌，阿屎臭青阳”之说。义安邑人徐名臣作诗《咏狮子山》曰：“日月宛疑吞吐内，风雷常向吻唇周。闲瞻两邑千村寂，坐控三江一吸收。”狮子山上树木参天，鹿兽珍禽繁多，更有泉水清甜，四季长流，为旅游胜地。山上主要景点有上、下清凉寺，八大胜景和八大奇石，存有出木井（济公井）、陈翥墓、罗公书堂、清凉寺等遗址胜迹。《皖志综述》《安徽通志》和《铜陵县志》中都将其作为名胜予以记载。

上清凉寺

清代乾隆时期的《铜陵县志》中记载："上清凉寺：在狮首之下平脊处，唐泰和间南泉普愿禅师创，后圮。康熙十年复建，徐昱后昆重修。下清凉寺：刘志云在狮子山麓，南宋嘉定二年创，侍郎罗京尝筑室读书于此，昔有上中下三寺，中寺久废。"另有记载，唐太和（828—835 年）年间，以狮子山上清凉寺为中心，山下四周先后建过十余座大小寺庙，香火鼎沸。2008 年后，重新修建上、下清凉寺已修通至上清凉寺的盘山公路。

（3）金山

金山位于义安区钟鸣镇三条冲汇聚处，海拔 336.2 米，由火成岩形成，因山势如金字而得名。清代乾隆年间《铜陵县志》中记载："金山平岗突起高峰，石势巉崿，形如蓬莱。"金山整个山体有三道台阶，绝壁高险峻峭，山势雄伟奇特，岩峰峻峭耸立，悬崖足有百丈，有华山之险、泰山之稳、峨眉山之秀。金山顶裸岩奇绝，苍紫醒目，形似日本富士山，蔚为壮观，堪称"乡野绝景"。清代铜陵庠生陈国柱有诗云："极目碧云边，登临思缈然。晚烟寒锁树，秋水远连天。古寨遗闻久，村春永夜传。忠魂何处吊，望里草芊芊。"可见登山眺望，观景思古，凭吊忠魂，心思浩渺。金山现有大量古代冶炼遗迹，炼渣俯拾皆是。金山峰崖，雨后飞瀑成涧，云生雾带，流岚缠绕山腰，山峦突现，如倩女出浴，朦朦胧胧，美妙绝伦。金山山腰与山下绿树郁葱，烘托裸峰叠嶂，相映成趣，景色迷人。金山是座人文之山，传奇众多，有金山来历、金山湖、玉帝存金库、金山流稻米、罗丞相驻扎金山寨、明王菩萨、明王庙、明王会等众多民间传说。

金　山

（4）叶山

叶山位于义安区钟鸣镇境内，海拔 487 米，为铜陵三大峰之一，因唐真人叶静在此修真而得名。清代顺治时期的《铜陵县志卷一封域·山川》中记载，叶山“在县东五十里，峰形如笔，有莲花峰、马鞍峰。水出石穴，名灵窦泉。唐叶静修炼于此，因名。后以异术事玄宗。”叶山林场始建于 1919 年，时属泾县马头林场，1952 年归属铜陵县林业局。叶山林场主要有杉、松、竹，有人工林、天然常绿林、落叶混交林和毛竹林；林中有画眉、喜鹊、山鸡、鹰、松鼠、野兔、獾、野猪、狼、穿山甲等。1986 年，叶山林场与安徽农学院（现安徽农业大学）联合开发了笋材两用林 1500 亩，系安徽省最大的笋材两用林基地。《铜陵市城市总体规划（2003—2020）》中，将叶山纳入铜都森林公园，将建成集旅游、娱乐、避暑、生产、科研、生态于一体的山水胜地——叶山森林公园。叶山上有铜陵市气象雷达站、永泉小镇、四季兰山风景区、大明寺、灵窦泉、杉木王、荆公书堂遗址等名胜景观。

（5）水龙山（天台岭）

水龙山位于义安区东南部，地处钟鸣镇水龙村，与南陵县何湾镇毗邻，最高峰韭菜崖海拔 489 米，为黄浒河发源地。此山有古道，古人翻越水龙山到何湾镇，转道可抵达南陵、泾县、古徽州。水龙山森林茂密，流水潺潺，山清水秀，空气清新，生态环境极佳。水龙村旅游资源集中于水龙山上，面积约 3 平方千米，水龙山景区以古木、禅幽、洞奥、水秀、峰奇为特色，主要景点有天台岭古村落遗址、西明寺（又名“观音禅寺”）、桂花王、水龙洞、母子树、龙泉口、古官石道、七星石、凉风洞、观音洞、韭菜崖，老虎头等，为铜陵东部旅游主要区域之一。其中，天台岭古村落人烟鼎盛时，居住了 300 多户近千人，为山顶大村落，后毁于兵灾。天台岭古村曾经有许多徽派建筑，如祠堂、牌坊、小桥等。有民谚唱道：“最美不过天台岭，人烟好比林间云。夜来一曲戏子唱，千家喜来万人欢。”这片人烟之地，历经千百年，如今一片残垣，仅存闻家祠堂遗址、精致雕石、灰砖残瓦，后成为水龙村天台岭林场。另外，水龙山还有小格里景区、水龙山瀑布、水龙山水库等景观。

（6）笠帽山

笠帽山位于义安区西北隅，海拔 81.7 米，古称铜鼓山，俗名箬帽顶。笠帽山与天王山相连，为铜陵市市级自然保护区，山麓以外 150 米范围内的外围为保护带。该保护区内的山场面积约 730 亩，其中天然林主要以常绿阔叶林为主，人工林以火炬松、杉木等为主。该保护区内有植物 250 多种，其中乔灌木共 44 科

101 种。

春秋时，笠帽山沿江十里统称鹊岸，建有鹊头镇。渡江战役使笠帽山成为一座英雄山，成为全省七大重点红色旅游精品线路之一，现建有笠帽山纪念碑和铜陵烈士纪念园。笠帽山纪念碑始建于 1958 年，系三层正方形的实心塔，东南西北四面分别刻有“光明日月”“气壮山河”“永垂不朽”“万古长青”16 个大字，为安徽省原政协主席、书法家张恺帆所书，字体庄严肃穆，雄伟壮观。塔四周花草繁茂，松柏挺立。每年清明节，瞻仰者成群结队，献花肃立，祭奠革命先辈。2016 年 9 月，又建成铜陵市烈士纪念园，占地面积 9297.47 平方米，建有纪念广场、纪念馆、烈士英名墙、烈士墓区等。纪念馆有序厅及“星火燎原”“抗日烽火”“地覆天翻”“卫国建业”、尾厅共六个展厅，采用展板、雕塑、场景、光电数字化与实物相结合的方式，全面反映铜陵先烈事迹和革命事件，成为市级爱国主义教育基地。

笠帽山纪念碑

（7）马仁山太阳冲

太阳冲，位于马仁山西麓、义安区钟鸣镇九榔村大屋佘自然村东。马仁山最高海拔 316 米，地处义安、南陵、繁昌三县交界处，为省级森林公园，素有“皖南张家界，江滨小黄山”之称，因山上有巨石如马似人而得名。马仁山不但景色绝佳、旖旎多姿，而且动植物资源非常丰富，有雕、环颈雉、獐、鹿、金钱豹、大鲵、白面狐、穿山甲、松鼠等珍稀动物；共有植物68科600余种、天然木本花卉数十种，森林覆盖率高达95%，以天然阔叶林为主，包括楠木、槠树、合欢、银杏、豹皮樟等木本植物。

太阳冲

太阳冲景区全长2.5千米，景区奇峰异石，山水连湖，林木郁葱。古人曾题“八景诗”赞誉太阳冲。太阳冲有滴珠崖、韬玉峰、龙首峰、双桂峰、五老峰、洗砚池、燕石、观音岩（也称小普陀）、神笔峰、神兵阵等景观。进入太阳冲口，即是百亩太阳冲水库，水光静影沉璧，青山翠竹倒映，山风徐徐，野雀争鸣。沿竹林幽径行600米，便到滴珠崖。此崖高约20米，周围铿石嶙峋，浓荫婆娑，韬玉峰在太阳冲东面，其峰雄丽壮秀，内含乳白色岩石，隐如玉韬藏于璞中，形色诱人。龙首峰与韬玉峰相对，山峦石势，昂藏如龙首。双桂峰与五老峰相近，两峰并列，若两人比肩而立。洗砚池，宽丈余，有泉出石窦。传说唐人王冲霄于此处读书，曾常将笔砚洗于池中，乃至今水如墨黑，实谓奇观。燕石、观音岩、神笔峰、神兵阵等，景色都甚为壮观。

马仁山北是马仁奇峰景区，在安徽芜湖繁昌区孙村镇境内。该景区风景奇绝，以“六奇”称绝，即奇峰、奇石、奇壁、奇屋、奇洞、奇林，景点有石屋奇观、仙人摆渡、和尚朝圣、玉猫回头、一线天、擎天柱、月亮洞、鲁迅峰、伟人山、骆驼峰、楠木林、马仁寺等。

马仁山南为南陵县乌霞寺景区，该景区属典型的火山流纹岩地貌，保存有较完整的地壳表层物质组织，变质齐全，是安徽省重要的火山地质研究地。该景区总面积为12平方千米，景区内奇峰陡峭，怪石嶙峋，洞窟奇妙，芳草幽兰，有犀牛望月、童子拜佛、乌龟观天、五马盘槽、乌霞寺、五霞洞（俗称乌鸦洞）等40余处自然景观。陈翥曾隐居乌霞，在此地写出“天文、地理、儒、释、医、卜之书，计二十六部，一百八十二卷，又有十图”。

（8）鹭岛天目湖

天目湖曾用名白荡湖，又名九华湖、皖江鹭岛，由缸窑湖、白浪湖和水桥湖组成，位于义安区天门镇，水域面积为6.7平方千米。天目湖依青山傍江河，区位优越，位于合铜黄高速公路、沿江高速公路和铜九铁路交会点上，是中转旅游的黄金枢纽。天目湖有两座小岛，因形如天目仰望天空而得名。湖面碧波万顷，浩如烟海，蓝天如洗，风景如画。在岛上、灌木林间，在树枝上，到处可见鸟巢、雏鸟和鸟蛋。北宋诗人晁补之《过铜陵南望》中云：“惊骇舟中齐举看，不言知是九华山。”他舟过之地正是天目湖傍临的长江段——鹊江。清代刘大櫆在《发铜陵》中云：“大江风急峭帆喧，帆影江声万马奔。朝发铜陵未朝饭，两山如画过天门。”诗中的天门正是天目湖东岸山麓的铜陵第一高山——天门山。民间

天目湖

有诗云："鸡冠山寸土寸金，白荡湖寸水寸鱼。"可见湖渔风光，物丰天华。在天目湖周边，风景名胜众多，分别有翠竹禅林、十里长冲、西峰山谷、双龙洞、御赐牡丹、盛家祠堂、青通河、淡水豚养护场、古镇大通、和悦老街、大士阁等。

（9）老洲太阳岛

老洲太阳岛位于义安区老洲乡洲头，占地约 4000 亩，有芳草坪、意杨林、金沙滩三大自然主题景观。该景区与铜陵市、义安区五松镇一江之隔，有"铜陵鼓浪屿"之称，号称长江上耀眼的旅游明珠。老洲古为曹韩、白沙两洲，初现于宋代，成洲于明代，于明代中后期始有住户。因长江挟带的泥沙沉积，两洲江水退落，缓缓向两边分流而去，洲头便出现漫漫沙滩。古代铜陵民间，流传有"曹韩沙嘴圆，铜陵出状元"的谚语，意思是洲头沙滩呈圆形状散射时，铜陵就会出状元。太阳岛上，水色天光，可以远眺铜陵长江大桥和市区全貌。置身洲头，与江水、阳光、绿草、沙滩、蓝天融为一体，感受大自然的幸福馈赠。阳春三月，岛上麦田如茵，芳草萋萋，风光旖旎，景色迷人。此时踏春郊游，流连江天胜景，可观跑马、放风筝、睡吊床、玩沙子，堆沙堡、赏麦田、摘草莓、看油菜花海和蜜蜂采蜜等。老洲太阳岛自然风光优美独特，有沙滩鸥陆、夕阳晚照、草原春色、江滨戏水、渔歌唱晚、林荫信步、草坪跃马等十余处景点，是铜陵城乡及周边居民休闲度假、旅游观光的胜地。

（10）胥坝铁锚洲

胥坝铁锚洲位于义安区胥坝乡，占地 3 万余亩。洲上无人家定居，是 20 世纪 60 年代形成的江心新洲。此洲为生态绿洲，洲上基本为意杨林、芦苇滩、水草坪所覆盖，绿杨万亩，芦苇茫茫，江水、沙滩、蓝天融为一体，是一方原生态的旅游胜地。胥坝铁锚洲位于铜陵淡水豚国家级自然保护区核心区，风光秀美，景色迷人，境内有天池、草原、滩涂、湿地四大景点，其中天池清澈透蓝，草原一望无际，沙滩浩瀚广阔，湿地临风浩荡。铁锚洲上有芦苇万亩，无边的芦花随风摇曳，如白浪涛涌。有诗云："铁锚洲上芦花美，芦花飞雪鸿雁飞。苇岸风轻拂秋水，连天迷渚情相随。"洲上还有白鹭、大雁、野鸭等水生鸟类。胥坝铁锚洲春有"四宝"，为野生马兰、芦笋、莒蒿、野芹菜等食用植物，遍布江滩地和意杨林内。每年春夏之交，洲上盛产粽叶为铜陵及周边地区重要的粽叶输出基地。铁锚洲归属的群心村为"渡江解放第一城"的"跳板"登陆点。村庄内，现建有渡江文化广场和"渡江第一船"雕塑。此村先后荣获"全国美丽宜居村庄示范""中国人居环境范例奖""安徽省特色景观旅游名村示范"等荣誉，不仅是人们休闲旅游的目的地，还是人们重温革命精神的首选地。

3. 六个美丽乡村旅游地

(1) 龙潭肖

龙潭肖位于义安区钟鸣镇金山村境内，为铜陵市东部最偏远的山村，建村历史约500年。村落古韵风貌保存较为完好，2014年被列入第三批中国传统村落名录，2016年被列入安徽省省级美丽乡村示范村。《铜陵县志》和《龙潭肖氏宗谱》中记载，1465年，江西吉水一位名叫肖鼎戴的年轻人带着新婚妻子逃荒至此，在此安家落户、繁衍后代，逐渐形成一个有200多户近千人口的“世外桃源”。村庄因村内池塘中一条懒龙“断尾变善、普降甘霖”的传说而得名龙潭肖村。整个村落呈徽派风格，古朴典雅，溪水贯通，村巷九曲十弯，纵横交错，随处可见青石板路光滑如玉。一草一木，一砖一瓦，皆见风情。龙潭卧于村中，有两亩见方。村后有一眼龙泉，泉水清澈，终年不息。龙潭河从村庄内穿流而过，村庄所依地形为喀斯特地貌，山石错落有致，山水与绿树交融。村庄古屋灰墙黛瓦，翘角飞檐，小径通幽，更有古桥、古寨门、古道、古巷、古树、古亭散落其中，一村水韵，满眼古意。村口古桥桥下溪流潺潺，有一棵巨大的皂角树探溪而去。此村静美幽居，风景秀丽，民风淳朴，曾盛产丹皮、蚕桑、青檀皮等物产。

龙潭肖

村内有铜陵革命遗址——新四军第三支队第五团团部遗址、乾隆时期古民居等景观。随着浙江卫视《漂亮的房子》节目的录制和播放，作为此档综艺节目拍摄的第一站，龙潭肖村声名大噪，游人纷至沓来。

（2）江村

江村位于义安区天门镇板桥村境内，在铜陵第一高山天门山麓，建村历史有740多年，村庄遗存明清时期建筑，为典型徽派建筑风格，是铜陵现存规模最大的古代民居建筑群。江村2019年被列入第五批中国传统村落名录，2018年被列入安徽省级美丽乡村示范村。此村江氏属山东兰陵萧氏后裔。传说唐末黄巢起义攻取长安后，柱国将军萧祯兵败，被追杀到长江北岸，追兵围住他问其姓名时，萧祯手指长江，意指姓江，才得以脱身。萧祯过江后，隐居在徽州休宁县，改为姓江，成为“兰陵江氏之祖”。南宋末年，江景荣从古徽州婺源江湾迁移到铜陵凤凰山，后人迁移卜居于石洞耆（今天门镇）五峰山麓。

江村古村落坐北朝南，整个村子建在前低后高的坡地上。村庄呈一纵三横分布，分成八大块，块与块之间有石板巷道相连。村内古迹有多处手印墙、5条古巷、3座古桥，还有古姜阁、古井、古树、古碑、古泉眼、古牡丹等。村内古民居飞檐翘角，粉墙黛瓦，有石鼓、天井、囫楼等，古色古香，令人流连忘返。更让人赞叹的，是建筑上的徽州三雕（石雕、砖雕、木雕）雕刻精美，花纹图案有传奇故事人物、各种动物、花鸟鱼虫、植物花草等，栩栩如生。有些三雕图案采用多层镂空雕刻技法，最多高达七层，图案呈多层空间立体感。村落周边有3片水塘和1座水库，村内流水潺潺，村庄整体布局和建筑设计尽善尽美，有“三防”（防火、防水、防盗）独特功效。村前一条小河，蕴意卧龙护佑村庄；村后有三座小山，左边为大象山，右边为狮子山，两山护驾村落，中间是鲤鱼山，意为“鲤鱼跳龙门”，堪称风水宝地。

明清时期，江村有祠堂、庙宇、书院、鼓楼、花桥，古民居多达150多套，到20世纪70年代仍有50多套，现仅存12套了，其中保存较完整的有建于宣统年间的江积规故居、建于光绪年间的江修义故居、建于道光年间的江善教故居、建于乾隆年间的江烺故居等。

（3）金塔村

金塔村位于义安区天门镇东部，有耕地面积3100亩、水域面积150亩。境内千年古寺东台寺（也叫塔山寺）属于九华山分寺，为早年陆路去九华山的必经之处，香火旺盛。金塔村2020年被授予“第五届安徽省文明村镇”称号，2021年被授予“全国示范性老年友好型社区”称号，2021年10月入选中国美丽休闲乡村名单。金塔村村民自古注重德孝仁义、宽厚待人的乡俗风尚，在美丽乡村建设中，以“温馨福地　孝亲金塔”为建设主题，营造金塔村和谐安宁的精神风貌，彰显孝道家风、传统美德，同时巧借独特自然和人文背景，大力发展特色旅游休闲产业。

金塔村的梦思康中药材生态产业园，为花卉基地，季季有花，花海如茵。园内有百合、金线莲、白及、石斛、太子参、芍药、黄精、天麻等30余种名贵药材，景色绝佳，集食用、药用与观赏于一体，以“赏药景、品药膳、购农特”为特色。园内的七彩百合园里有4座红顶荷兰风车、5座漂亮的红房子、山地车、大锅灶、蒙古包、熊大熊二、光头强、大头儿和小头爸爸、可爱小毛驴等；在四周环水的两个小岛屿中间，悬空着一尊硕大的茶壶，一股清澈的水从壶口喷泻出来；停泊在水中的4条小红船，可供游客乘坐赏花休闲、拍摄美景。园区为集中药材、食用菌、精品果林种植、育苗、加工、仓储物流、销售为一体的综合基地，分为药材养生区、药膳美食区、药品电商区、药景观光区，还有塔山景区、四季花海景区、东河景观带、雷竹香椿生产基地、优质经果林基地等，成为集养生、旅游、民宿、健身为一体的康养度假小镇。

梦思康中药材生态产业园

（4）水龙山缪村

水龙山缪村位于义安区钟鸣镇水龙村境内，村内环境优美宜人，保持着原生态的山村风貌，有古树、古禅寺、古民居、古桥、古溪等，让人身临其境，流连忘返，身心舒爽。水龙山缪村既皖南徽派建筑风韵的古民居，又有江南小桥流水人家的迷人风貌，古民居灰瓦白墙，高低起伏，错落有致。村庄中溪水流淌，古木参天，静安幽雅，弥漫青灰色的迷人风光。水龙山缪村景点较多，有明代古桥、水龙洞、水龙断崖、母子树、青檀蒸、古石桥、青石小巷、龙眼泉、青檀河、古檀溪等，风光旖旎，妙不可言。临近的水龙山上，还有西明寺、天台岭、韭菜岩、老虎头、桂花王、兀突岭、美人石、将军柱、古官石道、七星石、凉风洞、观音洞等景观。

（5）群心村

群心村位于义安区胥坝乡北 2 千米处。该村在美丽乡村建设中，以“江上明珠，幸福群心”为建设主题，依托红色人文和生态优势，大力发展经济，提高村民幸福指数，全力打造文明和谐新村。村内风光秀丽，徽派民居白墙黛瓦，古朴雅致，建有家风家训示范街、农民休闲生态公园、高大牌坊、荷花塘等。群心村道路宽敞通达，有水、有花、有民宿，一派秀美江南风光。群心村村民用电、饮用水免费，参加新农保和新农合有补贴，特困家庭有补助金，考上大学有助学金；村里对 60 周岁以上老年人每月有 70～500 元不等的高龄津贴，并成立了居家养老日间照料服务队，对生活不便、自理有困难的空巢老人，进行上门服务照料；村里投资 60 多万元建成高标准村办幼儿园，村内适龄幼儿可免费入园；免费为结婚 50 年、60 年的老年夫妻拍摄金婚、钻石婚照；对 75 岁以上的老人，每月配送两次免费敬老餐。

群心村

（6）合兴村

合兴村位于义安区东联镇西南部，该村在美丽乡村建设中，以“湿地风光，水韵合兴”为建设主题，挖掘人居风情和自然风貌，突出水资源特色，打造美丽乡村精品形象。合兴村 2015 年入选安徽省美丽宜居村庄示范名单，2016 年入选第四批全国美丽宜居村庄示范村名单，2017 年入选住房和城乡建设部（以下简称“住建部”）公布的环境整治示范村名单，2021 年被认定为安徽省美丽乡村重点示范村。该村三面环水，一面为耕地，共有 13 个水塘，水乡泽国，如梦似幻，风景怡人。穿过村庄的南干渠，直达东边玉楼山，为风光迷人的长河水道，两旁绿树成荫，渠上小桥流水。合兴村水面开阔，池塘众多，湿地风光旖旎，生态环境优良，有许多野生动物，如野鸭、水鸟、松鼠等，为原生态湿地胜境。合兴村田野水畔建有观光栏道，供人观赏风光、垂钓散步。村庄建设布局，以荷花莲藕和门前水塘为衬托。整个村庄民居一般为 2～3 层，高矮不一，错落有致，色彩素雅，与村容风貌协调和谐，与水韵湿地相映成趣，宜居宜游。村庄举目皆景，曲径通庭院，玉楼山色翠，田园映荷趣。合兴村沿渠建成大棚水生蔬菜基地，主要农产品有小包菜、角瓜、秋葵、茅菜、龙虾、莲藕等。村内有 3000 平方米的文化墙，过年舞查氏板龙灯和滚龙灯，文化广场上经常有文艺演出。

4. 十处特色人文景点

（1）城山寨

城山寨位于义安区顺安镇城山，海拔 453.7 米，属元代城寨遗址。该遗址在大城山顶，山顶有一片数十亩的平坦地，四周山势陡立如城，中有天池出泉，久旱不涸。城山寨东北依伴群山，重峦叠翠，林茂葱茏。西南有径可登，临览山川，一望无际。现存城山寨标志牌、水潭、古墓，古墓碑石上刻有：明皇，崇祯，乾隆。这是明代一位叫方柱明的古人的墓，为乾隆年间重修。山下城山谷是义安区叶山林场国有林地。谷内生态环境优美，大树参天，风景宜人，堪称“铜陵张家界”。在城山西面，有城山水库，水色清澈。

据明代地方志记载：“城山铺，元末居民屯聚为寨。明将傅友德下之。”传说中元末红巾军大将赵普胜于至正十三年（1353 年）反元起事，率领部下袭繁昌、夺池州、占铜陵，所到之处旗开得胜。赵普胜善使双刀，亦称“双刀赵”，斩杀江淮省平章童星吉后，遭到池州府兵马清剿。赵普胜退居铜陵顺安，在城山安营扎寨、招兵买马，守寨抗元。他坐镇城山寨休养生息，抑强扶弱，铲富济贫，号称“城山大王”；他又在城山坳建立一座大水闸，成库养鱼。他曾与元兵大战，诱敌深入，把敌人诱至半山坳时，开闸放水，大败元军。后人为纪念城山大王，在城山西麓兴建大王庙，境内现存金盆照月、滴水岩、弥陀庵等名胜古迹。城山西北麓有革命烈士刘四姐墓。城山生态资源绝佳，森林广阔，气候湿润，云雾缭绕，是一座天然大氧吧。

（2）十里长冲

十里长冲位于义安区天门镇五峰村境内、铜陵第一高峰天门山北麓，为天门山与五峰山之间形成的生态山谷。山谷四周群山环抱，山涧泉水叮咚，清溪穿过砂石地质带，形成多处天然泉眼，缓缓流入山脚长冲水库。沿溪风景如画，漫山翠竹，绿树成荫，古树参天，伴有空谷鸟鸣，山色葱郁苍茫，幽静神秘。十里长冲周边 3 万多亩山场，封山育林达 30 多年，被列为安徽省省级生态保护林。有人说，四川九寨沟是大美，安徽九寨沟（黄山黟县美溪）是中美，铜陵袖珍九寨沟（十里长冲）是小美。长冲地下有煤、锰、铜、锌、铁、白云石、石灰石等资源，山上有人参、贝母、石斛、石耳、七叶一枝花、明党参等各类中草药。春暖花开，大批游客漫步于山间步道，踏青探幽，看漫山杜鹃竞相绽放、红遍山野；秋季半山枫树挂满红叶，染红半坡，风光绮丽。长冲内建有山庄、农家乐，供游客休憩、品尝土菜风味。山谷口有铜陵珍稀动物养殖场，占地 140 亩，养殖老虎、马鹿、梅花鹿、小熊猫、东北虎、黑熊、狼、豪猪、金丝猴、猕猴、短尾猴、波尔山羊、鸵鸟、孔雀、黛面鹤、丹顶鹤、白琵鹭、白鹳、鸳鸯、兰马鸡、黑白天鹅、大雁等数十种珍稀动物。

（3）双龙洞

双龙洞在义安区天门镇双龙村，冬暖夏凉，平均气温 18 ℃，是纳凉避暑的天然府第，也是养身休闲的好去处。史料记载，宋代大文豪苏轼多次游历此地，并在词中赋予美誉。传说此地上古时有一天然洞，清泉流出，围村环绕，成了护村河。有年大旱，铁拐李来到龙口村，向一位大娘讨水喝。大娘正热得心里冒火，气呼呼地说：“热水要人烧，冷水要人挑，哪有现成的茶水给你喝！”铁拐李转身走到终年流泉的洞口处，用拐杖捅出一个圆洞，把水引到山下，于是龙口村的护村河就干涸了！铁拐李又来到牌楼村向一个老婆婆讨水喝，老婆婆说：“久旱缺水，家里灶头有罐米汤，你去喝吧。”铁拐李喝了米汤急忙出村，走到村后山边举起拐杖用力一捅，山边又出现了一个洞，清泉涌出，顺着牌楼村向东蜿蜒而去。铁拐李用拐杖捅的两个洞口形似龙口，泉水从龙口一进一出，便被后人称为双龙洞。

双龙洞洞口高大宽敞，呈扁形，酷似龙口。一条小溪从洞中流出，水质清澈见底，冬暖夏凉。洞内有900平方米的大厅，顶平如镜，有花纹或孔隙，富丽堂皇。洞内有钟乳石，造型千姿百态，形状有白熊观流水、天马行空、孙悟空大闹龙宫、四海龙王聚会、观音送子、白蛇出洞、十八罗汉传经等，惟妙惟肖，鬼斧神工。洞内有洞连洞、连环洞、两层洞和天井，现探明洞深745米，还有一条未探明的水洞。洞的另一个出口，在半山腰，走出洞后，可见天光熹微，山色迷人。

村民们在山下洞口洗生姜、刮生姜、浣衣洗菜。谈天说地，好不热闹。山下的盛氏老宅为两进两层建筑，有粗大梁柱、精美的木雕隔扇、四水归堂天井，进深层高，光线充沛。还有春风十里别墅区，为新亚洲建筑风格，融合中式园林元素；置身内院，可享受诗意生活，品茶畅聊，舞花弄草，真乃妙趣横生。

（4）水龙洞

水龙洞位于义安区钟鸣镇水龙缪村自然村，又称“梦游神府”。该洞发现于元明时代，洞内很早就凿有人工石梯，现已探明洞深1000余米，但该洞总长仍然不详。水龙洞地域为典型喀斯特地貌，在洞上近2千米的地表面溪水完全断流。据专家认定，地层下面有一个未发现的大溶洞或地下河流。洞内宽处一马平川，窄处宛如一条线，溪水涓涓长流，静幽神秘；钟乳石千奇百态，如璞如玉，晶莹透亮，形状有川、林、瀑、花、云、梯等；洞内四壁辉煌绚丽、玲珑绝妙，洞内空气清凉宜人。目前洞内发现的景点有百丈悬梯、观音指路、一线天缝、迷仙宫、通天河、百米长廊、二耆对酌、石瀑奇观等。水龙洞周边风光秀美，景点众多，有西明寺、古村落缪村、大方古村、天台岭、龙眼泉、桂花王、母子树、青檀蒸、古檀溪、明代古桥、古官石道、七星石、凉风洞、水龙山断崖绝壁长廊等，为铜陵东部旅游主要区域之一。

（5）龙眼泉

龙眼泉位于义安区钟鸣镇水龙村缪村自然村，从水龙山麓的一处石洞内流出，洞口呈圆形，若龙眼洞开。洞内横延山体，未知深浅，一年四季水流不息，是水质优良的天然矿泉。洞口终年水气缭绕，夏天凉风习习，冬天暖泉如茵。泉水流过缪村古村落，绕屋缠院，清澈奔涌，流过母子树，抵达明代古桥，形成村口泉池。在明代古桥下段地域，有近2千米的地表面，溪水完全断流。

（6）姑嫂石

姑嫂石位于义安区钟鸣镇水村落阳岭。落阳岭也叫落牛岭。戴公山也叫大工山，是铜陵与南陵两县的交界山，山阳南陵，山阴铜陵。它势若游龙，蜿蜒10千米，故名十里长山。落阳岭是戴公山上分割两县的一座山岭。落阳岭上有尊似人巨石，并体连身，略有高矮，石高 8 米，直径 3 米，高者如梳有发髻的农妇，矮者脑拖长辫，像一位村姑。此石看似姑嫂二人并肩而立，挺立山野，形象逼真，栩栩如生。

有关姑嫂石的传说，民间有三种说法。一是姑嫂星夜追偷牛盗贼，追上岭头已天亮，由于两人穿睡衣羞见路上牧人，于是相拥在晨风中，渐渐化成一尊厚石，得名姑嫂石。二是戴公山下有一户谢姓人家，姑嫂相敬和睦，日间担水备用，到天明水缸却空空的，多遭公婆埋怨。嫂嫂与小姑相约夜间查看，发现有牛饮尽缸水。姑嫂追打牛到山间，牛跌落山脚时已是天明。姑嫂因衣不遮体，羞涩相拥，变成姑嫂石。三是铜陵金山上传说中的“两扇大门”打开后，跑出了一头金牛，这头金牛跑到戴公山落阳岭。有农夫看见它在路边吃草，去捉它却捉不住。农夫回村后，听阴阳先生说，那是金山上跑来的金牛，要捉它只有年轻女人赤身裸体到山上去捉才行。农夫贪婪，当晚让女儿和儿媳妇连夜上山去找金牛。姑嫂只好上山找金牛，可是连金牛的影子也没找到。后来天亮了，两个女人光着身子急得直哭，只好紧紧地抱在一块儿，变成了石头。

姑嫂石周围山清水秀，风光迷人，有国家级重点文物保护单位大工山铜矿遗址、古刹乌霞寺、老虎头、上天台岭、张家山等，还建有姑嫂石公园。

（7）千年紫藤王

千年紫藤王位于义安区钟鸣镇金凤村缪村自然村、金凤公路边。此树胸围 1 米，长约数十米，树龄有千年，藤冠覆盖面积约 80 平方米。两枝古紫藤分枝缠在黄连木和石楠树上，绕抱交织，藤树繁错，枝叶浓密，似巨龙腾空而起，又似乌龙盘旋上升，还似两条巨蟒围抱着古树，在山岩上组成半圆式天蓬，实属古树奇景。春暖花开时，紫藤花如紫帘串串，香气馨人，远望其景，心驰神往。传说何仙姑下凡在此地小憩，解带宽衣，离开时忘带走的两根绿丝带化成了两株紫藤。千年紫藤王坐落的金凤村缪村在牡丹山麓，生态环境绝佳，有古树群、小桥、流水、水潭、老屋等，整个村庄风情如画。如今千年紫藤王遭雷电劈打，经保护和拯救，由两根水泥电线杆支起，虽然紫藤躯干受损，但每年仍然郁郁葱葱、花开不败。千年紫藤王周围多为风景区，南抵凤凰山景区，东达水龙山景区，北接金山景区，处在铜陵东部旅游区域的中心位置。千年紫藤王临近的金凤胡村有千年银杏王，两树相衬相依，互为增辉。

（8）千年银杏王

千年银杏王位于义安区钟鸣镇金凤村胡村自然村，树龄千余年，树高 26 米，树围 5 米，冠幅约 20 米，高大挺拔，苍老古朴，屹立于村口。千年银杏王为多棵连株，大小不一，大者如“公”，树干雄伟，浓荫如盖，树围须4～6人合抱；小者如“孙”，群孙偎依，旁枝横逸，姿态万方；其根蔸萌生4株小银杏，每株树围约有1米多，这一老四少连根连体，共成一家，为少见的古银杏树奇观，是铜陵的树中珍宝。2014年，安徽省绿化委员会公布了第一批安徽省名木和一级古树名录，估测树龄千年的金凤村古银杏入选安徽省一级古树名录。

千年银杏王

（9）叶山杉木王

叶山杉木王位于义安区叶山林场东侧山麓，树龄千年，树高26米，树围4米，冠幅12米；离主干2～3米处，生长着30～60厘米的枝干，如双臂张开，欢迎八方游客。这株古杉树须三个人手牵手才能合抱，如此树龄的高大杉木为全国罕见，是古杉树中的绝景。叶山杉木王如今仍枝叶青郁、参天入云，被列入义安区重点文物保护单位。2014年，安徽省绿化委员会公布了第一批安徽省名木和一级古树名录，叶山杉木王成功入选安徽省名木名录。传说明太祖朱元璋建都南京，为造金銮殿派使臣寻正梁，找到这棵大杉木。议定砍伐时，当夜树神托梦于使臣，说明用杉木王作为宫殿栋梁可以，但必须整株到京，不容斧伤锯戮一枝半叶，否则万难依允。次日，使臣仍命工匠砍伐，忽然使臣哑口定神、昏厥倒地。工匠们大惊失色，纷纷丢斧弃锯，不敢再伐。如今这棵杉木王依然雄伟矗立，苍秀挺拔。杉木王周围名胜甚多，有永泉小镇、大明寺、叶山风景区等。

（10）义安名木泡桐

泡桐又称白桐、白花泡桐、大果泡桐，空桐木等，为玄参科落叶乔木，为铜陵市树，系义安名木。我国为泡桐原产地，对桐木利用历史悠久。桓谭《新论》中记载，神农氏削桐为琴。义安种植泡桐历史悠久。早在宋仁宗皇祐三年（1051年），陈翥就对泡桐的类属、习性、种植、采伐、利用、诗赋等方面做了详细论述。泡桐木材用途极广，它纹理通直，结构均匀，不挠不裂，易于加工；声学性好，共鸣性强，是造乐器的良材。不易燃烧，油漆染色良好，隔潮性好，不易变形。泡桐材质纤维素含量高、材色较浅，是造纸的好原料。泡桐的叶、花、果和树皮可入药；树姿优美，花色美丽鲜艳，并有较强的净化空气和抗大气污染能力，是城市和工矿区绿化的优良树种。1979 年，中国林业科学研究院指导铜陵市成立泡桐科研站，并由中国林业科学研究院提供资金开展泡桐基因库建设。20 多年来，铜陵泡桐科研站从全国 17 个省、市、自治区的 60 个典型县收集泡桐基因，并选出 9 个泡桐品种的优良单株建成 400 余亩的泡桐基因库。2015 年，铜陵市开展“创森”工作时提出城市定位为丹桐故里，森林铜都。丹桐指义安的两种名木，一个是凤丹，另一个是泡桐。

四、第四展厅：义安名人

（一）义安文化名人

1. 陈翥

陈翥（982—1061年），字风翔，号虚斋，自称咸聱子、桐竹君，安徽铜陵县贵上耆土桥（今义安区钟鸣镇）人。他5岁读书，14岁入县学，早年屡试不中，但丝毫没有动摇他发愤读书、争取金榜题名的决心。后来，他在附近山上建了一座房子，闭门苦读。然而，他一次次名落孙山。后因父亲早逝、兄弟不和、身患疾病，他40岁时方“志愿相畔，甘为布衣，乐道安贫”，他一边闭门苦读，一边参与耕作，坚持不辍。后来他“屡辞不就”，不再入仕为官。60岁时，他在家中数亩山地上植桐树（泡桐）数百株，专事研究，还“召山叟，访场师”，注重实践总结，于北宋皇佑年间（1049—1053年）撰成《桐谱》书稿。全书约1.6万字，除序文外，正文共一卷，依次为“叙源”“类属”“种植”“所宜”“所出”“采斫”“器用”“杂说”“记志”“赋”，共十篇。《桐谱》是世界最早记述桐树的科学技术著作，也是世界第一部林学专论典籍，其中6篇专论植桐技术的文章为全书的精粹。陈翥是世界林学史上的科学家。陈翥平生还著有天文、地理、儒、释、农、医、卜算之书，共26部182卷，又著有10图，现仅存《桐谱》一书。陈翥逝世后，宋仁宗将其赐入“乡贤祠”享祀，同时代的名人墨客如王安石、苏轼、黄庭坚、盛度等人，都曾写诗文纪念陈翥。

2. 盛度

盛度（963—1041年），字公量，安徽铜陵县石洞耆（今义安区天门镇）人，是我国古代著名政治家、军事家、外交家。盛度敏而好学，于宋太宗端拱二年

（989 年）中进士，曾任翰林学士、兵部郎中、参知政事、知枢密院事、枢密使（宰相）等。“尝奉使陕西，勘察疆域，参质汉、唐故地，绘《西域图》献于朝廷，宋真宗称其博学，累擢知制诰、右谏议大夫、翰林学士、史馆修撰、兵部郎中。”寇准罢相后，盛度因罪被贬知光州（现属河南省），乾兴元年（1022 年）再贬和州（现属安徽省）团练副使后还知审刑院，以右谏议大夫知扬州、加集贤院学士。复为翰林学士、史馆修撰，迁给事中。盛度担任给事中时，受诏与御史中丞王随议定流通解池盐法，改革盐法，允许商旅“人钱算钱”，改变了政府对食盐的垄断和专卖，利用了民间资本，减轻了政府的负担，促进了食盐的流通，有利于人民的生活。盛度好学，博学多才，敏于为文，曾奉诏与李宗谔等一起编纂《续通典》《文苑英华》，又收集皇帝日常文书和群臣奏章，编著成《愚谷集》《银台集》《中书集》《枢中集》四集和《中书制集》《翰林制集》《沿韦制置敕》《庸调租赋》等。史书记载：“所至，下贫无赖，多所纵舍；有赀者，一切绳之以法。”盛度以清廉闻名，家居罗列图籍，入门满门皆书。盛度对贫穷之人多有施舍，而对送礼行贿者则绳之以法。

3. 胡舜元

胡舜元（1019—1079 年），字叔才，安徽铜陵县凤凰耆沸水（今义安区顺安镇境内）人，其出身“铜陵大家世”，少时常与王安石“共砚席，相友善。”他于北宋嘉祐四年（1059 年）中进士，历任德兴、郑县县令，后迁著作郎。明代嘉靖时期的《铜陵县志》中记载，王安石“微时与新安汪澥、邑人胡舜元筑堂于灵窦泉侧讲学”。所谓“微时”，是指王安石在 18～21 岁在铜陵讲学，尚未出仕。《王安石全集·上相府书》中记载：“内外数十口，无田园以托一日之命，而取食于不腆之禄。”当时王安石的父亲王益在江宁通判任上遽然长逝，家境骤然困顿。胡家是“铜陵大宗，世以赀名”，请王安石来讲学，又专门建造了“逢原堂”书堂，是为了振兴胡门文风，这给落难中的王安石留下了较好印象。王安石在铜陵除了给胡氏写过不少赠诗，还专门写了一篇热情洋溢的《送胡叔才序》。胡舜元辞官“归隐”，自以为“如今始觉天将晓，深闭蓬门不问津”。胡舜元终于在“优游林下二十年”后，卒于故乡，葬于望牛山。胡舜元逝世后，王安石仍珍惜旧情，写下了《挽舜元胡著作郎》的悼诗，还作《胡君墓志铭》，概述胡舜元的生平、志趣、为人、经历等，以寄情谊，表达哀思。

4. 张文伟

张文伟（生卒年不详），字无彦，号横溪，清代数学家，安徽铜陵县（今义安区）人，自幼好学，屡次参加科举考试均落榜，遂潜心研究数学，运用于农、商计算，颇有成就。清代顺治时期的《铜陵县志》卷七中有一段记载："张文伟纂辑算法并丈量田地等则，刻书行世，其法简捷明便，天下遵之，虽曰小道，亦有可观。近刻'铜'为'桐'者，误。"张文伟以明朝万历年间刊行于世的《铜陵算法》为底本，理论联系实际，收集整理，推陈出新，编纂木版线装《校正铜陵算法》，并刊行于世。《校正铜陵算法》一书广泛流传，广泛应用于农业和商业运算，远达日本。利用张氏新算法，丈量田地，精妙简捷，对后世研究算法颇有影响，尤其对后世的程大位、梅文鼎等人的数学著作编撰有着深刻影响。

5. 罗京

罗京（生卒年不详），安徽铜陵县贵上耆（今义安区钟鸣镇）人，自幼在狮子山清凉寺筑室刻苦读书，南宋绍宝二年（1280 年）应试中进士，后官至户部侍郎。后人为纪念罗京刻苦读书、勤奋好学的精神，在狮子山的"九曲泉"旁边建有罗公书堂。罗公书堂为清凉八景之一。

6. 何其沧

何其沧（生卒年不详，享年 75 岁），安徽铜陵县凤凰耆（今义安区顺安镇）人。相传何其沧医德传颂乡里，常免费为穷人治病，救活不少濒危病人，著有《幼科指南》一书，为清代医学家。

7. 江有恒

江有恒（生卒年不详），安徽铜陵县石洞耆（今义安区天门镇）人。相传江有恒毕生潜心研究数学，继承并发扬了同乡数学家张文伟的算法，并有专书刊行于世，为清代数学家。

8. 夏思恬

夏思恬（生卒年不详），字涵波，安徽铜陵县（今义安区）钟鸣人，清道光十四年（1834 年）中举人，清道光二十七年（1847 年）赴京赶考，曾代李鸿章作赋。后李鸿章得以高中，夏思恬却无缘进士，落榜回乡。落榜后，夏思恬在大通收徒，怡情文学创作，其作品有《少赋草》四卷、《少诗文集》等。夏思恬为铜陵一代文坛翘楚，其才气横溢，善诗赋。他在大通执教期间，李鸿章曾多次派员到大通请他赴京从政，都被他婉言拒绝。

（二）羁旅义安的古代名人

1. 葛洪

葛洪（283—363 年），字稚朴，自号抱朴子，丹阳句容（今江苏）人，东晋道教理论家、医学家、炼丹家。葛洪出身世家，自幼十分好学，童年生活无忧无虑，然而好景不长，13 岁丧父，家道中落，十分贫苦。他靠上山砍柴换取文具，常带经而农、携史而樵。葛洪在“饥寒困瘁，躬执耕穑，承星履草，密勿畴袭”之中，于农樵之暇，背着书籍，不远千里，艰辛跋涉，借书览阅，问学解疑。他 16 岁始读《孝经》《论语》《易经》《诗经》等经史书籍，从正经、诸史、百家之言到各类短杂文章，读书不下万卷。他对医学有着浓厚的兴趣，特别喜爱道教的神仙之学、导引之法，即养生长寿之法，认为这是一种非常实用的济世救人之术，因而广泛涉猎，搜求古方，探讨各家学说。葛洪的堂祖父葛玄是三国时著名的神仙学术士（道士）。葛玄将一套炼丹的秘术传给了弟子郑隐。郑隐是当时著名的学者，深通道家修炼之术。葛洪拜郑隐为师，学习诸子百家典籍。葛洪长期隐居民间，对医学、炼丹颇有研究，生平著作较多，见于文献记载的有 60 余种、数百卷之多，其中有《抱朴子·内外篇》《金匮药方》《肘后卒救方》等。《肘后卒救方》中收治多种灸治方法，较早记载了对危重病人施用灸法。全书对肺结核、天花、恙虫病、狂犬病、麻风（癞病）、疥虫、黄疸、急性淋巴结肿大、中风、中毒、精神病、外伤等多种急症的诊治进行精辟论述。葛洪来铜陵顺安杏山炼丹种杏，史有记载。明代嘉靖时期的《铜陵县志》中记载：“杏山，相传葛仙翁（葛洪）种杏炼丹于上，今产土珠，世以为殊矿。宋郭祥正（当涂人）诗‘传闻花落流堰水，每到三月溪泉香。”清代乾隆时期的《铜陵县志》中记载：“长山石窦中有白牡丹一株，高尺余，花开二三枝，素雅艳丽，相传为晋人葛洪所植，被称为仙牡丹。”葛洪享年 80 岁，传说他晚年鹤发童颜，举止宛如仙人，又为民众治病，药到病除，被百姓尊称为“葛仙翁”。他在杏山培栽的牡丹，是铜陵历史上有记载的第一株牡丹。

2. 李白

李白（701—762 年），字太白，自号青莲居士，又号“谪仙人”，唐代伟大的浪漫主义诗人，被誉为“诗仙”，与“诗圣”杜甫并称为“李杜”。李白祖籍陇西成纪（今甘肃天水），出生于中亚的碎叶城（今吉尔吉斯斯坦托克马克附近），幼年随父迁居绵州昌隆（今四川江油青莲乡）。《新唐书》中记载李白为兴圣皇帝李暠九世孙，与李唐诸王同宗，其人爽朗大方，爱饮酒作诗，喜交友。现有《李太白集》传世，其代表诗作有《望庐山瀑布》《行路难》《蜀道难》《将进酒》《明堂赋》《早发白帝城》等，其艺术成就卓著。

李白一生四游铜陵，第一次大约在唐天宝元年（742 年），那年李白 42 岁，这在他的《南陵别儿童入京》中可以得到证明，有不少学者考证认为，李白就是从唐南陵属地今铜陵“仰天大笑出门去”，从一介平民一步登天，进入朝廷，供奉翰林待招。第二次是 754 年的秋天，那年李白 54 岁，被唐玄宗“赐金还山”后，在长江以北漫游了 10 年后来到铜陵。在这次寄情山水中，他写下的《答杜秀才五松山见赠》描绘了当时铜陵无比壮观的冶铜景象。在南陵常赞府常建的陪同下，李白写下了《与南陵常赞府游五松山》一诗，诗中云：“五松何清幽，胜境美沃洲。萧飒鸣洞壑，经年风雨秋。响入百泉去，听如三峡流……”。第三次是在 755 年夏天，那年李白 55 岁，写下了千古绝唱《铜官山醉后绝句》，诗中云：“我爱铜官乐，千年未拟还。要须回舞袖，拂尽五松山”。第四次是 761 年的深秋，那年李白 61 岁，垂垂老矣，从流放地遇大赦归来江南，次年便病逝于当涂。在这一次来铜陵时，他写下了《夜宿五松山荀媪家》，诗中云：“我宿五松下，寂寥无所欢。田家秋作苦，邻女夜舂寒。跪进雕胡饭，月光明素盘。令人惭漂母，三谢不能餐。”此诗是李白一生中唯一一首现实主义诗作，没有了诗情的洒脱飘逸，关注民生疾苦，是“最杜甫”的诗篇。

翻阅《李太白全集》，其中歌咏铜陵山水人事的诗歌有 13 首，写到五松山的诗题与诗句有 10 余篇。李白一生命名了两座山，一座为九华山，另一座就是五松山，真是“征古绝遗老，因名五松山”。“铜陵”二字最早见于文字，也是李白首创。那是 755 年“安史之乱”后，李白因做永王李璘幕僚，获罪投案自首后，受到诗友宋之悌的儿子御史中丞宋若思搭救，并帮宋若思做一些文案工作。其中《请都金陵表》就是李白代笔的，表中写道“铲铜陵为金穴，煮海水为盐山”。之后的铜陵县名出现在 951 年，足足迟了 194 年。

3. 裴休

裴休（791 年—864 年），字公美，河内济源（今河南济源）人，祖籍河东闻喜（今山西运城闻喜），于唐穆宗时登进士第，为唐代中晚期名相、书法家，历任兵部侍郎、同平章事、宣武节度使、荆南节度使等职。裴休于唐大中六年

（852 年）以兵部侍郎进同中书门下平章事，他著新法十条，又立税茶十二法，主持改革漕运及茶税等积弊，颇有政绩。他晚年官至吏部尚书，加太子少师，封河东县子。咸通五年（864 年），裴休去世，享年 74 岁，追赠太尉。裴休博学多能，工于诗画，擅长书法。其撰写的《圭峰禅师碑》，貌似柳体，风格却较柳体更为遒媚劲健。其书法的传世拓本有《定慧禅师碑》。米芾评说："裴休率意写碑，乃有真趣，不陷丑怪。"裴休为人蕴藉，风度娴雅，居官操守严正。唐宣宗曾经称其为"真儒者"。其文章在《全唐文》里录有 9 篇，诗在《全唐诗》中录有两首。欧阳修评价他"其文辞事迹无足采"，但推崇其书法"其字法世所重"。他于唐中和年间（881—885 年）来铜陵，留有《铜官山保胜侯庙》等诗作。

4. 王安石

王安石（1021—1086 年），字介甫，号半山，北宋抚州临川（今江西临川）人，宋仁宗庆历二年（1042 年）进士。嘉祐三年（1058 年）上万言书，提出变法主张。宋神宗熙宁二年（1069 年），王安石任参知政事，次年为宰相，开始实行变法。熙宁九年（1076 年），王安石被迫辞职，后退居江宁（今江苏南京），封舒国公，元丰二年（1079 年）改封荆国公，卒谥文，崇宁年间追封舒王。现存有《临川集》《临川集拾遗》。王安石在拜相和实行变法前后，曾多次到过铜陵。青年时的王安石受邀来铜陵讲学。1042 年，王安石从铜陵义安出发抵京，以进士第四名及第，从此开始了他的官宦生涯。明代嘉靖年间的《铜陵县志》中记载，王安石"微时与新安汪澥、邑人胡舜元筑堂于灵窦泉侧讲学。"所谓"微时"，指他尚未出仕时。其后，王安石历任淮南、鄞县（今宁波市鄞州区）、舒州、和州、开封、常州等地，直到调往朝廷。王安石与铜陵县凤凰耆（今义安区顺安镇）人胡舜元关系密切，亦师亦友，有恩有怨。王安石一生写过许多有关铜陵义安的诗文，有《题临安临津驿》《题灵窦泉》《送胡叔才序》《赠胡舜元公逢原堂》等。胡舜元去世后，他为其作《胡君墓志铭》，撰写《挽舜元胡著作郎》悼诗。

5. 苏轼

苏轼（1037—1101 年），字子瞻、和仲，号铁冠道人、东坡居士，世称苏东坡、苏仙，眉州眉山（四川省眉山市）人，祖籍河北栾城。苏轼 21 岁中进士，官至礼部尚书，是北宋著名的文学家、书法家、画家。苏轼是北宋中期文坛领袖，在诗、词、散文、书、画等方面取得很高成就。其文纵横恣肆，诗题材广阔，清新豪健，善用夸张比喻，独具风格，与黄庭坚并称"苏黄"。他的词开豪放一派，与辛弃疾并称“苏辛”。他的散文著述宏富，豪放自如，与欧阳修并称“欧苏”，同为“唐宋八大家”之一。苏轼善书，擅长文人画，尤擅墨竹、怪石、枯木等，其作品有《东坡七集》《东坡易传》《东坡乐府》《潇湘竹石图卷》《古木怪石图卷》等。苏轼于元丰八年（1085 年）自黄州（今湖北黄冈）抵常州（今江苏常州），路过铜陵，与黄庭坚会游于铜陵县（今义安区）陈公园，留下《题陈公园》等诗作。

6. 黄庭坚

黄庭坚（1045—1105 年），字鲁直，号山谷道人，晚年号涪翁，为北宋诗人、书法家，洪州分宁（今江西省修水县）人，中进士后以校书郎为《神宗实录》检讨官，迁著作佐郎。后因修实录不实的罪名而遭到贬谪。黄庭坚著有《山谷集》。黄庭坚先后 3 次来到铜陵。据史料记载，宋神宗元丰三年（1080 年），时年 35 岁的黄庭坚，“罢北京学官任，赴吏部，改知吉州太和县（今江西省泰和县）”。在赴任途中，船行至铜陵江段时，突然狂风大作，暴雨倾盆，船只无法行走，只得泊岸避险。停泊期间，黄庭坚写成《阻风铜陵》一首，诗中云：“顿舟古铜官，昼夜风雨黑。洪波瀰奔去，天地无限隔。船人谨维笮，何暇思挂席。凭江裂嵌空，中有时水滴……”5 年后的元丰八年（1085 年），黄庭坚应召回京主编《神宗实录》，再次来到铜陵江面时，赶上天公作美，一派阳光明媚，他便决定在铜陵逗留几日。黄庭坚令船工将船撑进了玉带河，河堤的北面是一片沼泽，生长着芦苇和其他一些水生植物，为铜陵八景之一的“县河晚泊”。船刚进玉带河，黄庭坚就看到一个熟悉的身影——苏轼。苏轼比黄庭坚年长 9 岁，黄庭坚以师事苏轼，两人有很深的翰墨情谊。异地遇至交，次日二人携手来到铜陵县城，寻得城东一乡贤——陈公园主。陈公园是当时已故的北宋林学家陈翥的从叔父陈陟的私人别墅，园内留有大量陈翥的墨宝、书籍。陈公园主非常仰慕苏黄二人的文采和人品，热情招待并邀请二人入住陈公园。面对铜官山、五松山和天井湖的瑰丽景色，以及陈公园主的美酒、佳肴，黄庭坚和苏轼诗兴勃发，你来我往，互相酬唱于陈公园，成了轰动当时的文坛盛事。黄庭坚留下诗作：“千里相知隐逸园，羡君名重翰林仙。自惭缪点朱衣列，独惜真儒绿野贤。默契诗书新日月，趣遗桃李旧山川。须知樽酒无情曲，恨极相逢十年前。”黄庭坚第三次来铜陵，是陪同次子黄相来铜陵落户。《五松黄氏宗谱》中记载：“（次子相）见当时谗人高张，仕途多舛，遂去桑梓，而隐于铜之陈公园隅，啸傲山水，置有产业，仅供衣食。”黄相携带妻儿来到铜陵，在天井湖畔的枫树墩购买田产，建造家宅，并买下天井湖，易名“黄塘”，人称“黄家塘”。

7. 李纲

李纲（1083—1140 年），字伯纪，北宋邵武（今福建邵武区）人，政和二年（1112 年）进士，于北宋末任太常少卿、兵部侍郎、尚书右丞。靖康元年（1126 年），金兵围逼开封，李纲登城督战，激励将士，击退金兵。宋高宗继位后，李纲被任用为宰相，力主抗金复国，在职仅 75 天，又遭贬斥。绍兴二年（1132 年），李纲复起用为湖南宣抚使兼知潭州，不久又被罢官。他多次上疏，陈诉抗金大计，均未被采纳。绍兴十年（1140 年）正月十五，李纲病逝于仓前山楞严精舍寓所，赠少师。淳熙十六年（1189 年），特赠陇西郡开国公，谥忠定。李纲能诗文，写有不少爱国篇章。亦能词，其咏史之作形象鲜明生动，风格沉雄劲健。李纲著有《梁溪先生文集》《靖康传信录》《论语详说》《梁溪词》等。靖康二年（1127 年）四月初一，李纲途经铜陵，由于风急浪大，舟不能行，被迫弃舟登岸，在铜陵盘桓 3 日，作诗多首。其中有《铜陵阻风》《江行十首其八 · 晚泊铜陵口》《自铜陵行四十里风复作泊江北岸地名散潭属淮南其二》等。

8. 梅尧臣

梅尧臣（1002—1060 年），字圣俞，世称梅宛陵，为北宋著名诗人，安徽宣城人。梅尧臣出身农家，幼时家贫，但他酷爱读书。16 岁时，梅尧臣参与乡试，但未被录取，之后跟随叔父梅询到河南洛阳，以恩荫补任太庙斋郎，后历任桐城、河南、河阳三县主簿，于皇祐三年（1051 年）始得宋仁宗召试，赐同进士出身，为太常博士。经欧阳修推荐，梅尧臣为国子监直讲，累迁尚书都官员外郎，故世称“梅直讲”“梅都官”。嘉祐五年（1060 年），梅尧臣去世，享年 59 岁。梅尧臣早年的诗歌创作曾受西昆诗派影响，后来由于他关心现实、接近人民，诗风逐渐变化，提出了同西昆诗派针锋相对的诗歌理论。他强调遵循《诗经》《离骚》的传统，主张诗歌创作必须因事有所激、因物兴以通，摒弃浮艳空洞的诗风。在艺术上，他注重诗歌的形象性、意境含蓄等特点，提倡“平淡”的艺术境界，要求诗写景形象，意于言外。他的诗歌反映了现实生活，题材广泛。他了解农村生活，在早期写了一批关怀农民命运的作品，如《田家四时》《田家语》《汝坟贫女》等。他在北宋诗文革新运动中与欧阳修、苏舜钦齐名，并称“梅欧”“苏梅”。刘克庄在《后村诗话》中称他为宋诗的“开山祖师”。陆游在《梅圣俞别集序》中，曾称欧阳修文、蔡襄书、梅尧臣诗“三者鼎立，各自名家”。他著有《宛陵先生集》60 卷、《梅氏诗评》1 卷，以及《四部丛刊》《毛诗小传》等。他曾参与编撰《新唐书》，并为《孙子兵法》作注。梅尧臣多次来到铜陵，留有多篇诗作，其中《铜官山》中写道："碧矿不出土，青山凿不休。青山凿不休，坐令鬼神愁。"诗中对铜官山采矿工人的生活命运，表示出赞美、同情和关注。

9. 王守仁

王守仁（1472—1529 年），本名王云，字伯安，号阳明，浙江余姚人，明代杰出的哲学家、思想家、文学家、军事家、教育家，是心学集大成者。王守仁之父王华在明成化十七年（1481）中状元，任南京吏部尚书。王守仁年轻时以诸葛亮自喻，立志做一番事业，学习刻苦，精于骑、射、兵法。他于弘治十二年（1499 年）中进士，初任刑部主事，历任贵州龙场驿丞、庐陵知县、右佥都御史、南赣巡抚、两广总督、南京兵部尚书、左都御史等职，后因接连平定南赣、两广盗乱及朱宸濠之乱，获封新建伯，成为明代凭借军功封爵的三位文臣之一。王守仁早年因反对宦官刘瑾而被贬为贵州龙场（修文县治）驿丞。赋闲时曾在故乡阳明洞筑室讲学，人称阳明先生。明嘉靖八年（1529 年），王守仁逝世，享年 57 岁。明穆宗继位，追赠王守仁新建侯，谥号"文成"。明万历十二年（1584 年），王守仁得以从祀于孔庙。明代心学发展的基本历程，可以归结为陈献章开启、湛若水完善、王守仁集大成。王守仁的阳明心学后传入了日本、朝鲜等国，其弟子极众，世称"姚江学派"。王守仁的文章博大昌达，行墨间有俊爽之气，现有《王文成公全书》传世。王守仁于正德年间（1506—1521 年）因"宸濠之变"而邂逅铜陵，登五松山游咏累日，留诗三首。明代"全能大儒"王守仁墨宝《铜陵观铁船歌》卷今收藏于北京故宫博物院。此书法作品每行以三个字居多，行间疏朗，字间互不连属，但每个单字牵丝不断，如"观""洁""难"等。通篇字体修长，行笔快捷，骨力内涵，豪放中见沉着，遒劲中见秀丽，有米芾书法"沉着飞翥"的神韵。徐渭曾云："古人论右军以书掩其人，新建乃不然，以人掩其书。"

10. 杨万里

杨万里（1127—1206 年），字廷秀，号诚斋，江西吉水（今江西吉安）人，为南宋著名诗人，南宋绍兴二十四年（1154 年）中进士。授赣州司户，后调任永州零陵县丞。乾道六年（1170 年），杨万里任国子博士，不久迁太常丞，转将作少监。南宋淳熙元年（1174 年），杨万里出知漳州，旋改知常州，后提举广东常平茶盐，曾镇压沈师起义军，升为广东提点刑狱。不久，杨万里遭母丧去任，召还为吏部员外郎，升郎中，后任枢密院检详官兼太子侍读、迁秘书少监、江东转运副使等职。晚年杨万里见自己的抱负无法施展，乞祠官（无实际官职，只领祠禄，等于退休）而归，从此不再出仕，朝命几次召他赴京，均辞而不往。南宋开僖二年（1206年），因痛恨韩侂胄弄权误国，杨万里忧愤而死，官终宝谟阁文士，谥“文节”。他的诗与尤袤、范成大、陆游齐名，并称“南宋四家”，著有《诚斋集》。因宋光宗曾为其亲书“诚斋”二字，故学者称其为“诚斋先生”。杨万里一生作诗20000多首，传世作品有4200首，被誉为一代诗宗。他创造的“诚斋体”，语言浅近明白，清新自然，富有幽默情趣。杨万里的诗歌大多描写自然景物，且以此见长，也有不少诗篇，反映民间疾苦，抒发爱国感情。其数次路过铜陵，留下《舟过大通镇》《汀家洲避风行小港出荻港大江》《夜宿羊山矶》等诗作。

11. 汤显祖

汤显祖（1550—1616年），字义仍，号海若、若士、清远道人，为明代戏曲作家、文学家。江西临川（今江西抚州）人，明万历十一年（1583年）进士，任南京太常寺博士、礼部主事。汤显祖因上疏弹劾大学士申时行而被降职为广东徐闻典史，后改任浙江遂昌知县，又被议免官，未再出任。汤显祖一生著作甚丰，代表作为戏曲“临川四梦”（《牡丹亭》《紫钗记》《邯郸记》《南柯记》），其中对后世影响最深、最受欢迎的是《牡丹亭》。该剧被改编为明代话本小说《杜丽娘慕色还魂记》，是汤显祖最得意的作品。汤显祖曾言：“吾一生四梦，得意处唯在《牡丹亭》。”汤显祖辞官在家，成就了他的“杂业”戏剧，从而流芳后世。汤显祖与铜陵人佘翘父子交往过甚，多次来过铜陵，留下《过铜陵》《答佘聿云》等诗作。

12. 蒋应仔

蒋应仔（生卒年不详），清浙江山阴（今浙江绍兴）人，贡生，于清顺治二年（1645年）任铜陵知县。时铜陵刚遭兵难，百姓流亡，城郭倒塌。蒋应仔率众修筑城郭，安抚流散百姓，使黎民恢复家园，深受百姓爱戴。他在铜陵期间留下了不少诗赋、文章，如《玉带河》《踏莎行·秋霁登天王山》等，并主持编修了《铜陵县志》。

13. 陈京毓

陈京毓（生卒年不详），明浙江慈溪人，举人，明成化六年（1470年）任铜陵知县。据明代嘉靖时期的《池州府志》和清代乾隆时期的《铜陵县志》中记载，他在任铜陵知县期间，减轻徭赋，兴办学校，并留下诗作数篇，如《坛杏飘香》。他任职期间，铜陵“人才勃兴，户口日增”。

14. 徐一科

徐一科（生卒年不详），字伦盈，江西弋阳人，举人，明万历三十九年（1611 年）任铜陵知县。据清代乾隆时期的《铜陵县志》记载，他任知县期间，能谨恭职守，为百姓谋利益。万历四十一年（1613 年）铜陵涨水，堤圩尽溃，他率民筑堤埂 80 余里，保障了民众安全。铜陵百姓感激他的德行，将他筑的埂称为“徐公堤”，并立有“徐公堤碑”。在铜陵任期内，他留下了《东西湖》《天门山》等多篇诗作。

（三）抗战时期新四军首长在义安

1. 叶挺

叶挺（1896—1946 年），字希夷，号西平，广东惠阳县（今惠州市惠阳区）人，著名军事家，是中国人民解放军的创建者之一。1924 年，叶挺赴苏联莫斯科，在东方劳动者共产主义大学和红军学校中国班学习，并加入中国共产党。北伐时，叶挺担任了国民革命军第四军独立团团长，率团作为先遣队夺取汀泗挢、占领贺胜挢、攻陷武昌，无往不胜，为北伐立下卓著功勋。1927 年 8 月 1 日，他与周恩来、贺龙、朱德、刘伯承等一起，发动举世闻名的南昌起义。叶挺在起义中任前敌总指挥和十一军军长。同年 12 月，叶挺与张太雷等领导了震惊中外的广州起义。广州起义失败后，叶挺被迫流亡海外 10 年。1937 年抗日战争爆发，1938 年 1 月他出任新四军军长，在长江下游指挥部队转战大江南北，创建了苏南、苏北、皖东、豫皖苏边等抗日根据地。1941 年 1 月皖南事变爆发，叶挺被蒋介石非法扣押，在狱中囚禁了 5 年，他经过严峻考验决不投降，在牢房中写下了气吞山河的《囚歌》，立志要在“烈火和热血中得到永生”。1946 年 3 月 4 日，叶挺获释出狱。他出狱的第一件事，就是请求重新加入中国共产党。毛泽东亲笔修改了中共中央关于接受叶挺加入共产党的复电。1946 年 4 月 8 日，叶挺、王若飞、秦邦宪、邓发等奉命乘飞机由重庆飞往延安时，飞机在山西省兴县黑茶山失事。毛主席为其题词，“为人民而死，虽死犹荣”。毛泽东曾当面称他是“共产党第一任总司令，人民军队的战史要从你写起”。

抗日战争期间，叶挺指挥部队挺进敌后，开展游击战争，多次来到铜陵义安。1939 年 4 月 5 日，美国进步作家史沫特莱（Smedley）随同叶挺来到铜陵义安，采访报道新四军抗战事迹。此次，叶挺在新四军第三支队视察工作，到铜陵方村、云崖寺等地看望新四军民运工作队员和地方领导。叶挺此行虽然短暂，但给铜陵抗日军民带来极大的鼓舞。1939 年 5 月，叶挺穿越日军封锁线，经过铜陵义安，北渡长江，在皖中主持成立新四军江北指挥部，指挥部队挺进皖东敌后，在津浦路东西两侧建立抗日根据地。如今，在原铜陵县首次党代会纪念馆中，展示了叶挺签署的委任令、章啸衡任命书等。

2. 项英

项英（1898—1941 年），原名项德隆，又名项德龙、项飞龙，号江钧，化名江俊、张成、韩应，笔名夏英，湖北武昌县（今武汉市江夏区）人，是杰出的无产阶级革命家、工人运动的著名活动家、党和红军早期的领导人之一、新四军的创建人和主要领导人之一。项英 1920 年在武汉组织过纺织工人罢工，1921 年 12 月在武汉江岸筹建铁路工人俱乐部，1922 年 4 月加入中国共产党。在中国共产党第三次全国代表大会、中国共产党第六次全国代表大会上，项英分别被选为中央委员、中央政治局委员。1926－1930 年，项英曾任湖北省总工会党团书记、全国总工会执行委员兼上海总工会党团书记。1931 年后，项英任苏区中央局代理书记、中华苏维埃共和国临时中央政府副主席等职。红军主力长征后，项英任中共中央江西分局书记、中央苏区军区司令员兼政治委员，在赣粤边坚持游击战争。抗日战争时期，项英任中共中央东南局书记、新四军副军长兼政委。1941 年 1 月，在国民党反动派发动的皖南事变中，他被叛徒杀害于安徽泾县茂林蜜蜂洞中，年仅 43 岁。

1939 年 7 月初，项英陪同由 20 多名菲律宾华侨组成的抗日救国慰问团来到铜陵凤凰山，看望慰问驻在铜繁一带的新四军第一支队、第三支队干部战士。并于 7 月 7 日晚，出席第一支队副司令员傅秋涛在龙潭肖村举行的纪念七七事变和抗战爆发两周年大会，面向千余名抗日军民发表演讲，号召新四军战士和所有爱国志士坚决抗战到底，反对投降卖国。他还专程到铜陵县委机关听取铜陵县委负责同志的工作汇报，对县委的工作做了具体指示。

3. 张云逸

张云逸（1892－1974），原名张运镒，又名张胜之，广东省文昌县（今海南省文昌市）人，早年加入中国同盟会，参加了黄花岗起义、辛亥革命、护国战争和北伐战争。张云逸 1926 年参加中国共产党，1929 年在广西右江领导武装起义时参加中国工农红军。红军时期，张云逸历任红军第七军军长、中央军委副参谋长、粤赣军区司令员、红军总司令部和红一方面军司令部副参谋长兼作战部部长，1934 年 10 月参加长征。抗日战争时期，他历任新四军参谋长、新四军江北指挥部指挥员、新四军副军长兼第 2 师师长、抗日军政大学第八分校校长。解放战争时期，他历任华东军区副司令员、山东军区司令员、华东军政大学校长等职。中华人民共和国成立后，他历任中共广西省委书记、中共中央华南分局第二书记、中共中央监察委员会副书记等职。1955 年张云逸被授予大将军衔。他曾任党的第七届、第八届、第九届中央委员会委员，第一届、第二届全国人民代表大会常务委员会委员，于 1974 年 11 月 19 日病逝于北京。

1938 年 11 月，张云逸率军部特务营经铜陵渡江去江北第四支队处理军务，当他得悉中共党员章啸衡等人正在筹组铜陵第一支民众抗日武装——沙洲游击大队后，特地写信给章啸衡，嘱咐他一定要把这支“铜陵江边的游击队”组织建设好，之后又让新四军军部派遣得力干部，到沙洲游击大队指导工作。1939 年 5 月 20 日，日伪军共 5000 多人从繁昌县荻港出发，兵分两路向第三支队司令部所在地——繁昌县孙村一带“分进合击”。久攻不下后，敌人便从附近的铜陵顺安等据点紧急调派援军，妄图把新四军第三支队包围起来。张云逸命令五团团长饶守坤、六团团长叶飞带领主力部队轻装上阵，抄小路直捣日军设在铜陵的大本营，使日伪军慌乱撤围，解了孙村之围。1941 年 1 月 18 日，刘少奇电示张云逸、罗炳辉等人，要他们派人尽量收容从皖南突围出来的新四军指战员，并安排在芜湖附近，在铜陵、繁昌地区打游击，建立根据地与抗日民主政权。1941 年 2 月 10 日，刘少奇在给张云逸、邓子恢等人的电报中进一步强调，经营皖南是江北指挥部的任务之一，为经营皖南，决定派曾希圣、黄火星二人带电台回江南铜陵、繁昌、芜湖一带发展，建立抗日根据地，准备将来出黄山向赣东发展。

4. 邓子恢

邓子恢（1896—1972 年），又名邓绍箕，福建龙岩新罗区人。1921 年春，他与进步青年在龙岩白土桐冈书院组织奇山书社，创办《岩声》月刊，传播马克思主义革命理论。1926 年 12 月，他于崇义县加入中国共产党，并组织发展了十几名党员，成立了中共崇义县支部。1929 年 3 月，邓子恢任中共闽西特委书记，领导地方武装，配合毛泽东、朱德率领的红四军入闽作战。1941 年，皖南事变后，邓子恢任新四军政治部主任，之后任淮北区党委书记，同时兼任淮北军区政治委员，坚持并发展了淮北抗日根据地。解放战争时期，他先后任中共中央华中分局书记兼华中军区政委等职。中华人民共和国成立后，邓子恢任中南军政委员会（后改为中南行政委员会）第一副主席、中共中央农村工作部部长、国务院副总理、全国政协副主席等职。邓子恢同志为探索我国社会主义农业的发展道路倾注了毕生精力，被誉为党内的农业、农村工作专家。

1939 年 3—4 月，邓子恢来到铜陵、南陵、繁昌一带开展调查研究工作，掌握了大量对敌斗争和群众工作的情况，据此向军部写了《铜南繁三个月来的工作总结》的报告，具体分析和概括了到铜陵、南陵、繁昌等县对敌斗争的形势、经验和存在问题，对整个皖南的对敌斗争和群众工作起到了重要的指导作用。邓子恢作为新四军民运工作的重要负责人，对这项工作倾注了大量的心血，他亲自编写了《民运工作授课大纲》，给参加民运工作的年轻同志上课；亲自为抗日团体起草章程，经常总结民运工作经验，帮助提高民运干部的工作水平，使民运队员掌握正确的方针政策和工作方法，为皖南的民运工作打下了牢固的基础。

5. 谭震林

谭震林（1902—1983 年），湖南省攸县人，1926 年加入中国共产党，先后担任攸县工人纠察队长、攸县总工会宣传干事、攸县党部工农运动特派员。1927 年冬，工农革命军攻占茶陵县城，谭震林被推举为茶陵第一个县级工农兵政府的主席。年底他随工农革命军撤离，在毛泽东的领导下投入创建井冈山根据地的斗争，先后担任中共湘赣边界特委常委、副书记、书记和工农兵政府土地部长，在江西省永兴县成功领导土地分配工作。1929 年后，他历任红四军第二纵队政治委员、第四纵队党委书记兼政治部主任、红四军前委委员、红十二军政委、福建军区司令员兼政委、闽西南军委副主席。抗日战争时期，他先后任新四军第二支队和第三支队副司令员、新四军第 6 师师长兼政委、苏南区党委书记、华中野战军第一副政委、第三野战军第一副政委。谭震林曾同许世友一起指挥发起胶济线西段战役、潍县战役、兖州战役、济南战役。随后，谭震林同刘伯承、邓小平、陈毅、粟裕组成总前敌委员会指挥淮海战役，亲率 3 个纵队胁迫国民党冯自安部起义，并与兄弟部队全歼黄百韬兵团。中华人民共和国成立后，他先后任浙江省委书记、中央副秘书长、八大中央委员、书记处书记、政治局委员、国务院副总理、全国人大常委会副委员长、中央顾问委员会副主任等职。

1938 年 12 月，谭震林率领第三支队开赴铜（陵）繁（昌）前线，曾在铜陵的铜官山、顺安、朱村等地伏击日军小分队，歼灭大批敌军。章啸衡领导的铜陵游击大队划归第三支队领导后，改番号为第三支队沙洲游击大队。谭震林派出几名连排干部，并让一个主力连带领这支部队打了几次小仗，锻炼了该部独立作战能力。在第三支队的帮助下，该部得到了迅速发展，不仅控制了沙洲，将其作为长江南北交通的“跳板”，还先后支援了上百名战士到第三支队，壮大了主力部队力量。谭震林礼贤下士，邀请铜陵义安杉木墩的陈春圃等开明士绅，到第三支队司令部驻地参加座谈会，商谈团结抗日大事，促进统一战线。如今在义安区钟鸣镇境内，有许多谭震林活动过的旧址，其中有新四军第三支队政治部旧址燕子牧、新四军第三支队第五团团部旧址等。

6. 傅秋涛

傅秋涛（1907—1981），湖南平江人，1929年加入中国共产党。1927年参加平江农民扑城暴动，曾任嘉义赤卫团政治委员、平江县工会委员长、湘鄂赣省总工会委员长、湘鄂赣军区政治部主任、中共湘鄂赣省委副书记。1934年10月主力红军长征后，傅秋涛任中共湘鄂赣省委书记兼省军区政治委员等职，领导湘鄂赣边区军民坚持斗争，重建红十六师。抗日战争爆发后，傅秋涛先后任新四军第一支队副司令员兼第一团团长、新四军军政委员会委员、新四军第七师副师长。1941年1月初，傅秋涛任新四军皖南第一纵队司令员兼政治委员，在随即发生的皖南事变中，他指挥部队浴血奋战，成功突围，他作为左路纵队的指挥者，在“百户坑会议”结束的第二天，即1941年1月8日下午召开了“梓坑会议”，讨论本纵队突围的路线问题，决定向苏南转移，采取了正确突围方案。傅秋涛1943年11月到延安，入中共中央党校学习。中华人民共和国成立后，傅秋涛长期在人民军队工作，1955年被授予上将军衔，1981年在北京病逝。

1939年4月中旬，新四军第三支队五团奉命调离铜陵。4月24日，新四军第一支队第一团在支队副司令员兼一团团长傅秋涛率领下接防铜陵。4月28日，一团二营在塔里王（现属义安区天门镇考涧村）附近伏击日军小分队；5月9日，一团一营在谢家垄伏击由铜陵县城到顺安的日军运输队；5月16日，一团一营在铜陵城东的五里亭再次伏击日军运输队。新四军第一支队第一团在日军的交通要道多次伏击得胜，共发起了11次战斗，打死打伤日军500多名，缴获步枪8支、手枪2支、小炮1门，还缴获一大批战利品，给予日军重大杀伤。1939年，傅秋涛带队在铜陵凤凰山一带驻扎。当时条件艰苦，许多士兵都要自己想办法找吃的，傅秋涛也开了一块地种粮食。1939年7月初，项英陪同20多名菲律宾华侨组成的抗日救国慰问团来到铜陵凤凰山，看望慰问驻铜一带的新四军第一支队干部战士，并出席了傅秋涛于7月7日晚在龙潭肖村举行的纪念七七事变和抗战爆发两周年大会，面向千余名抗日军民发表了演讲。

7. 黄火星

黄火星（1909—1971年），字以和，曾用名黄火生，江西省抚州市乐安县人，1930年参加中国工农红军，同年加入中国共产主义青年团，次年加入中国共产党。黄火星曾任弋阳游击大队政委、第十一军第一团政委、福建军区分区政委、纵队政委。他参加了赣东北苏区反“围剿”和闽西三年游击战争。抗日战争时期，他任新四军第二支队第三团团长、第七师政治部代主任、含和（含山县、和县）支队政委、第七师旅政委。解放战争时期，他任华中野战军纵队副政委、第八兵团军政委，参加了宿北、莱芜、淮海、渡江、漳厦等战役。中华人民共和国成立后，黄火星历任第十兵团政治部主任兼福建军区政治部主任，厦门市军事管制委员会副主任、主任。1954年起，他历任江苏军区第二政治委员、中华人民共和国最高人民检察院副检察长兼解放军军事检察院检察长兼中央军委总直属队政治部主任。1955年授中将军衔，获二级八一勋章、一级独立自由勋章、一级解放勋章。第三届全国人大代表。1971年4月27日，黄火星因病于北京逝世。

1940年1月，新四军第二支队第三团在团长黄火星率领下开赴铜陵，开展抗日斗争。第三团驻防铜陵不久，就遇上日军先后发动的两次大“扫荡”。在1940年4月下旬历时一周的第一次反“扫荡”后，5月又有3000余名日军在飞机掩护下向第三团驻地发起疯狂进攻。黄火星亲临前线指挥战斗，经激战毙伤日伪军300余人，粉碎了日军的进攻。在其后的反“扫荡”斗争中，部队突围时丢失数份机要文件，黄火星得知后亲率部队将其全部找回。项英和周子昆为此表扬他“对党认真负责”。皖南事变中，黄火星率本纵队突围，惨烈激战后弹尽粮绝，只有少数人冲出了重围，他与军部警卫排百余人会合后一道突围，冲破敌人14道封锁线，抵达长江南岸铜陵义安的一个村子，在当地地下党的帮助下连夜过江。突围至江北无为县后，他立即前往江北游击纵队，向组织报告皖南事变经过，并将随身携带的300多块银圆悉数上交。在浴血突围过程中，黄火星受伤的大腿严重发炎，腿上的弹片直到中华人民共和国成立后才取出。1941年2月10日，刘少奇致电张云逸、邓子恢、罗炳辉、郑位三，为了经营皖南，决定派曾希圣、黄火星二人带电台回江南铜陵、繁昌、芜湖一带发展，建立根据地。江南来江北部队休息一时期，并在无为扩大新兵，组织新四军皖南独立支队，再回江南活动。皖南独立支队以黄、曾二人负责，他们的任务是回江南收容失散人员，建立皖南根据地，发展扩大自己，准备将来出黄山向赣东发展。2 月 14 日，曾希圣、黄火星收拢过江人员 578 人。另外，还有一部分突围人员在铜陵、繁昌地区坚持活动。

8. 曾希圣

曾希圣（1902—1968 年），字腾光，曾名曾勉，湖南兴宁县（今湖南省资兴市）人。1927 年“七・一五”事件后，曾希圣加入中国共产党，在汉口秘密从事兵运工作。1930 年，他调到汉口任中共中央长江局军委秘书长、上海任中共中央军委侦察科长，侦获国民党第三次“围剿”中央苏区的军事计划。1931 年冬，他进入江西中央苏区，任红军总司令部侦察科长，创建中共中央军委二局，被任命为中共中央军委二局首任局长兼红一方面军二局局长，为中央苏区反“围剿”作战提供了大量准确情报。毛泽东赞扬他是红军情报工作的“创业人”。中央红军长征中，曾希圣和他领导的中共中央军委二局，多次截获并破译国民党军队的无线电密码，为保障红军长征的胜利作出了卓越贡献。长征结束后，毛泽东高度评价中共中央军委二局，称“没有二局，长征是难以想象的；有了二局，我们就像打着灯笼走夜路”。1939 年 4 月，曾希圣被派往重庆，在中共南方局负责情报工作。解放战争时期，他先后任晋冀鲁豫野战军副参谋长、山东野战军第七师政治委员等职。中华人民共和国成立后，他历任中共皖北区委书记，中共安徽省委书记、中共中央西南局书记处书记等职。1968 年 7 月 15 日，曾希圣在北京病逝。

1940 年 6 月底，因身份暴露，在周恩来、叶剑英的安排下，曾希圣与叶挺等同志一道于 7 月底由重庆到达皖南云岭新四军军部。10 月初曾希圣乘小船从铜陵北渡长江，到达皖中无为县白茆洲，等待转道去皖东。这时新四军军部电令，军部及皖南部队将从铜陵、繁昌一带北渡长江，须在无为组建接应渡江指挥部，任命曾希圣为指挥长，这是曾希圣在新四军的第一个职务。1941 年 5 月 1 日新四军第七师在无为东乡白茆洲正式成立，编入七师的队伍共 1900 多人，曾希圣被任命为新四军第七师政委，后兼任中共皖江区党委书记。第七师的活动区域主要是巢南山区和无东地区，另外在皖南繁昌、铜陵、桐东地区，各有一些小块游击区。1945 年 8 月，日军投降时，第七师发展到 3 万余人，解放区达到 15 万平方千米，为民族解放事业作出卓越贡献。

9. 袁国平

袁国平（1906—1941 年），原名袁幻成，字醉涵，笔名最寒国，湖南省邵东市人，1922 年考入湖南省立第一师范学校，1924 年加入中国社会主义青年团，1925 年 10 月考入黄埔军校第四期政治科。此后，袁国平先后参加了北伐战争、南昌起义、广州起义、五次反围剿作战和红军长征。袁国平于 1935 年 10 月到达陕北，历任西北革命军事委员会后方办事处政治部主任、西北红军大学政治委员等职，为红军培养了大批干部。全面抗战爆发后，袁国平任中共陇东特委书记兼八路军驻陇办事处主任，1938 年 3 月任新四军政治部主任。1941 年 1 月，新四军军部和皖南部队 9000 多人在奉命北移时遭到国民党军队包围。军长叶挺被扣押，副军长项英突围中被叛徒杀害。在万分危急之际，袁国平挺身而出，指挥被打散的一部分部队继续突围北撤。激战中，袁国平身负重伤，为了不拖累部队突围，举枪自尽。

1940 年 10 月，日军为了继续南侵，进犯云岭新四军军部，对皖南地区进行疯狂的大“扫荡”。铜陵成为反“扫荡”的前沿阵地。新四军政治部主任袁国平亲自到铜陵，指挥新四军第二支队第三团及铜陵、南陵、繁昌地方抗日武装进行反“扫荡”战斗。面对数倍之多、穷凶极恶的侵略者，他要求大家采取运动战、游击战的战略战术，避实就虚，灵活机动地打击敌人，粉碎了日伪军的大“扫荡”。

（四）义安革命人物

1. 凌霄

凌霄（1905—1935 年），原名凌志昂，曾化名严宽、胡新华，安徽省贵池县（今池州市贵池区）人，1924 年加入中国共产党，1925 年受党委派奔赴广州参加黄埔军校第四期步兵科学习，1926 年军校毕业后，任广州工商缉私队队长，后到广州海员工会工作，其间于汕头、厦门、广州和香港等地从事工人运动。1926 年 7 月，凌霄参加北伐战争，先后任连长、营长和副团长等职，在战斗中十分勇敢，屡建战功，多次受到嘉奖。1927 年，蒋介石发动反革命政变后，他打入广州敌海关税警队，不久因身份暴露而离开广州回到故乡贵池。1928 年 10 月中共贵池特支建立，凌霄任特支书记兼组织委员。1929 年，由于贵池县立初级中学的校长胡珩迫害进步学生，凌霄组织进步师生开展了驱逐胡珩的学校运动，取得全面胜利。在此期间，他还组织领导了县城市民抢米斗争、馒头山煤矿工人罢工运动等，他还打入国民党贵池县自卫团，利用敌人内部矛盾，策动20多名士兵起义，从而建立了贵池第一支革命武装。1930年2月，凌霄受中共安庆中心县委派遣，化名严宽，前往潜山参与组织和领导了潜山请水寨起义，建立了中国红军独立第二师（亦称红军第一军中央独立二师），凌霄任副师长兼参谋长和第一团团长。同年7月，独立第二师失利后，凌霄率领60余名战士分赴皖南各县，开辟革命新区。1931年5月，凌霄等同志在秋浦县（今东至县）雁落坡成立中共徽州工作委员会（简称徽州工委），凌霄分管军事工作。1932年6月，徽州工委召开第二次会议，决定以黄山为中心扩大游击战争，扰乱敌人后方，配合中央苏区第四次反“围剿”。1934年秋，由于叛徒出卖，敌人逮捕了凌霄。1935年1月19日凌晨，凌霄昂首走向刑场，高呼共产党万岁，在贵池国民党第八区行政公署大院内慷慨就义。

1930年11月中旬，凌霄只身来到铜陵，找到洪人英、洪久儒和谷捷应，并通过谷捷应认识了章啸衡和沈默等革命骨干分子。凌霄对他们进行了共产党政治纲领的教育。同年年底，由凌霄介绍，章啸衡、沈默等人先后秘密加入中国共产党，成为铜陵境内的早期党员。在此期间，凌霄还恢复了谷捷应的党籍。随后，凌霄牵头成立了中共汀洲党小组，并任组长。1931年年初，铜陵境内的党员数量不断增加。于是，在凌霄的组织领导下，铜陵境内的第一个党支部——中共铜陵特别支部在汀洲钱家湾成立，由凌霄担任特支书记。中共铜陵特别支部建立后，铜陵境内的汀洲、湖城等地很快建立起农会、妇女解放会、互济会等群众组织，这些组织领导农民与封建地主势力进行斗争。1931年1月中旬，凌霄亲自领导了湖城涧农民暴动，并于当年组织了夏季汀洲农民借粮斗争和秋季铲富济贫斗争。

2. 苏拓夫

苏拓夫（1905—1942年），原名疏贯忠，字雹卿，号野村、四方等，曾化名王观清，安徽省桐城县白石乡（现铜陵市枞阳县）人。1926年冬天，他奔赴武昌农民运动讲习所，接受马列主义教育，并在当年加入了中国共产党。1927年8月，大革命失败以后，苏拓夫潜伏回到家乡，秘密从事地下革命活动。他先后担任中共桐城区委委员、桐城县委委员、桐城县委宣传部部长等职，在桐城一带开展建党工作和群众运动，曾发动著名的农民“闹米荒”斗争。皖南事变后，苏拓夫受命担任繁昌敌后县委书记。1942年1月初，繁昌敌后县委准备在鸭棚嘴举行会议时，因叛徒告密，苏拓夫遭到逮捕。1942年7月11日下午1时左右，伪痕累累的苏拓夫被抬到繁昌县八都何村东边的一块草坪上准备行刑，他泰然自若，昂首怒视，竭力哼唱着《国际歌》，英勇牺牲。

1933 年初，当他第二次在安庆被捕后，机智越狱，辗转奔赴铜陵。苏拓夫来到铜陵县（今铜陵市义安区）江心洲胥坝，找到了在此地三官庙为僧的地下党员沈默。他化名王观清，以沈默朋友的身份隐伏在三官庙内。其时，铜陵党组织遭到破坏，苏拓夫一边同中共皖南特委取得联系，一边与章啸衡等铜陵早期党员秘密来往，准备在铜陵恢复和发展党的组织。1934 年 11 月，根据中共皖南特委的指示，苏拓夫召集部分党组织负责人在铜陵紫沙洲程正儒家开会，决定成立中共铜（陵）繁（昌）无（为）县委，由苏拓夫任县委书记，由沈默等人为县委委员。这就是铜陵历史上的第一个中共铜陵县委。从 1934 年冬到次年春，铜陵党组织先后建立了胥坝、城北、宋家宕、朱村、犁桥等五个区委和十几个支部，党员发展到 400 多人，党的队伍和战斗力大大加强。

3．沈默

沈默（1901—1950 年），又名沈醒吾，法名了痴，山东郓城县人。沈默 10 岁时随父亲逃荒到安庆，因为生计问题，父亲无奈卖掉了沈默和他的姐姐、妹妹。后来，沈默流落到铜陵县（今铜陵市义安区）胥坝乡三官庙出家为僧，受到章啸衡、王仲钧等一些进步人士的影响，领悟了革命道理。1930 年 11 月，中国红军独立第二师副师长凌霄受命来铜陵开展建党活动，沈默于 1931 年初由凌霄介绍加入中国共产党，成为铜陵早期党员之一。1933 年春，原桐城县委宣传部部长苏拓夫由皖南山区辗转来到铜陵，在沈默的掩护下开展党的活动。这段时期，沈默积极配合苏拓夫开展工作，他冒着生命危险四处奔走，于 1934 年秋先后建立了胥坝、城北、宋家宕三个区委。1934 年 11 月，根据皖南特委的指示，铜陵第一个县委组织——中共铜（陵）繁（昌）无（为）县委在胥坝三官庙附近的程正儒家建立，沈默担任县委第一任组织部部长。县委建立之后，党组织又有了新的发展，于 1934 年冬和 1935 年 2 月又先后建立了朱村、犁桥两个区委，党员人数发展到 400 多人。抗日战争爆发后，沈默携爱人张烈英一道投奔新四军第五支队，从事军队医务工作。1941 年以后，他担任淮南津浦路东各县联防办事处总务科长。尽管他已经不是专门的医务工作者，但在工作之余，仍然热心地为部队干部战士和附近群众看病。由于他为人热忱，又颇懂中医医术，找他看病的人很多，就连第五支队高级领导人罗炳辉、徐海东、郑位三、张明秀等都常请他把脉问诊。由于战争年代的艰苦生活，沈默积劳成疾，高血压症和心脏病时有发作。1950 年春，沈默因病情进一步恶化而溘然长逝。

4. 章啸衡

章啸衡（1896—1965 年），幼名章家霖，化名童天一，安徽铜陵县（今铜陵市义安区）西联镇人。章啸衡四五岁时，过继给膝下无子的伯父章莫邦为子。章莫邦家有田地 200 余亩，又在省府安庆任官，很有财势。伯父中年病故，章啸衡接过全部家产后，广交地方人士，常为人排忧解难，对贫穷人家接济钱物，每逢青黄不接断粮时，开仓放粮救济穷人，声望很高。1926 年 7 月北伐战争时期，章啸衡和当地的富绅陈春圃、胡晓楼等人，自筹粮饷拉起了一帮人马，投入讨伐反动军阀的革命潮流中。后来，章啸衡等人的队伍得到国民革命军第三十三军军长柏文蔚收编，由章啸衡任独立营营长。他们受命率领部队在桐城集合后向六安进军。蒋介石叛变革命后，章啸衡不幸被捕，后经内线营救出狱。1930 年 11 月，原中国红军独立第二师副师长兼参谋长凌霄来到铜陵。章啸衡将凌霄安排在家中居住，积极配合凌霄开展铜陵党建工作，担任地下交通员，不惜变卖家产为党的活动提供经费。1930 年年底经凌霄介绍，章啸衡加入中国共产党，成为铜陵早期党员之一。1933 年春，苏拓夫来到铜陵，他与章啸衡结识后在一起开展党的活动。可是不久，章啸衡遭到通缉，党组织及时采取保护措施，让他化名汪寿南到安徽省赈灾安员会当了一名查放委员。1938 年 7 月，章啸衡得知新四军军部开进云岭，他异常兴奋地派人到军部联系，请求党组织派人来铜陵领导抗日，同时还推荐了张世杰等人到新四军军部参加学习。同年 8 月，新四军政治部派张伟烈来铜陵开展工作，铜陵地区的抗日活动由此拉开帷幕。同年 11 月底，铜陵第一支抗日武装在沙洲揭竿而起，并迅速发展到三四百人、200 条枪的规模，并于 12 月正式编为新四军第四支队第二游击纵队第四大队——沙洲游击大队，章啸衡任大队长，下设 3 个中队。1939 年 2 月，新四军领导人叶挺、项英、袁国平和邓子恢联名致函章啸衡，决定将部队番号改为新四军第三支队铜繁无游击独立第一大队，仍以章啸衡为大队长。1940 年 7—8 月，章啸衡受命创建长江游击纵队，任纵队长（亦称司令）。在第三支队的领导和帮助下，这支游击队军事政治素质不断提高，队伍不断壮大，在铜陵广泛开展抗日斗争，屡建奇功，并为新四军主力部队输送了大批兵源。中华人民共和国成立后，章啸衡先后担任芜湖市政协副秘书长、副主席，于 1965 年 10 月因病去世。

5. 张伟烈

张伟烈（1911—2006 年），又名张永猛、张开南，广东省饶平县人，1928 年

2月加入共青团，1937年1月赴广州，经同学介绍加入了中国共产党，后任江西抗日义勇军第2支队宣传队长、新四军战地服务团组织股长、团代表。从1938年10月起，张伟烈先后任中共铜陵中心区委书记、中共铜南繁中心县委书记、铜陵县委书记、繁昌县委书记、铜陵敌后县委书记、秘密中共皖南特委委员兼中共铜繁无中心县委书记、皖南特委宣传部部长、铜青南县委书记、皖南地委组织部部长、山东野战军第4纵队政治部组织部副部长、胶东组织部副部长、胶东军区政治部组织部部长、西海军分区副政委、中共西海地委委员、华东警备第五旅副政委、中共烟台市委委员、广西宜山地委书记兼军分区政委、中共桂北区党委委员、钦州地委书记兼军分区政委、海南区党委第三书记、海南区委第一书记和广东省委委员等职务。1956年4月，张伟烈奉命调到北京外交部，后任驻苏联大使馆政务参赞兼党委副书记、驻伊拉克大使、驻摩洛哥大使、驻蒙古人民共和国大使、驻泰王国大使。1985年3月离休后，他担任中蒙、中泰友好协会会长。2006年4月25日，张伟烈因病在北京逝世，享年95岁。

1938年7月，新四军军部进驻云岭后，十分重视开展铜繁一带的抗日工作，以加强同江北新四军第四支队的联系。此时，在章啸衡等人领导下铜陵的抗日救亡运动风起云涌，章啸衡请求新四军军部加强对铜陵抗战工作的领导。新四军军部对此很重视，决定派遣张伟烈到铜陵工作。1938年11月底，日军侵占铜陵，在张伟烈的帮助下，章啸衡等人在胥坝、汀洲一带组建了沙洲游击大队。在此期间，张伟烈在铜陵敌后发展党员，恢复、发展党组织。1941年1月6日皖南事变爆发，来江北检查工作的中央军委二局局长曾希圣派张伟烈到江边设立联络站，负责与江南联系，积极做好接应皖南事变突围人员渡江工作。先后有1000余名新四军战士经铜陵、繁昌、芜湖地区，安全突围到江北无为地区，为新四军的重建保留了珍贵的火种。

6. 张东

张东（1917—1941年），原名张芝美，江西省进贤县人。张东15岁小学毕业后，考进南昌乡村师范学校，不仅学习成绩名列前茅，还荣获学校跳高、高栏、跳远三项冠军。1937年抗日战争爆发，他毅然放弃即将拿到的毕业文凭，投笔从戎，来到南昌新四军办事处，报名参加抗日，奔赴皖南投身抗日救亡运动。张东到皖南后，起初在新四军文工团工作，1938年初调到新四军第三支队民运工作队，1938年11月加入中国共产党。震惊中外的皖南事变爆发后，张东在突围战斗中，表现得勇敢顽强。突出重围后，张东经过南陵县何湾区水龙山时，不幸遭国民党反动派逮捕。不久惨遭杀害，牺牲时年仅23岁。

1938年12月，张东随新四军第三支队第五团来到铜陵凤凰山地区。1939年1月，铜陵凤凰山地区成立了中共铜陵二区委，张东任区委书记。1939年7月，在中共铜陵县首届党员代表大会上，张东当选为县委委员兼任县委青年部长，9月改任县委宣传部部长。1939年9月1日．在张东主持下，铜陵县青年抗敌协会正式成立，这是当时皖南各县唯一的县级青年抗敌会，参加青年抗敌协会的有1000余人。张东十分注重发挥青年抗敌会开展抗日救亡宣传的作用，举办青年抗敌演唱会、教唱抗日歌曲、张贴抗日标语、组织阅读《抗敌报》（新四军军部机关报），还举办夜校普及文化，提高了群众抗战信心。在经济方面，青年抗敌会建立了凤凰山丹皮合作社，以丹皮产量的担数作为药农入股的基数，将丹皮销售至上海，然后按比例将钱分给群众，杜绝了豪绅地主把持丹皮药材生意从中牟利盘剥，深受群众拥护。由于张东工作出色，1940年3月他调任中共铜陵县委书记。1940年春夏之交，国民党设在金榔三条冲的县粮管处准备把辖区粮食全部运走，妄图卡断抗日军民的粮食供应。张东指示县青年抗敌会领头，会同县农民抗敌会、猎户队一起行动，广泛号召群众坚决反对运走粮食，挫败了国民党的罪恶企图。张东非常重视发展地方武装力量，在他的支持领导下，铜陵山区猎户队日益壮大，基本形成一区一大队、一乡一中队、一保一分队，整个铜陵山区约有猎户队员数千人，在对敌斗争中起了很大作用。张东还组织发动儿童团、递步哨等群众团体，配合部队站岗放哨和传递情报。

7. 朱农

朱农（1917—2012年），曾用名朱道义、孙兵，安徽省铜陵县栖凤乡朱家咀（现属铜陵市铜官区西湖镇）人，1939年1月参加新四军第三支队救亡训练班，同年4月加入中国共产党，6月任中共铜陵县栖凤乡中心支部书记，9月任中共铜陵敌后中心区委书记、铜陵县委委员、组织部部长。1940年6月，朱农任中共铜陵县委副书记，1941年2月任铜陵敌后县委书记，1943年3月任中共铜（陵）青（阳）南（陵）县委副书记兼组织部部长，先后任安徽省沿江中心县委委员兼铜（陵）青（阳）南（陵）县委书记，安徽省沿江中心县委委员兼泾（县）青（阳）南（陵）工委书记，铜（陵）青（阳）贵（池）县委书记、县长兼大队政委，泾（县）青（阳）南（陵）县委书记、县长兼大队政委，安徽省樵北工委委员兼纵队副政委，皖赣工委委员等职务。1948年9月，朱农任中共皖赣工委委员，12月任江西省上（饶）开（化）德（兴）玉（山）工委书记、政委兼行政办事处主任。1949 年 5 月，朱农任江西省上饶专署专员兼地委委员，9 月任中共景德镇市委书记兼警备区政委，后兼景德镇市市长。朱农在抗日战争和解放战争时期，长期在皖南地区坚持工作和战斗，主要领导地方政府和游击队工作，是铜陵县走出去的传奇革命人物，在皖南和铜陵等地留下可歌可泣的英勇事迹和战斗故事。他对党忠诚，热爱人民，鞠躬尽瘁，堪称革命楷模。

中华人民共和国成立后，朱农 1952 年 10 月任政务院人民监察委员会高级监察专员，1954 年任中央监察部工交监察司副司长、司长，1959 年任内务部城市福利司司长，1962 年任中央内务部城市福利司司长兼安徽省委委员、芜湖地委副书记，1965 年 1 月任中共芜湖地委书记兼军分区政委，1972 年 3 月任中共徽州地委副书记兼革委会副主任，1973 年 2 月任中共巢湖地委书记兼革委会主任，1978 年 1 月任安徽省高级人民法院党组书记兼院长，1980 年 1 月任安徽省政协秘书长兼中共安徽省委统战部第一副部长、部长，1982 年 3 月后任安徽省第四、第五届政协副主席、党组副书记兼省委一部部长、省政协秘书长。1991 年 2 月朱农离职休养。2004 年 2 月中央批准朱农享受省长级医疗待遇。因病医治无效，朱农于 2012 年 11 月 4 日 23 时 10 分在合肥逝世，享年 96 岁。

8. 杨明

杨明（1919—2003 年），曾用名杨求志、杨学明、张开南、徐向南，广东省大埔县人。1937 年 3 月，杨明加入中国共产党的外围组织“中华民族解放先锋队”，同年 10 月加入中国共产党，并担任党支部宣传干事。1938 年 2 月，杨明正式加入新四军第二支队，成为一名宣传队员。皖南事变前期，杨明先后担任泾县泾一区民运工作队队长、分工委书记、民运股长。1938 年春至 1941 年皖南事变发生前期，杨明领导组织基层群众、进步人士和中间分子，成立农民抗敌会、工人抗敌会、青年抗敌会、妇女抗敌会等抗日群体组织，先后发展党员 200 多名，仅在孤峰乡就动员 80 多人加入新四军。1941 年 1 月皖南事变爆发后，杨明护送皖南特委书记李步新突围，一路奔波，从铜陵义安过江，抵达江北无为县。1941 年 3 月初，根据中央军委决不放弃皖南革命根据地的指示精神，杨明只带 5 人渡过长江，这是皖南事变后第一批从江北派回皖南的人员。1941 年 3 月初，杨明担任皖南铜陵敌前行动委员会副书记等职，1943 年 3 月任中共铜青南县委副书记兼铜陵大队政委，1943 年 10 月至 1945 年 9 月任中共铜青南县委书记兼铜青南总队政委，1945 年 9 月担任皖南支队第三团政委，1945 年 10 月任中共沿江中心县委书记兼皖南人民自卫军政委，1946 年元旦任中共皖南地委委员兼沿江中心县委书记、沿江总队政委。在此期间，在杨明和其他同志的领导下，皖南党组织坚持斗争，紧紧依靠群众，积极开展游击战争，迅速壮大革命武装力量，胜利迎接人民解放军渡江。中华人民共和国成立后，杨明历任中共池州地委书记、芜湖市委书记、安徽省委组织部副部长、中国共产党第八次全国代表大会代表、安徽省委常委、组织部部长、省人大常委会副主任等职于2003年8月26日病逝于合肥。

9. 张世杰

张世杰（1916—1988年），安徽省铜陵县太平街（今义安区西联镇）人。1938年7月，新四军进驻泾县云岭。经章啸衡介绍，张世杰等人去新四军军部教导队学习，学习结束后，被派往新四军第三支队政治部民运科工作。同年12月，张世杰加入中国共产党。1939年2月，组织上决定派张世杰回铜陵工作，担任铜南繁中心县委领导的铜陵一区区委书记，他到任仅3个月时间，该区就村村发展了党员。1939年7月，中共铜陵县委召开首届党员代表大会，张世杰被选为县委委员兼宣传部部长，不久任铜陵县委书记。1940年春，张世杰奉命担任皖南特委巡视员，8月调任皖南行动委员会任秘书长，不久担任皖南特委秘书长兼军事部副部长。1941年“皖南事变”发生，张世杰不幸被俘，被押送到江西上饶集中营，后越狱辗转江西、福建、浙江、江苏和安徽五省，历经千难万险，来到无为县，重新回到了新四军七师根据地。1941年10月至1942年4月，张世杰担任铜陵敌后县委书记。1943年3月，皖江区党委为了加强皖江根据地南线防御，同时加强对铜陵沿江日伪军行动的监视，建立了无（为）南（陵）县委，张世杰调任县委书记。他一到任就组建无南游击大队并兼任政委，开展反日军大扫荡。在转移伤病员时他不幸被俘。被押解过程中，他带领10余位战友挖墙逃脱敌人监禁，返回部队。无南游击大队初创时，张世杰带领游击队战士飞夺日军测量船上的1挺机枪、6支步枪，受到曾希圣等人的表扬。1943年4月，张世杰调任繁昌县委书记。1945年1月，在铜青南行政办事处的基础上成立了皖南第一个抗日民主县政府——铜陵县政府，张世杰任县长。抗战胜利后，他担任中国人民解放军团、师领导职务，参加过鲁南、淮海、渡江等著名战役，曾受到陈毅司令员高度嘉奖。在渡江作战中，张世杰身为团政委，率领全团登船向南岸奋进，不到1小时就登上铜陵县紫沙洲套口，接着攻占胥坝，随后沿老观嘴、犁桥、流潭圩一线攻击前进，迅速占领顺安，进而解放铜陵全境。中华人民共和国成立后，他转至外交战线工作，先后在6个中国驻外使馆工作，担任过一等秘书、使馆大使。1988 年 9 月 15 日因病在北京逝世，终年 72 岁。

10. 张良仕

张良仕（1899—1946 年），安徽省铜陵县犁桥区（今义安区西联镇）人。1931 年初，张良仕参加何骏启等人领导的湖城涧农民暴动。1933 年秋，他在党组织领导下，召集 30 余名手工业工人在石佛山观音庙成立了手工业者互济会。1934 年秋，张良仕经苏拓夫介绍加入中国共产党。1934 年 11 月，中共铜繁无县委领导发动农民大规模暴动，参加暴动的赤卫队员有 2000 多人。张良仕率领犁桥赤卫队参加斗争，袭击了国民党犁桥区公所。1935 年 1 月，中共犁桥区委成立，3 月张良仕接替李介农担任犁桥区委书记。由于国民党反动当局到处捕杀赤卫队员，张良仕接到上级通知后，携妻带子连夜转移至南陵县丫山地区。抗日战争爆发后，张良仕被选为丫山地区农民抗敌会主任，他在丫山各保建起了农民抗敌会、青年抗敌会、妇女抗敌会、工人抗敌会、商人抗敌会、抗日保家猎户队，发展了一批地下党员，建立了中共丫山支部，张良仕任支部书记。1939 年春，新四军第二支队第三团进驻何湾地区，张良仕被新四军政治部和地方党组织任命为驻何湾、丫山地区联络员。1941 年 1 月皖南事变后，张良仕奉中共皖南特委之命．在铜陵狮子山建立了交通联络站，接应掩护了一批又一批突围出来的新四军战士安全北渡。1943 年 3 月，中共何湾区委成立，张良仕任区委书记。抗日战争胜利后，皖南党政军奉命北撤，张良仕留在铜陵、青阳、南陵、繁昌地区坚持革命斗争，发展民兵组织，扩大武装力量，建立秘密基层政权，率领干部和群众进行反“清剿”、反恶霸、减租减息等斗争，还开展统战工作，争取何湾区国民党要员孙喜竞的警卫员黄某弃暗投明，给游击队输送枪支和布匹。在恶劣环境下，游击队衣食住行都很艰难，张良仕设法筹备粮款、制作军鞋，发动民兵制作竹签用于作战。1946 年 2 月 17 日，他在铜陵盛家冲不幸被捕，后被解送到郎坑敌人据点关押。1946 年 3 月中旬，他英勇就义后，群众将他的遗体安葬在郎坑山苍松翠柏之中。中华人民共和国成立后，为了追悼张良仕烈士，1951 年 6 月 25 日中共皖南地委在《皖南日报》上发表了题为《宁死不屈 伟大气节》的纪念文章，高度褒扬了张良仕烈士一生的革命业绩。

11. 巫希权

巫希权（1911—1943），别名希权，福建省宁化县城关镇人。1930 年 7 月，巫希权参加中国工农红军宁化独立营，先后任红军班长、排长和红九团连长，1933 年加入了中国共产党。1934 年 10 月，红军主力撤离苏区北上，巫希权及其所在部队奉命留下，坚持艰苦的游击战争。抗日战争爆发后，巫希权任新四军第二支队第三团第三连连长，1939 年升任三团特务营营长，后任新三团第二营营长。1941 年 1 月，“皖南事变”突围战中，巫希权奉命率领新三团第二营抢占制高点，阻击敌人。在子弹打光时，他急中生智，从布袋里掏出上级发给的银圆，让战士们像扔手榴弹似的一齐向敌人撒去，贪婪的敌人乱了阵脚，个个饿狗扑食般乱抢。这时，巫希权率领战士们猛扑敌阵，打得敌人丢枪弃弹，狼狈滚下山去。几昼夜鏖战后，巫希权率领近 300 人突出重围，于 1941 年 1 月 17 日晨到达铜（陵）繁（昌）交界处的狮子山上，并从此北渡长江，抵达无为县白茆洲抗日根据地，这是皖南突围北渡长江部队中人数最多的一批。皖南事变后，巫希权于 1941 年 5 月奉命率新四军第七师第五十五团第一营部分战士返回铜陵，与杨明、何志远等同志组成了铜青南党政军委员会和铜陵游击大队，巫希权任大队长。1941 年 5 月，巫希权指挥部队在埂塘设伏，重创日军。这是自皖南事变后，铜陵新四军游击队打击日军的第一个胜仗。1942 年 2 月，巫希权等率领铜陵游击大队，躲过千余名日军的扫荡、智除柴塘伪维持会会长朱世科父子、奔袭反动顽固的国民党金榔乡公所、伏击长龙山日军小队。1943 年 7 月 16 日，巫希权率铜陵游击大队两个排宿营顺安焦家埠目连庵。当夜，中共铜青南县委书记张伟烈在此召开工作会议。由于叛徒告密，次日日连庵遭日伪军 500 余人合围。巫希权立即率部阻击，掩护张伟烈等安全转移后，退至范家湾河畔时，弹药告罄，时值夏讯水深流急，巫希权高声喊道：“同志们，游过河去，死也不当俘虏!”接着，他第一个跳入汹涌的河水中，战士们也纷纷跳入河中。岸上的敌人疯狂地向河中扫射。最后，巫希权等 28 位勇士被无情的河水吞没，壮烈牺牲。

12. 陈尚和

陈尚和（1912—1947 年），学名尚渭，号唤群，化名丁长春，安徽铜陵县民和乡（今义安区东联镇）人，1934 年经陈是田、沈默同志介绍，加入中国共产党。1939 年 8 月至 1940 年初，陈尚和任铜陵县一区区委委员、宣传科长，长期活动于民和乡一带，组织农民抗敌会、妇女抗敌会、青年抗敌会等民众抗日团体，从中选拔优秀分子，壮大革命力量。在此期间，他多次率领游击队破坏敌人的桥梁、公路、铁路、电线、通信，战绩显著。皖南事变后，陈尚和 1941 年 1 月 7 日任铜陵敌后县委宣传部部长，先后接应李步新、陈云飞、杨明等新四军指战员安全渡江，到达江北抗日根据地。在此期间，陈尚和打出“新四军第七师长江锄奸团”的番号，先后铲除了汉奸查啸泉、叶茂华、张贤驹等人。1942 年夏秋之间，日伪军300余人包围了陈尚和带领的游击队。他们隐蔽于芦苇丛中躲过搜捕。可是看到敌人抓捕全村男女老少时，陈尚和勇敢地暴露自己解救群众。被捕后他被关进汀家洲据点土牢里。他经受住了酷刑，在狱中扒洞成功越狱。1943年3月，陈尚和调任铜青南县委敌工站副站长，负责全县的敌情工作后，他曾生擒铜陵敌工站特务机构——大东洋行的经理程惠文，经教育让他悔过自新。程惠文被释放后暗中为我党效力，并把共产党员吴大坤安插到大东洋行任司磅员，使大东洋行变成了我党的情报点。陈尚和曾选派党员马玉栋充任伪维持会长，打入铜陵日军司令部情报组织，为我军收集情报。陈尚和还争取和利用铜陵日军司令部的翻译官等伪职人员，为我党收集敌方情报、营救被俘同志、采购军需物资等。1945年8月，抗战胜利后，陈尚和担任新成立的铜青南县委委员。解放战争时期，他率部在铜陵、青阳交界的茗山冲一带坚持游击斗争，曾争取南陵伪丁殿乡公所干事杨维谱，为我方收集情报、购物资、争取其他伪职人员反正。1947年9月，陈尚和调任泾青南县委副书记。同年11月16日，他在南陵绿岭小张家山宿营，被国民党南陵县常备队和绿岭丁四乡联队合围于小张家山。次日拂晓，陈尚和在战斗中身中数弹，不幸壮烈牺牲，时年36岁。

13. 叶为祜

叶为祜（1914—1943年），安徽铜陵县安平乡（现义安区胥坝乡）人，1934年加入中国共产党。1939年6月，叶为祜组建叶家洲游击队，并任游击队队长。1939年8月，叶家洲游击队、陈孝铠组织的青年营和刘英组织的两湖游击队，统一改编为铜陵独立连，叶为祜任连长。1940年5月，铜陵独立连交由敌后县委领导，改为敌后县委游击队，叶为祜任县委军事部长。初创游击队时，只有几把大刀、几枚手榴弹和一把没有枪托的三八式步枪，他们从汉奸章老六手中缴获第一把枪后不久，连夜夺走敌犁桥自卫队的20多支枪。在此期间，叶为祜领导指挥大小战斗几十次，多次粉碎日伪围剿，缴获枪支80多枝，为江北部队筹措大批粮款。皖南事变后，新四军第二支队新三团第三营营长巫希权率领300余人来到铜陵。在一个雪夜，叶为祜将他们护送到江北白茆洲抗日根据地。之后，铜陵游击队活动于铜陵和无为的沿江地区，1941年8月划归新四军第七师长江游击大队，改编为长江游击大队特务连。1942年2月，叶为祜率领的长江游击队特务连编入铜陵游击大队，叶为祜任副大队长。其间，叶为祜多谋多智，在他的教育下，汀家洲据点的查贵和、查贵生、查金涛、陈遵贵、小俞等伪军陆续投奔参加了游击队。当时在安平乡有一个营的伪军据守，到处欺压百姓，群众恨之入骨。叶为祜设计让日军头目震怒，出动部队缴了这个营伪军的枪，拔掉了安平乡这颗“钉子”。1943 年 7 月 16 日晚上，叶为祜率部队来到梁家垄宿营，与大队长巫希权和铜（陵）青（阳）南（陵）县委书记张伟烈等领导不期而遇。由于汉奸告密，第二天拂晓前被近两百多日伪军包围。叶为祜与巫希权带领战士们顽强阻击，当张伟烈等同志突围过河后，叶为祜等 28 名战士壮烈牺牲。

14. 孙泰然

孙泰然（1919—1942 年），乳名春来，安徽铜陵县钟仓乡（现义安区西联镇）人，1939 年 5 月加入中国共产党。1939 年上半年，中共铜陵县委在孙泰然家中设立了一个情报交通站，指定由孙泰然负责。他出色地完成了传递机密情报、护送同志奔赴战斗岗位的任务。在他影响下，他的哥哥、妹妹和年迈的母亲，都投身革命，他的家成为我党一处安全稳定的活动点。孙泰然调到区委工作后，其兄接任了他的交通站长职务，一直把这个交通站坚持到 1942 年。1940 年初，孙泰然选调到新四军第三支队干训班学习，因他英语基础较好，被分配到军医处工作，后转到青年营。皖南事变后，铜陵一区区政府成立，孙泰然任一区区员兼犁桥乡乡长，并参加了铜陵敌后区委游击队。当时，国民党四处张贴布告，悬赏 8000 金票缉捕他。1942 年秋日军大“扫荡”，孙泰然途经石佛庙门口时被日军便衣特务发现，被押送到日军据点的一个地洞里。孙泰然面对日军的种种酷刑，没有暴露党的秘密和出卖任何一个同志。铜陵敌后县委想方设法营救孙泰然，让他母亲送饭时，将一柄小铁钻头放在饭盒底层，并附短信告知他越狱。傍晚孙泰然用钻头凿通牢壁，在躲过岗哨逃脱后又被敌人发现，他跳进荷花塘中，又被汉奸发现。他与敌人搏斗，一口咬掉了敌人的手指，但终因寡不敌众，再次落入魔掌。孙泰然视死如归，在母亲给他送最后一次饭时说：“请妈妈放心，儿子决不做亏心事，我会坚持革命斗争到底！”1942 年秋，他英勇就义时，年仅 24 岁。孙泰然牺牲后，中共皖江区委主办的《大江报》中刊载了他的光辉事迹，并号召全体共产党员和抗日军民，“学习孙泰然同志英勇献身的彻底革命精神，继承烈士遗志，把日本侵略者赶出中国去”。

15. 陈益卿

陈益卿（1910—1943 年），又名陈已新，安徽铜陵县民和乡（今义安区东联镇）人，1937 年 10 月加入中国共产党，并同陈尚和等人组成墩上陈村党支部，陈益卿任支部书记。这是铜陵抗日战争时期建立的第一个党支部。任职期间，他动员士绅积极支持农民抗敌会和新四军抗日。1940 年 2 月，陈益卿接任中共铜陵北二区委书记。陈益卿的堂弟陈聘卿曾写密信通敌，陈益卿大义灭亲，震慑了敌人。他把自己的弟弟陈怡卿派进坝埂头伪警察所当巡营，打进敌巢及时提供情报，设法营救被捕同志，大大方便了党组织和部队的秘密活动。1940 年 9 月，根据中共铜陵敌后县委指示，铜陵县抗敌自卫委员会成立，陈益卿任主任。在他的领导下，组织各乡抗敌自卫委员会工作，动员群众参加新四军、协助征收出口税、分化瓦解日伪组织。皖南事变后，1941 年 3 月间撤销了铜陵县抗敌自卫委员会，在铜陵敌后建立区级人民政府，陈益卿出任一区区长、临江行政办事处副主任兼铜陵行政督导处督导员等职。其间，他领导区政府建立税收机构，大力支援了新四军皖南支队，保证了抗日民主政权的供给，同时领导群众开展减租减息斗争。1943 年 5 月，由于叛徒出卖，陈益卿被捕后关押在坝埂头日军据点，后转送至铜陵城内日军司令部。1943 年 8 月 21 日，在铜陵西门外矶头边，陈益卿壮烈牺牲。当年 9 月，中共铜（陵）青（阳）南（陵）县委在西湖乡为他举行了追悼大会，有各界代表 100 多人参加，朱农代表县委致悼词，对陈益卿为临江和铜陵抗日民主政权的建设作出的卓越贡献，对他为国捐躯的英勇事迹，给予高度评价。

16. 章家元

章家元（1911—1948 年），原名启斌，化名嵩山，安徽铜陵县章家洲（今义安区胥坝乡）人。1938 年春，他加入新四军江北游击总队桐东大队，同年提任桐东大队特务中队手枪二小队队长。1939 年，该中队扩编为大队，章家元任二中队队副。1940 年 7 月，他随队编入新四军第三支队挺进团，并任二营四连副连长。1941 年皖南事变后，新四军第七师党委派章家元返回家乡，在沿江洲圩区秘密开展对伪军的策反工作，并维护南北地下交通线的安全。这个时期，章家元掩护新四军突围人员到江北，又将第七师派往皖南的同志一批一批地迎接过来。1941 年秋，章家元策反的伪军有 30 多名。同年，章家元被编入新四军第七师第五十五团一营，任副营长。1942 年 1 月，黄火星根据曾希圣等领导指示，选派章家元从无为南乡二十四圩驻地来铜陵建立沿江地下交通站，并由师部党委批准章家元打入日伪内部开展工作。章家元经过一番努力，在铜陵县老洲和安平等地建立了直属第七师敌工部领导的地下交通站，还成立了一支“伪军组织”——“兴亚大队”，章家元出任大队长，成为插进敌人心脏的一把利剑。在此期间，章家元惩办了革命队伍中找他寻求叛变的投机分子，并于同年 5 月加入中国共产党。1942 年秋，在日军突然袭击中，新四军第七师司令部敌工部藏在山洞的秘密档案资料不幸落入敌手，包括沿江一带部队编制、装备、布防情况等重要档案。危急关头，章家元果断将档案就地焚毁，从而化险为夷。日军在这次大“扫荡”中掳走24名新四军战士和11名农民，章家元假借亲戚等各种关系，将被俘同志全部保释。1943年10月，他得知沿江地下交通站负责人洪亮被抓，立即赶去营救，逼迫伪军头子将洪亮释放。章家元先后营救了铜陵敌前县委书记王卓、铜陵敌前货检局长王勇及胡因、李宁、程式、古朴等同志。1945年8月，日军宣布无条件投降，章家元率部返回，完成长达3年零8个月深入虎穴的特殊工作。1948年5月26日，章家元在无为县白梅陈村被国民党驻土桥沿江联防大队发现，不幸被捕。他受尽严刑拷打、威逼利诱，却坚贞不屈。1948年10月21日上午，章家元被押至无为县城北门外刑场，他视死如归，高呼口号，壮烈牺牲时，年仅37岁。

17. 花良虎

花良虎（1891—1941年），铜陵县金凤乡水村（今义安区钟鸣镇水村）人。原籍为安徽无为县。1934年秋，上级党组织派曾一坚由江西苏区经上海来到铜陵水村，以当地开明绅士陈春圃的家为落脚点，在水村、牧家亭、九榔一带秘密开展建党活动，花良虎是最先发展的党员之一。1934年，铜陵发生大旱，山区有不少地方颗粒无收，农民生活苦不堪言。曾一坚抓住这个时机，布置党员发动群众与地主豪绅开展斗争。花良虎接受任务后，秘密在新屋花村一带组织20余人，到南陵县樱桃山和铜陵县九榔河滩对土豪劣绅家进行夺枪斗争，引发国民党反动派的极大恐慌。1935年2月，在国民党当局抓捕他时，他离家出走，四处谋生，于1935年底被铜陵县国民党当局逮捕，两年后经陈春圃等联名保释出狱。1938年春，新四军开赴皖南前线抗日。这年夏天，花良虎在前往宣城贩盐途中获悉新四军是共产党领导的队伍，激动不已，主动找到部队要求参军抗日。新四军接待人员在了解了他的身世与经历后，让他回到家乡发动群众，积极开展抗日宣传活动。1938年底，新四军第三支队进驻铜（陵）南（陵）繁（昌）之后，铜陵燕子牧、三条冲一带的农民抗敌会、青年抗敌会、妇女抗敌会纷纷建立，花良虎先后任第四十六保农民抗敌会主任和金凤乡农民抗敌会副主任。在此期间，新四军第三支队司令部驻扎在沙滩脚，离水村只有十几里路。他经常摸黑去参加会议，送信、送宣传品等。皖南事变后，国民党铜陵县政府自卫队将花良虎抓至大屋基方村，将他吊了整整一天一夜，然后将其投进大牢。面对各种酷刑，花良虎毫不屈服，1941年3月10日，敌人将他押往方村边的老虎头，刽子手行刑时，他指着自己的胸膛说，请往这里打！刽子手吓得目瞪口呆，只得躲在暗处放黑枪，子弹穿过花良虎的胸膛。他英勇就义时 52 岁。

18. 杨林

杨林（1922—1944 年），原名秀山，又名根子，安徽铜陵县朱村乡龙云村（今义安区天门镇）人。1939 年 1 月，铜南繁中心县委派刘功成到郎坑、朱村、柴塘一带组织抗日武装，成立了郎坑游击大队。杨林参加了郎坑游击大队，并于同年 4 月调往铜陵三条冲整训，后编为新四军第三支队第六团三营八连战士。他在战斗实践中，练就一手好枪法，被誉称“神枪手”。1941 年 1 月，皖南事变中，杨林与战友们突围到青阳甘家冲，找到了铜陵敌前工委，于是马上开展了新的抗日工作。在白色恐怖中，杨林在茗山冲、挂岭脚、江村等地发动群众，建立了青北游击队，并担任游击队长。游击队穿插于敌人各据点间，在铜青南一带站稳脚跟，经常给敌人以有力打击。同年 5 月．铜陵大队建立，青北游击队并入铜陵大队，杨林随队活动在顺安、朱村、焦家埠、埂塘、羊湖、梁家垄一带，经常同日军发生战斗。有一次，有两个日军窜到山沟里一户人家抢掠，杨林迅速击毙了两个日军，缴获了一挺捷克式轻机枪。1943 年 5 月，杨林授命到牛山取回由青阳县常备队中队长陈文（我党秘密党员）代买的一挺法国造马克沁机枪，可是这挺机枪的枪托已被虫蛀空。后经杨林等人精心修理，试射时发出清脆悦耳之声，这是当时铜陵大队一中队唯一的一挺机枪。同年 6 月，杨林在一座寺庙中发现了一个姓罗的国民党特务，拔掉了威胁我党后方安全的一个特务情报点。1944 年 1 月，铜青南县委决定改青北工委为童埠区委，同时成立区队，由杨林兼任区队长。1944 年 3 月，川军一四四师与国民党三战区内讧，杨林争取到大批川军下层官兵，一共得到 3 挺轻机枪。1944 年 9 月，在何家湾战斗中，他壮烈牺牲，年仅 22 岁。

19. 陈孝铠

陈孝铠（1915—1943 年），安徽铜陵县民和乡（今义安区东联镇）人。1937 年 9 月，他在墩上陈村与陈益卿、陈尚和等同志组织成立农民抗敌会。1938 年冬，陈孝铠加入中国共产党，并担任墩上陈村党支部青年委员。同年 11 月，他参加沙洲游击大队，任第三中队第三分队队长，次年升任第三中队副队长。沙洲游击大队成立时，缺乏武器，他感化民和乡联保主任陈高卿（陈孝铠堂叔），将民和乡自卫队连人带枪划归了沙洲游击队。附近的陶城、流潭两乡自卫队，亦受此影响被沙洲游击队争取过来。在短短 3 个多月内，第三中队迅速发展到 80 多人、60多支枪。1938年12月，陈孝铠等3人扮作商人，在三江口击毙3个日本兵并缴获三支步枪。1939年2月，他率领三中队打了个漂亮的伏击战，歼敌10多人。1939年6月，铜陵第一支青年武装力量——青年营成立，陈孝铠担任营长。在他的组织指挥下，这支武装力量站岗、放哨、送信、带路、攻碉堡、剪电线、拆桥梁、侦察敌情，伺机打击敌人的有生力量。有一次，他在激战中击毙、击伤日军10余人，负伤躲进山芋藤堆里隐蔽起来。在生命危急时，他忍着伤痛和饥饿露宿荒野，不进村惊扰老百姓。次日夜里，沙洲游击大队找到陈孝铠时，他因伤势过重而昏迷不醒，但手里依然紧紧握着一颗手榴弹。同年10月，在流潭圩与敌作战中，陈孝铠不幸腿部受伤，但他坚持不下火线，忍着剧痛投出手榴弹，炸翻两个日军。1941年3月，铜陵敌后税务所在墩上陈村成立。同年年底，在铜陵敌后税务所的基础上成立了铜陵敌后货检局，陈孝铠担任局长。1943年3月，铜陵敌前敌后货检局合并为铜（陵）青（阳）南（陵）货管局，陈孝铠仍担任局长。在环境险恶税收枯竭时，他将家中金戒指、金耳环、银手镯换成货币，资助抗日。1943年7月16日，陈孝铠在范家湾战斗中，与巫希权等28位战士壮烈牺牲。

20. 陈春圃

陈春圃（1892—1968年），字亚农，又名鸣飞，安徽铜陵县金凤乡田屋汪村（今义安区钟鸣镇）人。1919年五四运动爆发后，陈春圃受新文化思想影响，在本乡九榔庙办起了“育才高小”，自任校长，实行免费教育，加强爱国主义与新文化宣传教育，造就了一批人才。当地乡亲赠陈春圃一块匾额，上书“热心教育”4个大字。1920年前后，他追求“实业救国”，先后开办叶山铁矿、山坑煤矿，准备代办徽州硫矿。在黑暗的社会制度下，他实业救国的梦想，最终成为泡影。1926年，陈春圃投奔北伐国民革命军第三十三军，任新编第三师第六旅旅长。他将家中300亩田地、10多处竹木山林典卖筹资，以供北伐军军饷和购买枪支。随后他率部进驻六安整训待命。1927年蒋介石发动“四·一二”反革命政变，他的部队被国民党桂系所属部队包围，解除了全部武装。后陈春圃改从商业，以待时机。1934年深秋，曾一坚来到皖南山区开展革命活动。陈春圃主动邀请他食宿于家中达数月之久，深受共产主义思想的教育和影响，积极支持革命活动，介绍农民花良虎、知识青年朱道福、知名人士陈述典等人协助曾一坚开展工作。他们在新屋陈村、大工山、金山等地，组织成立了近400人的农民武装，计划智夺顺安区署伪军枪支，后因消息泄露而失败。此后，他将曾一坚护送出境。抗日战争时期，陈春圃召集各阶层人士有钱出钱、有粮出粮、有力出力，全力支援新四军抗战。在此期间，他协助新四军第三支队将天河山寺庙里的老和尚（日伪特务）捉拿归案。1941 年“皖南事变”后，陈春圃护送突围新四军干部梁金华等人过江至无为抗日根据地。1946 年 7 月．皖南新四军奉命北撤，陈春圃仍经常同留在铜陵、繁昌、南陵、青阳坚持地下工作的陈尚和、陶钢、徐世达、王安葆等同志联系，提供情报，发展革命武装，为保护革命力量做了不少有益工作。他曾责成三子陈达时（当时国民党钟鸣乡乡长）释放了在钟鸣待编的壮丁 40 多名，营救我党人员倪继民、张坤山等 13 人出狱。1949 年 2 月，解放军渡江先遣队约 100 人到达狮子山，陈春圃喜闻后，即写信给儿子陈达时，令其带兵于泉栏方向护卫，使渡江先遣队安全通过钟鸣一线，潜伏于江南纵深地区，为策应大军渡江作出了积极的贡献。1949 年，中华人民共和国成立后，陈春圃历任铜陵县各届人代会代表、安徽省文史研究员、政协安徽省委员会第二、第三、第四届委员，政协铜陵县委员会第一、第二、第三届委员、副主席，铜陵县人民委员会委员和铜陵县人民政府副县长等职。1968 年 12 月 28 日陈春圃病逝，终年 75 岁。

21. 陈爱曦

陈爱曦（1914—2003 年），安徽省铜陵县西湖乡（今铜陵市铜官区）人，1938 年 11 月参加铜陵游击大队，入伍后被派到新四军第三支队抗日救亡训练班学习。同年 12 月，他加入中国共产党。训练班学习结束后，他赴新四军军部教导总队继续学习，结束学习后被派回铜陵，先后任长江游击大队文书、铜陵县青年抗敌会组织股股长、铜繁边区工委书记、铜陵敌后县委组织部部长兼铜繁边区工委书记、铜青南县委宣传部部长、南繁芜县委组织部部长、南繁芜县委副书记等职。1941 年 1 月皖南事变暴发，陈爱曦在突围中受伤，他克服困难经铜陵到达无为县石板洲抗日根据地。1941 年 4 月初，陈爱曦受命赴繁昌开辟抗日革命根据地。1943 年 7 月，他组织了何家湾战斗，歼敌 2 个排、溃敌 1 个排，缴获机枪 3 挺、步枪 100 余支。1945 年 3 月，陈爱曦率部在塔里河消灭敌军 80 多人，缴获步枪数十支。同年 5 月，陈爱曦指挥了蒋家坑伏击战，歼敌 1 个排，毙敌 12 人，俘虏 10 人，缴获机枪 1 挺、步枪 10 多支。

抗战胜利后，他先后任中共沿江中心县委宣传部部长、泾太石工委书记、泾太石县委书记、黄西工委副书记兼黄西游击大队政委、沿江工委常委兼组织部部长和沿江支队副政委。1949 年 2 月，沿江工委决定成立中共铜陵、繁昌、南陵、青阳4个县委，陈爱曦兼任铜陵县委书记。他组织侦察收集敌军沿江铜陵段布防情况，并及时传递给人民解放军。为人民解放军渡江作战提供了第一手资料。1947年7月7～17日，陈爱曦率部全歼龙门之敌，俘敌70余人，缴获机枪1挺、短枪3支、步枪50余支。龙门一仗后，太平县人民的斗争情绪高涨，抗丁、抗税、抗租、抗债、抗粮和分粮斗争开展得如火如荼，一个月内就有100多人参军，民兵发展到2000多人，各地民主政权纷纷建立。太平县的龙门、新丰、秧溪、辅村等地先后成立了乡行政委员会，国民党太平县军政人员只能龟缩在县城里。1947年9月，陈爱曦奉中共皖南地委指示，率部进入黄西地区开展游击战争，粉碎了国民党调集正规军六十三师、新十三旅及各县地方反动武装对游击根据地的残酷“清剿”。1949年4月21日清晨，为迎接解放大军胜利渡江，陈爱曦率部在青阳甘家冲挂岭全歼逃敌，当时集结的游击队员仅六七十人，而能作战的只有40多人，可逃敌却有1个自卫队、3个大队共几百人。然而战斗只用了一个多小时，除少数敌人逃跑外，大部分敌人被歼或被俘，缴获了大量的军用物资和文件档案。

中华人民共和国成立后，陈爱曦是第一、第二、第三届中共安徽省委委员和省人民代表大会代表，历任池州地委宣传部部长、皖南军区后勤部副政委兼任后勤干校政委、芜湖军分区副政委兼党委副书记、六安地委书记兼军分区政委、芜湖地委书记兼军分区第一政委、安徽省民政厅厅长、安徽省农村工作部副部长、农办副主任兼省农业厅厅长和党组书记、巢湖地区革委会主任、安庆地委第一书记兼军分区第一政委、安徽省纪委书记等职。2003年5月23日，陈爱曦于安徽省立医院逝世，享年90岁。

22. 刘四姐

刘四姐（1912—1947），女，安徽无为县人。因家境贫穷，12岁时随三哥来顺安城山铺落户。为了生计，三哥只能让小小年纪的刘四姐当了童养媳。她于1943年参加了革命，任乡妇女抗敌会主任。其间，她动员群众参加抗租抗税斗争，给新四军战士纳军鞋、补军衣、送水送饭送弹药。1945年8月，抗日战争胜利后，皖南新四军部队奉命北撤，刘四姐就地隐蔽，到南陵合村投靠一位老大娘，度过了一段平静寻常的生活。1946年秋，刘四姐找到铜（陵）青（阳）南（陵）游击队，成为一名女游击队员。在游击队中，她主要担负炊事员兼交通联络工作。其间，她频繁奔走于各联络站，传送党的文件、领导批示、中共皖南地委出版的《黄山报》等。她还在群众中宣传党的方针和政策，秘密发动群众投身和支持革命。有时，她还替游击队侦察敌情、传递情报。1947 年 8 月，铜（陵）青（阳）南（陵）工委领导人徐世达和副连长赵彪带领游击队在高桥伏击敌人大获全胜，就是靠刘四姐事先进行了周密地侦察，提供了准确情报。1947 年 12 月 31 日，刘四姐随部队在茗山东边杨树冲宿营，拂晓时遭遇国民党部队和青阳县保安团联合“清剿”。游击队员们边打边撤，分散隐蔽。刘四姐隐蔽在大柴堆中，搜山的敌人军犬发现柴草抖动，狂吠不止。敌人向柴堆开枪射击，刘四姐壮烈牺牲。刘四姐是铜陵革命斗争史上为数不多的一位女英烈，她不但出身贫苦，而且革命意志坚定。电影《渡江侦察记》是一部反映江南游击队配合人民解放军渡江的影片，影片中的女游击队长，就是借鉴了刘四姐的名字、生活原型和英雄事迹。正是由于电影的广泛影响，刘四姐的名字响彻中华大地，成为众人敬仰的女英雄。

五、第五展厅：民俗文化

（一）民间习俗

1．时节民俗

时节民俗属于汉族传统民俗范畴。除国家法定的元旦、“五一”、“十一”等公历节日外，义安民间仍然保留着许多传统的时节民俗，同时又随着时代发展赋予了节日新的内容。

（1）春节

正月初一，俗称“过年”，初一至初三称“三天年”。从年前就开始的年俗活动在除夕和春节达到高潮。除夕一过，各家相继开大门、迎新年。一大早开始，幼辈向长辈拜年，亲戚族里、同事朋友互相拜年。人们初一一般不出远门，全家一起吃饭。登门拜年要吃茶叶蛋（元宝）和糕，寓意“年年有宝、高来高去”。初二开始走亲访友、请客赴宴、新嫁女回门、外出游玩等。古时，三天年只吃熟食，初四开始煮生。初七称“上七”，传说为“人日”，即人类生日。有“七不出门八不归，初九初十满天飞”之说。整个年俗活动，自春节前开始，过了正月十五才结束。

（2）元宵节

正月十五为元宵节，为农历年中第一个月圆之夜，故又称“上元节”。元宵节美食必不可少，最有特色的是吃元宵（汤圆）。因元宵节与月夜有关，故也称“灯节”。看灯展、猜灯谜、玩龙灯。明代万历时期的《铜陵县志》中记载：“上元，跨街张灯。儿童戏竹马以恣游赏。箫鼓之声彻于闾巷。妇女或夜静游行。掷瓦缶，夜除不祥。”古时，铜陵灯会以龙灯为主，伴有各式衬灯，如“抬阁”（少男少女扮成各种戏剧人物）“舞云”“挑花篮”“竹马灯”“抬花轿”“旱船”等，穿插起舞，令人目不暇接。以家庭为单位的年俗活动有观灯、玩灯、出游、赏月等。

（3）二月二

农历二月初二，即二月二，是个以月日重叠为特征的传统节日。惊蛰过后，天气回暖，春雷始动，雨水增多。古时二月二的主要活动内容：一是祭祀土地神，也称办土地会，祈求土地神保佑风调雨顺，年熟平安；二是讨民谚“二月二，龙抬头”之吉祥，开工制作大型农具，给小孩剃胎头，给姑娘压庚（定亲）或举办婚礼等。

（4）清明节

清明节本为农历二十四节气之一，因与祭祀有关，民间把清明节与七月半（中元节）、十月半（下元节）通称为“三大鬼节”。清明前一日为寒食节，古时在这一日皆吃冷食，禁行烟火。清明节主要活动内容：一是上坟扫墓，祭拜先人，清明扫墓“前三后七”都可以，为一年中最大规模的祭祀活动；二是门前插柳，祈祷平安；三是出门踏青，挑挖野菜，清明前后也是铜陵地区野菜采挖的时节。

（5）三月三

农历三月初三，即三月三。铜陵民谚有“三月三，荠菜花赛牡丹”之说，为一年中踏青、赏花、挖野菜的好时光。义安区内最大的民俗活动中心在顺安街，顺安街又位于义安区地理中心位置。人们很早就自发形成了“三月三”上街售卖农具、种苗等生产生活物资的习俗。“顺安三月三”由此成为铜陵民间的“购物节”。“三月三上街”也成为“上顺安街”的专门称谓。20世纪80年代以后，“三月三”成为顺安镇定期举办的一项以地方土特产为主的商品交易活动，吸引了铜陵本地及周边民众。三月三期间，除商品交易外，还有各式各样民俗文化娱乐活动。

（6）端午节

农历五月初五，因太阳运行正中，故又号“天中”“端五”“端阳”等。明代嘉靖时期的《铜陵县志》中记载：“端午，插艾，饮菖蒲酒。为黍角（粽子）以相馈遗。龙舟竞渡，以吊屈原焉。”古时，民间有“门悬艾叶，祈福消灾。簟压菖蒲，驱蚊逐蠹。画五毒虫，消灾免难。饮雄黄酒，扶正祛邪”之说。时令饮食有端午粽子、蒜子鸡仔、青椒黄鳝、五香蚕豆等。义安的端午节正值梅雨季节，容易生霉，因此应趁时换衣待暑，洗晒棉衣棉絮。民谚有：“吃过端午粽，才把棉衣送。”

（7）六月六

六月六又称天贶节，即天赐的节日。民谚有“六月六，地上晒得鸡蛋熟”之说。义安的六月六伏季炎热，古时僧侣和读书人常把经书拿出晾晒，因此又称为“晒经节”“晒书节”。人们常在这天晒棉衣棉絮，称为“晒霉”。庄稼人盼有好收成，会在这一天备酒肉菜肴，插旗诵咒祭祀田祖。明代万历时期的《铜陵县志》中记载：“六月六日，祀田祖祈谷。”民谚有“六月六，田公地母吃块肉”“六月六，水性伏”。在水稻产区，有人会摘取尚未完全成熟的早稻穗头舂米，加入陈米中抢先“吃新”。现在祭祀活动已很难见到，但有的人家在六月六这天还是要加点餐、喝点酒，提前迎接丰年。

（8）七夕节

农历七月初七，又称七巧节、七姐（织女）节，是中国民间以女性为主体的传统节日，由对织女星崇拜衍化而来。因拜祭活动在七月初七晚上举行，故名“七夕”。七夕节的传统习俗主要为青年女性祈福许愿：一是坐看织女星，穿针引线，乞求巧艺；二是畅想银河中“牵牛织女”鹊桥相会，祈祷美好姻缘。随着历史发展，七夕被赋予了美丽爱情传说，使其成为象征爱情、最具浪漫色彩的传统节日。2006 年 5 月 20 日，七夕节被中华人民共和国国务院列入第一批国家级非物质文化遗产名录。

（9）七月半

铜陵人称农历七月十五为“七月半”。古时，这天最重要仪式是祭祀。与清明节只祭祀本家祖先不同，七月半不仅要给自家祖宗烧纸叩头，还要到路边烧纸、泼粥。还有一项重要活动是放河灯。一般将红黄蓝绿各色蜡光纸折叠成船形或碗形，最大直径二三十厘米，用熟桐油浸泡，底部垫黄沙晾干。在灯内置瓷杯或瓦盏，注入菜油，用棉絮捻成灯芯，至时点燃。放河灯时，众人敲锣打鼓，僧人念经超度亡魂。河灯随波逐流，人们默默祈祷，借此净化心灵。七月半的时令蔬菜是南瓜，义安本地人用南瓜做出丸、饼、糕等各种美食。

（9）中秋节

农历八月十五为中秋节，与春节、清明、端午并称为中华民族四大传统节日。因序属仲秋，月最圆满，故又称“团圆节”“女儿节”，寓意为人间亲情团圆。人们很重视合家团聚，远在他乡之人往往千里奔回，与家人一同聚餐赏月。青年男女若年内结婚，则往往选此节前“朝节”。中秋节在铜陵有四个典型活动：一是走月。走月本为妇女借中秋夜外出游玩，在铜陵还另有内容。二是送秋。送秋即为新婚夫妇“送子”。由夫家长辈带2名或4名童子，备芋子、枣子、柿子、鲜花等物，敲锣打鼓送至新婚夫妇家，并围绕其唱《送秋》歌。铜陵的《送秋》仪式在1964年被中国音乐家协会编入了汉民族传统民间舞蹈节目表。三是摸秋。青年男女自发于中秋晚上，到农户地里“偷”挖花生、芋头等果蔬，并送到新婚未育夫妇床上，以表达良好祝愿，也为开心快乐。随后大家一起赏月，吃月饼瓜果。被“偷”的人家并不生气，还会认为有福气、吉祥。四是赏月。于明月东升后，摆案桌焚香，供上月饼瓜果拜月。随后吃月饼、瓜果桂花糖等，边吃边赏月至深夜。如今拜月仪式不在，但赏月、拍摄月亮等活动更为多样，各式各样的月饼成为中秋最具特色的美食。

（10）重阳节

《易经》中以“六”为阴，以“九”为阳。九月九日，两阳相重，故曰重阳。在铜陵历史上，重阳节活动很隆重。清代乾隆时期的《铜陵县志》中记载：“九月重阳，为龙烛会以迎官山神。民间制糍糕颁食，互相馈遗。戏竹马逐疫。”九月金秋，菊黄蟹肥。民间主要活动是登高、赏菊、品蟹、佩戴茱萸。后因“九九”为极数，象征人之长寿，逐渐增加了敬老内容。近年来，各级政府大力提倡尊老风尚，开展关爱老年与公益活动。重阳节受到大家重视，成为以尊老敬老为主要内容的“老人节”。

（11）冬至

冬至既为二十四节气之一，又为古老的传统民俗节日，亦称“长至日”。清代乾隆时期的《铜陵县志》中记载：“十一月长至日，祝圣寿。”古时有“冬至大如年”之说。古时，宗族把冬至定为冬祀日，于祠堂举行祭祖仪式。如今义安主要保留两项传统民俗活动：一是尊事先人，俗称“做冬至”，如祭祖、扫墓、迁坟、立碑。其中扫墓与清明“前三后七”不同，须是当天完成。二是吃面条、南瓜饼、药膳等节令食品。

（12）腊八节

农历腊月初八，是一个怀旧和预示过年的节日。此时农家早已颗粒归仓，为“常将有日思无日”，这一天会吃用五谷杂粮煮成的“腊八粥”。待嫁姑娘常选这个“老日子”压庚或出嫁。腊八过后，过年活动即拉开序幕。各家开始制备各类年货、给长辈祝寿送节、打扫卫生（定在腊月十九或送灶日“掸尘”）等。

（13）祭灶

祭灶又称送灶。清代乾隆时期的《铜陵县志》中记载：“（农历）十二月二十四日，设席飨祖先，祭灶及五祀（说法不一，或为“门、户、土、灶、行”五神）之神。扫室宇馈岁。”古时，自送灶开始，至除夕晚上接灶前，不炒干锅。现祭灶日又称为“小年”，或在腊月二十三日，或依传统“君三民四（二十四日）”。虽然祭祀活动渐淡，但人们仍把这天看成年俗中重要的日子，饮食要比平日丰盛些。

（14）除夕

除夕为农历岁末最后一天。因常在农历腊月廿九或三十，故又称为“大年三十”。除夕是春节活动的重要部分，其年俗活动最为隆重。除夕既是民间传统的祭祖大节，又是全家大团圆的日子。传统习俗主要有5项：一是祭祖。古时将祖宗灵位挂中堂，备香烛菜肴，酹酒祭之。家长领幼辈化纸烧钱，焚香放炮，叩头祝祷，求财求福。如今祭拜形式已大为简化。二是贺新年。贴春联、挂堂对、贴年画、张灯结彩。三是吃年夜饭，或称团圆饭。民谚有“有钱无钱，回家过年。”年夜饭后家长包压岁钱分岁，祝贺晚辈又添一岁。四是接灶。之前送灶神上天，年夜饭后再接回。此习俗在城里已淡化，在部分乡间仍有保留。五是守岁。全家人团坐一堂，品尝茶点，互相祝福，迎接新岁到来。

2. 生产民俗

义安是一个以农业为基础的行政区。在漫长的农耕发展历史中，形成了许多适合本地的生产民俗。这些民俗习惯，有的依然存在于民间并为生产服务，有的已成为历史但仍具有借鉴意义。

（1）迎春

立春为二十四节气之首。农事活动也从这个节日开始。铜陵民间的《十二月节令歌》中曰：“最好立春晴一日，农夫耕田不费力。”民间也把立春叫作“打春”。旧时本地迎春活动主要有两项：一是庄户人家鞭打真牛（与外地鞭打假牛不同），即所谓“鞭春”，寓意为促进农耕。届时选健壮水牛，披红挂彩，由男孩牵着在村里巡游。村中男性老少每人手拿柳枝不断挥舞，以示鞭打。家家户户鞭炮相迎，是为“接春”。最后队伍游到幸运的牛主人家结束仪式。二是尝立春节令食品，谓之“尝春”。例如，吃春饼、春卷，饮春酒（民间自酿的米酒，本地人称之为“甜酒”）等。现在迎春活动主要限于后者。

（2）请秧田神

水稻是本地主要的农作物。水稻育秧要浸种，铜陵农谚有“清明浸种，谷雨下秧（秧田）”“布谷声声叫，要把稻籽泡”。农家浸种时，特意多放一点稻种。浸种两天后，用多下来的“剩稻”晒干磨粉做粑粑。用育秧剩下来的“剩稻芽”

熬糖，把这些粉和糖做成“芽稻粑粑”。人们把第一锅芽稻粑粑供奉秧田菩萨，并插上柳枝，烧香放炮，磕头作揖。这就是所谓“请秧田神”，以祈祷其护佑秧苗齐壮。

（3）开秧田门

开秧田门是水稻产区最重要的农事活动。乡间民谚有“小人（孩）望过年，大人望插田”。插田即插秧。开秧田门都在大清早进行。这天要穿干净衣裳，备鱼肉酒菜，以欢庆田事开始。古时，人们早饭过后，带上好酒、糯米饭和其他祭品到秧田边，先由户主或有名望的人烧香放炮敬神，再由户主下田拔第一把秧，最后其余人开始下田拔秧，秧田门就此打开。第一天插田是有讲究的，一定要把整块田插完，以求吉利。等这一季所有田块都已插完后，有的还要放鞭炮关秧田门。现在开秧田门程序已简化，没有祭祀，但仍重视放鞭炮、说吉祥语、改善饮食等习俗。

（4）求雨

求雨是古时各地遇干旱时普遍盛行的风俗。求雨对象有龙王、水神、河神等。从前铜陵地区多地建有龙王庙、水府庙。遇久旱时，由官方或大户挑头举行求雨仪式。求雨活动最为隆重的是境内东部山区，特别是金榔一带。有时多村联动队伍超千人，扎制龙灯、黄旗，备香案水桶，到龙王庙前焚香烧纸，叩头祈祷。若求得甘霖，则自发凑钱唱 3 天大戏，谓之唱“炎天戏”。北部圩区则有将龙王塑像抬到太阳下晒，并烧香跪拜求雨的习俗。求雨历来受到官方重视。若遇特大旱情，则县衙组织官吏、士绅和百姓，斋戒、禁杀牲、关城南门 3 日。至日，县府官吏带领民众到城隍庙设坛祭祀，祈求苍天降雨。

（5）吃新

吃新并没有固定日子。农家一般是在新稻收获后马上吃新。城里人是在新米上市或从农家获得新米时吃新。古时，吃新那天，要在堂心条桌（香案）摆几炷香，先盛上满满一碗新米饭敬饷祖先，然后全家人向祖先跪拜后开始吃饭。有的人家还端着新米饭，送给没有收新稻的邻里亲朋，同庆新喜，联络乡情。很多人家煮新米饭的时候，要掺一把陈米，一是为“新接新，陈接陈”，二是这样米饭比较松软可口。还有人家把新米磨成粉，做成粑粑或发糕。新米饭配上丰盛的时令菜肴，既为庆祝丰收，也为农忙时改善伙食。

（6）开姜阁

开姜阁又称“下姜阁”。作为铜陵传统“八宝”之一，生姜留种很有讲究。生姜留种数量较少的，一般用稻草打包放暖灶头上保暖催芽。生姜留种数量多的，放在砖土砌成的姜阁中，在其底部烧火保暖催芽。每年“谷雨”前三五天，姜种出阁，准备下地播种。古时，姜阁开门那天要举行仪式。姜农聚于阁前，男女青年唱“开门歌”，祈求当年生姜丰收。有歌唱曰：“清明时节天门开，王母娘娘送姜来。五味调和姜为首，一日三餐离不开。阳春三月地门开，土地菩萨送姜来。生姜本是药王种，能治百病消百灾。黄道吉日阁门开，土地老爷送姜来。今年风调又雨顺，家家元宝滚进来。”举行仪式后，开阁取种，分发各户种植。近年来，生姜种植受到重视，开姜阁活动也一直延续至今，并被赋予了一些新的内容，如领导致辞、企业捧场、姜农种植示范等。

（7）扳渔罾

渔罾是一种渔网，是渔民捕鱼的主要工具之一，有船头罾、举边罾、拦河罾，适合在流水河段拦截顺水而下的鱼群。大者边长数十米，可以拦截河流鱼群，一般架在没有船舶或很少有船舶航运的河段。小者边长数米，常架于江河边沿。铜陵用渔罾捕鱼的历史悠久。宋代杨万里《舟过大通镇》中记载：“芦荻偏留缆，渔罾最碍船。何曾怨川后，鱼蟹不论钱。”另外还有一种边长只有几十厘米的虾罾，每逢秋季以喂食方式用于捕虾。每到夜晚，水边灯笼星星点点，尽是捕捉虾蟹之人。

3. 工商民俗

随着城镇工商业的发展，义安区域内各行业都形成了独特的行业习惯，尤其是行船、工匠和商店开张的一些习俗仍有不同程度的保留。

（1）造船习俗

义安因地处长江之滨，水运方便，造船历史久远。古时，铜陵造的都是平头平尾、中间略宽、侧桨尾舵的木船。船木多数为杉木（亦称江木），忌用桑槐。民谚有“头不顶桑，脚不踩槐”。造船一般在农历四五月之后（日照时长，利于灰浆和桐油收燥）开工。开工当天，先摆香案祭祀龙王，到辰时燃放鞭炮，木匠师傅开始劈木下料。打造木船讲究斧锤节奏。那些挥斧的声音，被冠以各种吉祥名称，如“八仙过海”“龙宫取宝”“雷公点将”“凤凰三点头”等。每到一道关键工序，如安船头、竖大桅、合龙口等，船主都要给众位木匠师傅包“红纸包”，并设酒款待。新船下水如同建房上梁，铜陵人称“登江”，要看日子选时辰。届时，整个木船的头、尾、桅、门都贴上大红对联，挂红披彩。船工着新衣，戴红花。船主备香案祭品祭天，叩拜龙王保佑。礼毕燃放鞭炮送“木龙”登江。如果附近有龙王庙或水神庙，则船主要先行祭拜，再回江边举行登江仪式。

（2）行船习俗

船工在船上要称船主为老板，外地人称其为船老板。船工称租船人为货主，称所有乘客为客人，都不可叫老板。古时，船工称吃饭的碗为“仓”，称筷子为“篙子”（这种说法一直沿袭至今），起航称“船开头”。首次出航要烧香祈神，吃开船酒。船停泊口岸称为“收湾”。船家有谚语：“未开船，先思落水之地。”做到“三避”：一要避浪头，二要避风头，三要避矛头（不占便宜抢人家风头）。不夹档停船（不能插在两只已停船舶之间），也不能让锚碰了别人的船。

（3）航行禁俗

因为航行风险非常大，所以船上禁忌很多，逢事应多说吉利话。船工最忌讳说“翻”和“沉”。睡觉翻身叫“打个挺”，船上晒腌菜、鱼干要翻一下，叫“换个边”。船上的帆叫篷（船篷子），升帆叫扯篷。吃饭后筷子不放碗上，睡觉不能俯卧，锅盖不能仰放，碗不能扑着放，甚至船工不能翻卷裤脚，不可在船头大小便。因为风险莫测，所以古时船工对神灵都非常敬重，供奉祭祀各路水神都不会怠慢。

（4）新店开业

新的商店开始营业叫开业。开业前要取个吉祥名字，即商号，如和、宝、鼎、泰、盛、祥、仁、义、隆、福、宏、发、昌、鸿、顺、兴、丰、汇等。商号要做在金字招牌上，择吉日用红布做成披花升挂。开业当天，要放鞭炮、接贺客、办喜酒、惠顾客。

（5）新年开张

商店年假后第一次开门叫开张。各地时间不同，一般都选在三天年后开张，大多人选在正月初八开张。古时开张这天，客人到店购物应进门作揖，并高喊“恭喜恭喜、恭喜发财”。老板、伙计也一齐双手抱拳，高声回应“同喜同喜”，并用好的烟、茶招待。一般头一天做了两笔生意即关门，叫“关门留财”。当街大门都是一排厚门板拼成，叫门面。每天早晨逐块卸下门面，晚上再一块一块拼起来。平时门面全部打开，叫“财门大开”。正月头一天开张只开两扇门，意为“保留财气”。以后每天只加下一块，直到二月初二才全部打开。现在开张营业虽比较随意，但新年开张头一天仍然要说吉祥话，且生意要做得顺畅。

（6）敬奉财神

古时，民间各行各业都常有对神的崇拜。商家供奉的是财神。财神分文财神和武财神。文财神为春秋时的范蠡，人称“陶朱公”。古时铜陵商界大都供奉武财神，即赵公明，言其可率“招宝”神、“纳珍”神、“招财”神、“利市”神，统称“五路财神”，专门保护生意人。铜陵民间认为正月初二是文、武财神的诞辰。这天一早即上香祭祀，祈祷生意兴隆，早中晚餐前都要先烧香跪拜财神才能用餐。

（7）遵守行规

经营行业都有行规。古时行规大都为民间约定俗成、自发遵守的规则。行行之间有业界，行业之内有地界。匠人受东家尊重，但不能“匠不由东”。行行都有禁忌。例如，木匠墨斗和角尺不可随便触摸，以防乱线；铁匠铺砧子不能上坐，以备安全；针匠剪子不随便借人，以免影响手艺；剃头匠新年后只能给老年人先剃头，不能拿其他人“先开刀”；砖瓦匠上工以后不洗手、脸，以免应了“洗手歇着”的俗语；商业上忌讳说与“蚀本”“亏损”之类同音的话；每天营业结束不说关门，而说“打烊”；生意人扫地不能从里往外扫；东西打碎了要说“越打越发，岁岁平安”等。

（8）店家“吃犒”

民间歇后语：“长工吃犒劳，难得的好处。”古时店员学徒是没有薪水的。其他店员薪水一月或一年一领。年终时，老板要给店员包“红纸包”。店员在一起吃饭，有时老板也一同吃，平常都是小菜便饭，每月初一、十五会加餐，名曰“吃犒”。

4. 生活民俗

义安区居民的衣食住行风俗，总体上具有汉民族吴楚地域特色。且随着时代发展，外在形式变化较快。在一些传统理念上，义安人仍遵循规矩、实用和不事奢华的风格。

（1）建房习俗

传统民房主要有两种：一是土墙草房，有夯土墙、土砖墙和掼（垒）土墙之分。二是灰砖小瓦房，属徽派风格。现在农村大都以新式砖混结构两三层楼房为主。虽然房型不同，但建房程序类似。因建房为家中大事，故每个环节都得到重视。传统建房讲究8道程序：一是择地基，要选风水好的地方。二是定门向，要朝阳、无视角遮挡。三是请手艺好的工匠，其中木匠为众匠之首。四是择吉日开工。五是择上好材料。用得最多的木料是杉木，其次是楮树。不用桑树，也不能用椿树做门槛。用料讲究“阴阳不错边，上下不颠倒，东西不乱向”。堂屋跨度不可太大，民谚有“横条一丈三，不压自己弯”。六是择吉日上梁。这一天仪式最为隆重。民谚有“雨汩万年梁”。正梁上要挂红幅，左右柱子都要贴楹联。上梁仪式开始，鞭炮大作，匠人边操作边说吉祥话。梁上好后，要散欢团、糖果、糕等“喜彩”招待看客。主家当天要隆重宴请匠人和宾客。七是择吉日完工，也称“圆水”。这天也要放鞭炮、给匠人包红纸包，办酒席。八是择吉日迁居，俗称“搬家”“进屋”。古时进屋有诸多讲究：要看个好日子；要尽量丢弃旧东西；要讲究“搬家先搬灶”，即先搬一捆“柴（财）”放在新居；要讲究搬家起早，常在凌晨进行，也有的地方喜欢人多热闹，上午搬家就好。

（2）传统服饰

20 世纪 70 年代以前，义安本地有一种自纺自织或纺纱到机坊兑换的土布，称“家机布”或“棉布”。可染成黑色或蓝色，厚实保暖。民谚有“富穿绫罗绸缎，穷穿土布衣裳”。义安居民一般服饰与汉民族无异。例如，男人着本装，对襟、布扣；妇女着本装，大襟、布扣。较具地方特色的有 3 样：一是男性春秋冬三季常戴线织保暖帽，俗称“猴头帽”或“马虎帽子”。二是妇女系在腰间的围裙。由大小两块布料加一根手织的围裙带（俗称“围腰带”）缝成。围裙带用黑白棉线精织而成，宽约一寸半到两寸，其花纹为规则菱形、波浪形或卍字形，两头打散成绦须状。系上围裙，做家务时可以防污、揩手；冷天可以保暖。民谚有“大围裙赛小袄”。三是系在小孩后腰上的围裙，又叫抱裙，既可避免露臀，又可用于保暖。

（3）做窝里

妇女怀孕 5 个月后，娘家人要准备摇篮，并开始做毛衣毛裤（婴儿衣裤）、棉袄棉裤、尿片、包被、帽子等。尤其帽子最少要 3 顶。铜陵人称摇篮为“摇窝”，因此制作这些衣物叫“做窝里”。如果是双胞胎，则忌穿戴不同衣物。

（4）坐月子

铜陵人称坐月子为“做月子”。古时产妇产后一个月内要在家闭门不出，不能经风，不能刷牙，不用生水、冷水，不吃生冷、咸味和辛辣刺激性的食品，也不能串门。现在除闭门不出外，其余大部分习俗仍然保留。有条件的还坐“双月子”，即回到娘家再享一个月特别优待。

（5）洗三朝

洗三朝是人生第一次大礼仪，古时民间很看重洗三朝。用艾叶煎熬洗浴水。在浴盆旁边准备一碗凉水、红色的鸡蛋和果品，以及浴布、糖、胭脂、秤砣、铜钱和锁等。一般由接生婆帮助婴儿洗浴，边洗边念“狗头狗脑”“长命百岁”“大富大贵”“升官发财”之类的祝福语。洗完后，用鸡蛋为婴儿搓身，据说可以除毒嫩肤，有的用中药黄连或牛黄水给婴儿洗嘴。还有的用墨汁给小孩洗嘴，望其将来“吃墨水饭”。仪式结束，主家宴请接生婆和亲友。

（6）求福寿

本地民间还有为婴儿求福寿的习俗。具体有两种方式：一是孩子长辈向100家邻里讨米，每家1～2粒，装在一个小布袋里，挂小孩脖子或者手腕上；二是讨来百家布，给孩子做成百衲衣。

还有一种认“干亲”的做法，在孩子出生后认一家或多家有福有寿的人家为干亲，称“干爷、干娘”，或“契爷、契娘”。另有一种求治小孩吵夜之法：用红纸写上“天皇皇，地皇皇，我家有个吵夜郎。过路君子念一遍，一觉睡到大天光”，并写上孩子的姓名与生日，贴在路边显眼处。这些都是希望借他人福气为孩子添福添寿。

（7）抓周

孩子满一周岁时，家里人要为其举行抓周仪式。古时“抓周”一般仅限于男孩。抓周时，在桌上或其他地方放好笔墨纸张、枪刀玩具、尺子算盘、珠宝钱币等，让孩子自己上去拿。以孩子抓到的第一件物品为准，预测孩子将来的志向和出路。这样的习俗还在沿袭，各家所放物品各有不同，并且已不仅限于男孩。

（8）抓阄

民间为获取公平机会形成并流传广泛的一种习俗。每人从预先做好记号的纸团、纸片中抽取一个，抽到什么就是什么；或者以绳子曲成若干个环，一人握住所有环的一头，参与的每个人再勾取环的另一头，以此决定先后顺序。因此，抓阄又叫“抽签”或“抽勾”。还有的用长短小棒、草秆草叶、扑克牌等物品抓阄。只要事先约定好，人们抓阄以后就不能反悔。

（9）行酒令

铜陵民间的行酒令是一种文雅、博趣而益智的游戏。具体有以下几种形式：一是猜拳，又叫划拳，是应用最多的行酒令形式，即饮酒两人同时伸出手指并各说一个10以内的数字，数字与双方所伸手指之和相符算赢，输者饮酒。划拳所喊数字并非直称，而是用吉祥语或典故替代，如“一顶高升”“二家有喜”“三桃园”“四季发（来）财”“五（五经）魁首”“六六大顺（六个六）”“七巧”“八匹马”“九扣手（九龙盘柱、扣一点）”“满堂（满堂红）”等。可以三局两胜，也可以一局定输赢。二是击鼓（碟、碗）传花，一般是女宾之间进行的游戏。三是猜枚，即一人手握硬币，让对方猜左右手、正反面或单双数。另外，还有“老虎杠子”“剪子锤头布”等行酒令。

（10）丰富饮食

因主产水稻兼有五谷杂粮，本地以大米为主食，以五谷杂粮为辅。古时，庄户人家讲究“一天三餐饭”，民谚有“饭有三餐不饿，衣有三套不破”。手艺人和做重体力活的人一般在下午吃点心。季节不同，饭菜随农时而变。如午收季节增加面食，秋收时节增加山芋毛芋。烹饪方法以蒸煮为主，兼顾色、香、味、形。柴火锅巴既可作为主食，又可作为零食。在蔬菜和肉类副食品方面一般没有忌讳。民间比较讲究食医结合，大多数食品被赋予了改善体质和治病的功能，如生姜、大蒜、藕粉、竹笋、芡实等果蔬往往都有针对性的食谱。

（11）水乡木盆

义安东南多山，而西北多水。古时除紧靠江河的少数人家有木船外，大多数水乡人家置有运输和生产兼用的木盆，以质轻的杉木加抗腐蚀的桐油制成木盆。主要有两种样式：一种是长约两米、中间略宽、两头钝圆的小木盆，俗称“小腰子盆”“菱角盆”，常用来摘菱角、打莲蓬、放鸭、运少量物品等；另一种是直径约两米的椭圆形大木盆，俗称“大腰子盆”、泥盆，常用于村外摆渡、河塘捞泥和短途生产运输等，秋收后也常用于囤储粮食。

5. 礼仪民俗

人生礼仪繁多，生活处处都有礼节。义安地区历来受儒学等正统思想影响较深，礼仪民俗中规中矩。在人生礼俗上，既不失汉民族传统礼仪规范，又有其独到的精致之处。

（1）恋爱

传统义安人的婚恋态度一直比较含蓄。正如铜陵民歌《我俩有心怕什么》中所唱：“露洒辣椒亮晶晶，哥妹见面不作声。想说话，慢吞吞，未开口，转过身，边走边望一样心。南瓜开花黄呵呵，哥望妹来妹望哥。情意长，话也多，心直跳，眼直睃，人多眼杂没奈何。”朴实、内向的情感表达方式，与铜陵人“婚礼不事浮华，视门第相当者，与缔姻好”的民俗心理一脉相承。因此，媒人在旧时代青年男女婚恋中起到了很大作用。中华人民共和国成立后，恋爱自由的观念深入人心，媒人的作用大大弱化。

（2）相亲

相亲一般是男方家主动。古时当男孩长到当婚年龄后，家人便物色适合的女孩。访到有比较满意的对象后，便托人去“讨口风”。若女方有意或想多了解男方及其家境，则会通过媒人约定日子，女方父母（或者姑婶姨娘等）同媒人一起来到男方家“看亲”。如果女孩有意，则随同前来。双方见面后，男方家要给女孩包见面礼。谈得不好，也无大碍；谈得融洽，则择吉日订婚。这中间，媒人的作用非同小可，因此有“天上无云不下雨，地上无媒不成婚”之说。现在不托媒人的婚恋越来越多，但相亲习俗还以不同方式存在。

（3）压庚

压庚就是订婚，认亲。过去青年男女在订婚前，还有一个交换庚帖的程序。“庚”即年龄。庚帖上写着青年男女各自的“生辰八字”，看双方是不是“合八字”。若双方八字不冲不克，就择吉日订婚。订婚最重要的环节是送礼金和聘礼。古时婆家要为未来儿媳妇准备衣服、鞋袜、首饰、脂粉，与烟酒、糖果糕点、鱼肉等聘礼一起，放在两个麻篮（一种竹编大篮）中送到女方家。男孩还要将糖果糕点等交由女方家人分送给主要亲属，即“认亲”。聘礼轻重一般视家境而定。传统铜陵人历来“婚礼不事浮华”，压庚礼金也只象征性包个红包。

（4）送节和朝节

男女双方订婚后，逢年过节（春节、端午、中秋）男方都要给女方“送节”，一直送到结婚为止。结婚后小夫妻就主要向双方父母送礼。“朝节”也叫“送日子”，即通知女方商定好的迎娶日期。古时一般很少在夏季办婚礼，因此朝节都选在春节前，以中秋前居多。由男方用红纸按规定格式写好喜帖，并备好衣服、糖果糕点和鱼肉等丰盛礼物，在媒人带领下送到女方家。糖果糕点和鱼肉等要分送给主要亲属，并告知婚期。现在，朝节这一程序在乡村仍受到重视，在城市里就简化多了。

（5）婚礼十规

传统结婚有 10 项程序：①下书子。即下请帖，一般“亲戚必接必送，朋友不接不送”。②待媒。婚礼前一天，男方专门办几桌酒筵，由亲属作陪宴请媒人。③接亲。婚礼当天，男方备好红包、衣服鞋袜、胭脂花粉、烟酒糕点、鱼肉和鞭炮，以及花轿、乐队等，在媒人带领下接亲。④哭嫁。为表达不舍和期待，姑娘出嫁时母女都要哭嫁，还会有其他女眷陪哭。⑤陪嫁。娘家要置嫁妆，嫁妆多少视经济能力而定。⑥发嫁。时间一般安排在女方酒筵“圆席”或快要“圆席”的时候（有女儿“看不见屋檐不想家”之说）。新娘穿婆家送来的新装，由兄长或堂兄弟、表兄弟背送上轿，脚不沾地。⑦进门。新娘下轿（或行至门前）后，要先站在红毯上，由两名男童将麻袋一只只交替移动，让新娘“一袋传一袋”走进堂屋。家人向看客撒喜糖喜果，庆贺新娘进门。⑧拜堂。新娘进门后，司仪唱

《挑盖头歌》，新郎用秤杆挑起新娘盖头。新娘和公婆分别“揩脸”后见面，由司仪主持新人拜堂。礼成即送新娘入洞房。⑨撒帐。新娘入洞房前，要请儿女双全的人铺床“撒帐”，即在床上撒枣子、花生、桂圆、莲子，寓意“早生贵子”。闹洞房的人都要抢这些喜果和新娘从娘家带来的红鸡蛋、糖果。⑩婚宴。结婚必备婚宴。新娘过门后，酒筵开席。宴席第一道“水菜”必上枣子莲子甜羹，最后一道必上肉圆。开席、新人敬酒、圆席等都要放鞭炮。宴席结束，青年男女闹洞房增加喜气。

（6）回门

新婚第三天，女方家人要接小夫妻回门，即带上礼品拜见女方父母。妨父母要摆酒席招待，家人和重要亲属作陪。女婿要坐在“一席”上，当天回家。第二年正月初二，小夫妻也要回门一次，称“新正月回门”。这次可以多待几天，女婿除拜见岳父岳母外，还要带礼品挨家拜见其他长辈，接受宴请。回门程序结束，隆重而繁杂的婚礼才算真正完毕。

（7）招亲

与戏剧中的“抛绣球”“比文武”招亲不同，铜陵人招亲是一种特殊的婚姻形式，即男到女家，俗称“招女婿”“倒插门”。古时多为女方家境较好而家中多无男孩，招一个女婿顶立门户，并给岳父岳母养老。现在婚姻观念改变，青年男女结婚后或独立生活，或随任何一方，招亲观念已逐渐淡薄。

（8）生孩报喜

婚后第一胎，无论男女，都要向女方娘家人和亲戚报喜。报喜时，要带上染红的鸡蛋和其他礼品。娘家人和亲戚得讯后，得准备礼金、老鸡、鸡蛋、红糖、炒米、米面、小孩新衣服等前往祝贺，俗称“送祝娩”。古时主要为女性参与，现在则无此限制，并且有的直接包个红纸包，其他礼品都省了。男方家要办酒席招待宾客，席后回礼。

（9）成年送号

古时铜陵部分地区有成年男子集体送号的习俗。这里的“号”，又称大号、大名，与其相对应的是不够文雅大气的小名、乳名。因为名字是人生标签，所以送号也是件大事。其主要程序如下：一是筹备。一般在冬闲时组成临时办事机构，筹划事宜，筹措费用。二是取名。各家自行或聘请有文化、有名望的族亲取名。三是唱号戏。这是整个送号活动的重要环节，目的是要大张旗鼓地告诉人们以后公众场合不要再叫小名了。四是张榜。把所有新送的号名写在一块经过装帧的大红布上，张榜公布。五是上册。号名是书面用名的依据。户口登记、各项生产、生活活动都以号名为据。现在集体送号活动没有了，但小孩出生后一般取“一大一小”两个名字。

（10）过生日

生日是铜陵人最重视的私属节日，有小大之分。铜陵人每年过一次农历或公历小生日，和家人一起庆贺。过生日要吃鸡蛋长寿面。“逢十”过大生日，时间一般在年前，也有年初过的。大生日主要指为老人和小孩过生日，中青年过得少。铜陵还有“男送单，女送双”的习俗，即虚岁“男逢九女逢十”的生日，亲戚朋友送礼祝贺，“寿星”设宴招待。老人一般从50岁以后就称生日为“寿辰”了，因此过大生日也称“做寿”，主要亲戚“送生辰”时，要送寿联、寿匾。铜陵人不事浮华，过大生日极少铺张。

（11）宴席礼节

民间宴请、赴宴、坐席都有一些约定俗成的礼节。做寿、婚庆等都要至少提前7天“下书子”（请柬），并遵循“亲戚必接必送，朋友不接不送”的做法。宴请当天，主人要再三“催客”，甚至“三请四邀”。宴席备好后，主人也要再三邀请宾客上席，所谓“主不请，客不饮”。宴席座次安排也很有讲究。如只有一张八仙桌，则要放在堂中正对大门方向。座次大小按“北南东西”为序，同方按“左右”为序。如有两桌以上，则以左桌（东桌）和堂屋后边桌子为尊，座次除靠堂心的几个“上席”外，其余并无太多讲究。座次安排规矩：寿筵寿星坐首席；婚宴“娘舅”坐首席；待媒宴媒人坐首席；新女婿回门坐首席；建房、做衣、打家具等做工宴大师傅坐首席；其余宴席按身份、辈分、年龄安排。宾客一般都要客气推让一番，最后达成同桌共识。宴席未结束时，不要随意离开。圆席后也不要随意拖宕。

（12）丧俗

本地的丧葬习俗依然遵循尚礼义、厌浮华的质朴作风。长辈去世，家人悲伤，因此尽量避言“死”字。要尊称“登仙”“过世”“老了”“谢世”“仙逝”“驾鹤西去”，称老人去世为“白喜事”等。传统丧俗程序如下：一是送终。老人病危时，家中晚辈特别是亲子女要守候床前。二是下停床。老人去世后，要趁早为其穿上寿衣（老衣），然后将其停在堂屋东侧，盖“千锦被”，点“长明灯（香油灯）”，焚香烧纸。三是穿孝衣和戴孝。孝衣一般用麻布和白布制成。近几十年来移风易俗，许多已简化为子辈戴黑袖章、孙辈戴红袖章。四是哭丧。哭丧是人悲哀心情的自然表现。义安民间比较尊崇自然，不过分渲染悲哀气氛。五是报丧。把亲人逝世消息报告亲友和村人。主要有两种形式：发书面“讣闻”和登门口头报丧。如果是子孙等亲人报丧，则需要下跪叩头，亲友代替报表可从简。六是守灵。本地称“守夜”。亡者下停床后，家人要日夜轮流守候在灵前，使香火、长明灯、焚烧的纸钱不灭，直到出殡为止。七是入殓。古时因施行土葬，故俗称“进材”。要根据亡者年龄和去世时辰推算入殓时刻。亲人跪拜并立在旁边。经“买水”、入棺、“装棺（放随葬品）”、祭灵、“捺饭罐”“扯耗（绳、布）”、封棺一系列程序后，结束入殓。八是吊香。吊香又称“做斋”，如同现代的追悼会，由年长德高者或专门的司仪主持，于一天内结束。

（13）葬俗

殡葬有土葬、火葬之分。1975 年前大多实行土葬，程序较多。传统葬俗如下：一是择坟地。一般老人病危前，其家人会在祖上坟山、官山或野地选择“风水好”的坟地。二是出殡。这是葬礼的开始，也是丧葬活动的高潮。一般由两名男孩在前打“引路幡”，一人鸣锣开道并沿路“撒路钱（纸钱）”，吹鼓手等乐队随后。棺材上盖红毯、绑“站棺鸡”，由 8 人“抬重”。子孙披麻戴孝扶棺而行。在坟山下葬前，长子先挖 3 锄“开圹”。待墓穴挖好后，将棺材校准方向下葬，孝子们先从棺上走过并抖土盖棺，众人再将其堆成前大后小的坟包。三是回居。回居又叫“接回煞”，即接逝者亡魂回家。一般在葬后 14 天内的某晚进行。四是做七。从长辈亡故之日起，每逢七天要做一次“七”，也叫“送七饭”，即准备三牲酒菜和纸钱到坟上祭奠一番。做到“满七（49 天）”结束。五是守孝。古时有孝子在墓地搭篷守孝三年零六个月的习俗，近代已不再见。自 1975 年起，城镇地区开始试行火葬，1990 年代后期全面推行火葬。遗体火化前，开追悼会或向遗体告别。火化后，将骨灰装入骨灰盒，一般当天土葬。

（二）民间方言

1. 义安方言概述

义安区境内流行的方言分为三大类：一是北方方言，主要分布于天门一带和江心洲地区；二是湘方言，分布在天门镇、顺安镇等地，使用人口很少；三是铜陵本地独有的方言，学术上称为铜陵土语，广泛分布在东联、西联、五松、顺安、钟鸣和天门等地区，使用人口最多。铜陵土语是铜陵地区最独特、最受大家注意、最具研究价值的方言。

2. 义安土语

广义的义安土语包括义安区域内普通话以外的方言。因为铜陵土语使用范围最为广泛，所以狭义的义安土语即学术界认可的铜陵土语，或称铜陵方言、铜陵土话、圩里话。铜陵土语属皖南地区吴方言分支，保存和吸收了中原、湘鄂、江浙、皖南等各地方言的一些特征，并且保留了很多古汉语的语言现象。

3. 部分土语词汇比较

① 星露（阳光雨露）、洏雨（淋雨）、呛风（逆风）。

② 跟［gēn］朝（今天）、闷［mēn］朝（明天）、上昼（上午）、下昼（下午）、堕底（下面）。

③ 俺（我）、大大［dā dā］（爸）、老爹（爷爷）、家［gā］老爹（外祖父）、家奶奶（外祖母）、叔姆伙第（妯娌）、内荆（妻子）、阿哺（姑姑）、奶姆（妇女）。

④ 反手顺手（左手右手）、锤子（拳头）、妈妈（乳房、乳水）。

⑤ 兴菜（种菜）、发窠（分蘖）、刁子（穗）、火粪（草土混烧肥料）、田缺（田埂过水口）、弯刀（柴刀）、白刀（菜刀）。

⑥ 遮灵子（蝉）、河瓢子（河蚌）、香油（菜籽油）、杨柳（柳树）、鸡头果子（芡实）、通菜（藕做的菜）、六谷（玉米）、落苏（茄子）、甜菜（菠菜）。

⑦ 茶炊（烧水壶）、茶瓯（茶杯）、海碗（特大碗）、挑子（金属汤匙）、水掠子（水瓢）、结糊汤（疙瘩汤）、擂槌（洗衣槌）、荷包（衣袋）、手镊子（手帕）。

⑧ 敨（漂洗衣物）、剋（拴、绑）、囥（藏）、捋（撵、追赶）、颠（跑）、猎（玩）、搿（折）、卡（搂抱）、擂（催促）、嗦（吸吮）、抻坦（舒适）、秋［qiū］（烟熏）、发尖昂（发烧）、歇放（中途休息）、驮捋（麻烦）。

⑨ 好晌子（什么时候）、不收头（不得了）、铳惑（怂恿）、巧（廉价）、摸（动作慢）、喜喳（热情）、小意（谦虚）、假嘛地（假装）、绵筋（有韧性）、溜手（灵活）、三不知（偶尔）、清丝（整洁）。

4. 部分土语语法差别

①“可”作为疑问词，如“可照（行不行）”“可好（好不好）”。在口语中，“可”的发音变成了“咯”，如“咯好”“咯照”“咯要”等。

②“妮”“你”作为后缀，用作人的称呼，如称小男孩为“小伙妮”或“小伢妮”，称小女孩为“小妹妮”。称呼人名也常带“妮”，如“牛妮”“跃进妮”

“立新妮”“丑妮”“文妮”等。

③ 名词、动词、形容词的特殊增强方式，即用名词、动词、形容词替代程度副词“很”“非常”等，如粕淡、铁硬、老嗨的（很大的）、生咸（方言音[hán]）的、风嫩（很嫩）、彻白（很白）、崩脆（很脆）、蒙细（很细）、天狠（最大限度）等。

④ 用“多个”来表述一类人或一群人，如“领导多个（领导们）”“学生多个（学生们）”。

⑤ 用反问来表达陈述，如“我家门前不是有棵树吗？”意思是“我爱门前有棵树”。

5. 义安土语发音特色及声韵调系统

① 书面语与普通话基本相同，但口语不同，如吃[qí]饭、奶奶[nān nān]等。

② 发音部位靠前，前鼻和后鼻、平舌和翘舌几乎不分。因此，口语中后鼻音、翘舌音（卷舌音）很少，后鼻音一般都发成前鼻音。

③ 有些发音很短促，甚至含糊不清，很多字音很难用现代汉语拼音表示出来，如“你好”中的“你”。

④ 语调比较舒缓、频率变化小。普通话中的很多阴平、上声、去声字在义安土语中都被发成阳平声。同时，义安土语语音在声母、韵母、声调上，与普通话相比有很明显的变化，并且形成两种以上不同的口语系列。这些口语系列的差别主要体现在韵母的变化上。且这些变化并没有规律性，完全是一种受环境影响的语言习惯。例如，“家”的口语便有[gá]和[guō]的区别。

6. 土语词汇拾零

义安土语不见于普通话者大致有以下四种。

① 有些字可能没被造出来，如口语中“qián nuò?”（表示疑问）、“qián nou!”（表示否定），因此其书面语用“欠诺”替代。还有像“ài”“ài 的”“ài 是的”都表示“是”的意思，书面语用“欸”表示。

② 说话人表述不一。例如，“眼面前（现在、当前）”，口语中有“yàng 么子”等多种说法，而“眼”的发音都不是“yǎn”。

③ 口头表述不清。例如，“hong 么（什么）”“hong 么样（什么样）”“ren 搞的（怎么搞的）”首字发音都很轻。

④ 部分口语常用词，极少在普通话中出现，或者为本地特有。例如，娭毑

（伯母）、爷爷（叔叔）、大豆子（男孩老大）、不弄子（不精明）、闷子（瓶）、崴床（靠床）、梯（方言音［tēi］）子、滚力子（轮子）、二回（下次）、搡（推）、摞（用手归拢）、清唏（用劲喊）、眵见（看见）、打一杵（歇一会）、掼（方言音［kuàn］扔、摔、跌）、朗涩（雨雪后地面干爽）、倏溜（人速度快）、卡力子（小或排行老小）、走劲（搭僵）、打谑（戏谑）、做么（做什么事）、好些（多少）、一宗的（许多的）等。

7. 与北方方言的自然交际

20世纪50年代以前，本地区交际语言基本上以铜陵土语为主。随着铜陵市区的发展，20世纪五六十年代，铜陵来了一批北方职工和他们的家属，带来了纯正的北方话（普通话），这对本地方言产生了一定影响，但影响不大。后来随着学校教育、广播影视等广泛推广普通话，新生代都能熟练应用方言或普通话进行自然交际。如今，义安土语在城区有逐渐消亡之势，但在农村仍然是主要交际语言。

（三）民间文艺

1. 民间故事

（1）“铜陵虽小，八宝之地”的由来

明万历三十八年（1610年），南京虎贲卫经历佘侃之子、铜陵举人佘合宗赴京赶考，适逢康熙皇帝五十大寿，满朝庆祝，考生纷纷写寿联以表祝贺，佘合宗也写了一副对联送呈金銮殿。皇帝行过祝寿典礼后，便去赏阅寿联，看了多时都未置可否。忽见角落里有一副寿联，上联为“四万里皇图，伊古以来，未有一朝一统四万里”，下联为“五十年大寿，从今而后，还余九千九百五十年”。落款是铜陵佘合宗。康熙皇帝阅后不由龙心大悦。次日，康熙皇帝便召见佘合宗，当廷赐官。满朝文武大臣见此情景心里不服，认为铜陵一个小地方来的人，能有什么真才实学？康熙皇帝见满朝议论，便有意问佘合宗：“小小铜陵有何独特？”佘合宗不慌不忙地答道：“回禀皇上，铜陵虽小，乃八宝之地：金银铜铁锡，生姜大蒜麻。”两句话既高度概括铜陵特产，又不失分寸，让群臣无话可说。从此，“铜陵虽小，八宝之地”的说法流传开来。

（2）金牛村、金牛洞与拔毛山的故事

传说很久以前，凤凰山麓有个小村庄。村里有户人家，某年父母同亡。有人对这家的夫妻两人说须将其父母葬于龙脉上才能转运。于是他们请风水先生寻找“龙脉”。先生说，若寻找“龙脉”，则自己必定遭难。到时须夫妻两人将其当家父供养才行。两人满口应承。不久两人果然升官发财，风水先生却无故失明。他们将其接到家中供养。

天长日久，这家人开始嫌弃瞎眼老人，平时只给残羹剩饭，甚至多日无人过问。老人伤心至极，便使计让这对夫妻去坟前挖坑，以斩断“龙脉”。两人不知是计，随即照吩咐办理，却在坟前昏死过去。

当夜，几个白胡子老头推着独轮车，将这家人所有金银财宝运走。

村庄不远处有条小河，河边住着以摆渡为生的母女俩。这天晚上她们划船运送一船船金银财宝。当讨要摆渡钱时，一牵牛老人竟说身无分文，要用牛屎作渡资。母女俩很生气，抓扫把就将牛屎往河扫。剩下一点没扫干净，顿时金光闪闪。母女俩抓起一看是金子，再抬头看老人已牵牛上岸，于是拼命追赶。追到一座山边，眼看就要追到时，忽而老人全都不见。那牛也一头钻进山里。母女俩急忙一把抓住牛尾。那牛尾巴一甩，只拔下几根牛毛，却是几根金条。

后来，风水先生眼睛突然复明，村里这户人家也从此没落。

传说因为金牛钻进山里，所以凤凰山地下有如此多的宝藏，而拔毛山、金牛洞和金牛村的名字也流传开来。

（3）金山的由来

金榔山区有座形似“金”字的山峰，叫金山。

话说东海有条鼍龙（鳄鱼精），经常奉海龙王之命行雨。有一天，海龙王接玉帝圣旨，要解救某地干旱，便令鼍龙前去，在半个时辰里下一寸雨。这鼍龙性急，听错旨意，竟在半个时辰里下了一尺雨，淹死人畜无数，房屋田地尽皆遭殃。

此事传到天庭。玉帝要捉拿鼍龙上天问罪。

鼍龙自知不妙，急忙跑到水村湖来。天兵天将也跟到这里，定要抓其上天。鼍龙无奈现出原形，头在水村湖，尾在长江里，威胁天兵天将说，如执意捉拿，就搅动江湖之水，叫这方圆几十里生灵跟着一块去死！天兵天将不敢下手，只好回报玉帝。玉帝左右为难。最后，太白金星建言把鼍龙镇在这里，永世不得出来。玉帝就派大力神移来几座大山把鼍龙镇压。谁知直到把水村湖填平，还是压不住。玉帝便令神将移来一块大金砖压在鼍龙头上，还派只金鸡下凡看守。鼍龙若动，金鸡便啄。鼍龙服了，一动也不敢动。后来，这里就有了大金山，山下住满人家。玉帝又怕金鸡乱跑，放下一顶鸡罩罩住，这就是小金山。

（4）大城山和玉楼山

东联镇流潭圩有座小山，孤零零落在圩心里，名叫玉楼山。

传说很久以前，这里并没有山，倒是住着两户财主，一户姓玉，一户姓楼。两户人家的钱多到连桌椅都是用金子做的，但对贫苦人却尖刻狠毒。因此，周围百姓恨之入骨。这一切被铁拐李知道了，就想下界来劝化他们。

这一天，铁拐李变成个七八十岁的老头。刚走到村口，正碰上玉老财带家丁收租回来。铁拐李假装走不动，横睡路上。玉老财见其挡路，二话不说，放出狗来就咬。铁拐李的腿被咬得鲜血直流，边哭边跑。玉老财哈哈大笑。天黑了，铁拐李一瘸一拐走到楼家门口要饭。楼老财不但不给，而且放狗来咬他。铁拐李饭没要到，反被狗撵了好远。他骂道："玉楼玉楼，恶人恶狗！"还是楼家一个烧火丫头不忍心，偷偷盛碗米饭端给他。铁拐李对她说："这两家主人都心太黑，必遭天谴！3天后，如果天上乌风黑暴，你就从家里跑出来，躲到对面湖滩上。以后你若无处可去，就跟我走。"

三天之后，果然狂风大作，下起暴雨。突然，一座小山从天而降，"轰"的一声把两个黑心财主家压在山下。这就是玉楼山。原来，铁拐李将大城山山尖一脚踢下，移到这里。直到现在，顺安大城山顶还是平的。那位烧火丫头受铁拐李点化当了道姑仙人。有人说，她就是何仙姑。还有人说，玉楼山里边至今还埋着金桌子、金椅子。

（5）五峰山求雨

传说五峰庵的西峰菩萨十分灵验，周围几县都有信徒来朝拜。

庵里有位来自江北芭茅山的和尚，见西峰菩萨声名远播，竟与其家乡人串通，把西峰菩萨给偷走了。在第一次西峰菩萨被人找回，他第二次又偷去后，竟将西峰菩萨锁了起来。

就在西峰菩萨第二次被偷后第三年，当地发生百年一遇的旱灾。山塘、河道全部干枯。西峰菩萨因对江南有留恋之情，危难之时于夜里给信徒托梦："如遇大旱，则可在五峰山顶挂白布为号，同时放铳敲锣。我为你们求雨。"管事先生得知此事，次日天还没亮，便召集众人登上五峰山顶，挂起白布，放铳敲锣，祈祷求雨。当天夜里就下了一场大雨。

从此每到天旱之年，人们都到五峰山顶，面向西峰菩萨方向求雨。数十人的求雨队伍，仪式相当隆重。

清末廪生江应武有一篇杂记中记载："五峰山为铜邑祖山，严然挺秀高也。莫齐天门之形，接石洞之泉，环涧胜境也。而其上有庵楼，神堂殿数进，前则罗汉宝座，后则三尊大佛，中则西峰菩萨以及龙王、雷公、雷母诸神。时或旱魃为灾，人民或登山祷祀求雨而甘霖即沛，故自宋、元、明、清以至。”

五峰山五峰并列，高耸入云，悬崖峭壁，山脊宽不足三尺，五峰之中唯东峰（箬帽山）顶上有一块平地约十几平方米，即求雨的地方。

（6）乾隆与“饥好吃”

传说乾隆微服江南。某日到铜陵时，只带一人沿江察访。

到坝埂头（义安北部江边）时，乾隆已是饥肠辘辘，然而附近并无酒店，只疏疏落落有几户茅屋人家，于是走近一家门前问话。

屋里住着一对老夫妻，将乾隆让进堂中，问客从何来，又往哪去。二人只言欲换些饮食充饥，过后好赶路。

老妇说：“先生远路而来，换些饮食无妨。只是今年灾荒严重，稻米难得，唯高地芦稷还有收成。若不嫌弃，就一起吃个芦稷饭。”

当地人所言“芦稷”，即高粱。乾隆初以为是芦花鸡，便从其言。老翁陪客人闲谈。老妇生火做饭。稍倾，阵阵香味飘来。

旋即饭菜上桌。乾隆见没有荤腥，只有芦稷粑粑和咸菜，虽满心无奈，但并没表露。试着尝尝，倒也格外香甜，比平时吃鸡还有味。

老夫妻只以为是平常过路人，过后并未放在心上。

不久乾隆回京，按例向太后请安。母子聊起江南见闻。太后问此行可遇何种美味。乾隆答曰：“所到之处，山珍海味，名点佳肴，皆不觉特别。倒是有种名为‘芦稷’者甚是好吃。”太后一时不解，笑问：“鸡有什么好吃？”乾隆说：“此‘稷’非平常之鸡。”遂把所遇之事一一说知。太后笑曰：“皇儿一路辛苦，不比寻常。但那不是‘芦稷’好吃，而是你‘饥’了才觉得好吃”，并嘱说灾民生活不易，可要记着他们才是！乾隆随即发圣旨酬谢老人，并责成州县开仓放粮接济灾民。

这时，两位老人才知遇到了当今皇帝。此后，“饥好吃”的故事就在原铜陵县圩区一带传开了。

（7）咬文嚼字先生

相传早年，铜陵有位老先生常于路边铺一块红布，上书“咬文嚼字天下无敌手”。不少文人与赌皆输，他赢得银两无数，得名“咬文嚼字先生”。

有位进京赶考的书生路过，说：“老先生怎能说天下无敌手？”老先生笑道：“如若不信，就请一试！”

书生想：我此番若赢，可得些盘缠，亦消其气焰。若输，则为学问不深，尚须潜心苦读。于是，他取百两纹银置于布上。

老先生让其先说诗文。书生道：“天上云彩千层浪，地上桃花万点红。”话音刚落，老先生便把纹银揣进衣兜说：“你输了，这百两纹银归我。”书生急问：“何以见得？”老先生说：“天上云彩就千层，地上桃花就万点红乎？上句‘千’当作‘层’，下句‘万’当作‘点’，当为：‘天上云彩层层浪，地上桃花点点红’”。

书生闻言，心里好不惭愧！又见盘缠输光，既气又恼，遂无精打采地往回走。

半路，一屠夫见其心事重重，问：“满脸愁云，为何苦恼？”书生似没听见，仍低头前行。屠夫挡其去路说：“有甚心事说出来，或许能帮你忙。”书生见状，没奈何地叹口气，便言及刚才之事。屠夫听完大笑：“原来如此！这有何难，我去帮你赚回所输银两。”说完拉着书生往回走。

老先生见书生转来，猜想他定是赌输不服，搬兵来救。

屠夫一见老先生就说道：“我要和你打赌，就赌书生输的那个数。”老先生随即应诺。屠夫说：“我知道你头重一斤一两一钱。”

屠夫刚说完，咬文嚼字先生就慌忙掏出百两纹银递过去，收起红布溜了。

（8）狗犁田的故事

从前，有兄弟俩爹娘早逝。老大已成家，老二做活放牛。哥嫂整天使唤老二还嫌不够，提出分家。老二依言。

分完东西后剩一头水牛。嫂欲独得，便心生一计说：“我兜两碗粥，谁先吃完谁得牛。”然而，给老二的是滚粥，给老大的只浮头滚粥。老大自然得牛。老二不舍，趴牛身痛哭，见一牛虱，遂用线匝了带于身上，闲时看牛虱出神。

一天，老二帮人做活。午饭时牛虱被公鸡所食。他伤心哭泣。这家人问明缘由，惜其可怜，就把公鸡给他。没想到回家路上，公鸡被狗咬死。他又哭泣。狗主人得知公鸡来历，就把狗给了他。

要犁田了，老二没牛就自己干。说来也怪，狗竟到田里帮忙犁田。老二高兴至极，从此用狗犁田。一天，走来个卖小猪的，见狗犁田便唱道：“卖猪卖了几十年，没见过用狗犁板田。一鞭子要能打三转，一担小猪不要钱。”刚唱完，只听老二“啪”的一响鞭，狗很快犁了三圈。卖猪人依诺把一担小猪给了他。

老二带小猪回家。老大闻说动心，说：“明天把狗借给我用。”

次日，老大学着老二用狗犁田。这时走来一卖布人，唱道：“卖布卖了几十年，没见过用狗犁板田。一鞭子要能打三转，一担布匹不要钱。”老大一听红眼，使劲打一鞭子，可狗一动不动，又打几鞭，结果把狗打死了。

老二闻听十分伤心，遂埋狗于田边荒地。

不久，狗坟上长棵小树。一次，老二在田干活，午饭时忘带筷子，准备掰树丫当筷。当碰到小树时，就听哗哗掉下许多钱，再轻轻摇下，又掉下许多。老二捡了一袋钱回家，恰又被老大看见。

这天，老大假装忘带筷子，午饭时也学老二掰树丫。可这时树上掉的不是钱，而是许多狗屎，落其一身。老大气极，举刀把树砍了。老二知悉把树拿回家当柴烧。从此老大家越过越穷，老二家越过越富。

（9）扁古开天地

岳父六十寿辰时，妻子提前对张玉说："我两个姐夫都有才学。父亲喜欢在酒席上问问题，但最喜欢问的是历史上的事。明天如果问到开天辟地之类的问题，你就讲'自从盘古开天地，三皇五帝到如今'。"

张玉说："我记性不好，到时心里一慌就记不清了。"妻子说："没有关系，我用面粉做一盘子，你明天装在衣袖筒里。如记不清楚，用手摸下就知道了。"

第二天，岳父家大办酒席，亲朋好友都来赴宴。席间，岳父对张玉道："小女婿新婚不久，有几个问题还想趁酒席上讨教一二。"张玉回应："请岳父大人明讲。"岳父问："天地何人所开？到如今几皇几帝？"

张玉听了，一时忘记妻子教的话，急得满头大汗。后来他想到袖筒有个东西，就急忙把酒杯放下，伸手往袖筒一摸，摸着一个粉盘。谁知粉盘早被压扁，他心中暗想：对了，扁古！于是高兴说道："自从扁古开天地，三皇五帝到如今。"

岳父和另两位女婿及在座客人都觉不对劲。大女婿忍不住对岳父大人说："据小婿所知，只讲盘古开天地，没听说过扁古开天地呀！"张玉本来就讲不清，听了这话就连气带骂道："你知道什么，扁古是盘古的老子。"大女婿无奈地说："原来这样，看来是我无知。"

众人怕驳了新女婿颜面，忙打圆场："是啊，如果没有老子扁古，哪来的儿子盘古，三女婿确实高才。"

（10）一个女儿许三家

俗话说，"一家养女百家求"。从前有个王小姐，生性机灵，千娇百媚。父母早就想给她找个好婆家，因此远近许多人家争相聘娶。

谁知，父亲背着家人给女儿找了位秀才。母亲背地里将其许给杀猪佬。小姐意中人则是早年学友。小伙子忠厚老实，结实英俊，是个种田郎。说来也巧，父母和小姐与人定下的婚期都在这年的腊月初八。

这一天，王家门外可热闹了，管事的、跑腿的、迎娶的、看热闹的围在一起。王家门里更是一团糟。父母之间争执不休，王小姐一言不发，关起房门让他们去闹。

后来还是父亲想了个主意，也征得母女俩同意。他要3位准女婿各讲个四言八句，句中要带“快”字，讲出“爱”字，还要有“吃”“穿”“戴”字。谁讲得好，小姐能称心，就嫁给谁。

秀才抢先说：“我砚台墨子磨得快，写出文章真可爱。小姐愿意嫁给我，不用吃苦，凤冠霞帔尽穿戴。”杀猪佬接着说：“我屠刀刨子磨得快，剁的猪肉真可爱。小姐愿意嫁给我，喝酒吃肉，绫罗绸缎任穿戴。”种田郎见他们讲的好处不少，心想我们青梅竹马，你们哪里得知！于是他说：“我犁头耙齿磨得快，种出稻米真可爱。小姐愿意嫁给我，吃白米饭，四季新衣好穿戴。”

王小姐开了闺门，走出大门说：“三人油嘴滑舌讲得快，许得愿望都不赖。两位大哥莫见怪，你们再好我不爱。姑娘胆小怕惊吓，种田郎才是我的爱。自种白米真实在，吃起饭来不要菜”，遂与种田郎喜结良缘。

（11）包公与“阿哺”的传说

铜陵有些地方的人称姑姑为“阿哺”。据说，这和那位大名鼎鼎的包公还有些瓜葛。

包公出生于庐州府。他的姑姑却远嫁铜官山下小村庄。那一年包公出生，浑身漆黑，把包员外和夫人吓坏了。包公二哥包海为人奸刁刻毒。他本来就巴不得挤掉大哥独吞家产，现在又冒出个老三来，更不自在。于是，包海对父亲说：“这个黑家伙肯定是妖怪投胎，要是让他长大，说不定会犯上作乱，连累我们家败人亡。”包员外听到这话，就叫包海赶快把这小孩扔到后山乱草窠去。

幸好这事被忠厚善良的包山夫妻听到。包山偷偷跟随其后，把包公拎了回来。包山夫妻暗暗商量，孩子没有奶是养不大的，再说住在一起，总有一天要被老二发觉。于是他们想了个计策，就对父母说到铜陵看望姑姑，带着小包公投奔姑姑来了。

姑姑恰巧生了一个孩子，不满月夭折了，正在伤心。看见包山夫妻带了小侄子来，很是欢喜，就用自己的奶水喂养包公。从此，包公就把姑姑当作亲娘。

包公10岁那年，大哥大嫂带着他回小包村。包员外和夫人见了，后悔地对包山说：“你小弟弟要在的话，也有这么大了。”包山夫妇慌忙拉着包公跪下，对父母说：“这就是三弟呀！”听了包山一番诉说，老夫妻俩像是做了一场大梦，过了10年才醒过来。

包公认了亲生父母。为报答姑母哺育之恩，就改称姑姑为“阿哺”。直到今天，铜陵仍有许多人称姑姑为“阿哺”。

（12）盛先生传姜宝

很久以前，铜陵盛先生在外做官。他勤政廉洁，体恤民情，深得百姓拥戴。他还嘱咐家人多行善事。冬天寒冷时，倘有过路人到他家避寒讨水，一定热情款待，还撕碟生姜，泡碗炒米，让人暖暖身子。

一天，盛先生要去民间察访。有人听说盛大人要来，预先备下许多糕点。一般官员察访只是走走形式，不会待久，糕点也就摆个样子。盛大人却问这问那，与主人促膝谈心。主人很感动，热情招呼大人喝茶吃糕点。盛先生心想这满桌糕点定花钱不少，盛情之下只吃了家乡也有的生姜。这样待他要走时，一碟生姜全吃完了。

就在盛大人要离开时，女主人失声哭起来。盛大人一惊，忙问还有何事，是否有什么冤屈。

这时男主人一边责怪女主，一边连忙解释：“老爷在上，家人失礼了！只因生姜太贵重，家里买不起，这一碟还是租来的。原只为撑个门面。没想到大人喜欢给享用了。”

盛先生笑着说：“原来如此。我以为姜乃普通茶点，还为你们省呢！请不用担心，这事由我来办。你们租金照付，等我日后回家多带些来。我们家乡铜陵盛产生姜，家家户户都种呢！”一番安慰，主人将信将疑。

转眼年关到，盛先生回家省亲，也记着带姜之事。然姜为地方特产，须通过关口允许才行。盛先生先给家人讲了吃姜的故事，然后让人特地备一副毛竹轿杠，打通关节，把姜装进轿杠里，再把两头用铜包好。待他回任上路过关口时，谁也没在意轿杠里还有铜陵宝物生姜。盛先生把一半生姜给了那户人家，剩下的留给身边众人。这对他们可是宝贝。

又过一年，盛先生设法把姜种带到当地让人们种植。然而种是种了，可那里生产的生姜就是不如铜陵的好吃。

2. 民间谚语

（1）热爱祖国

树有根，人有本。
国是民之本，民为国之魂。
国强民也富，国破家也亡。

家有家规，国有国法。
没有规矩，不成方圆。
家贫见孝子，国难见忠臣。
大河涨水小河满，大河无水小河干。
先国家，后集体，再个人。
走路怕不稳，做人怕忘本。
云再高，总在太阳底下。
人服王法草服风。

（2）爱恋家乡

望不到铜官山就想家。
鸟思旧巢，人恋故土。
树高千丈，叶落归根。
行要好伴，住要好邻。
人投亲，鸟投林。
有钱难买当地熟。
水是家乡的甜，月是家乡的圆。

（3）追求真理

真金不怕火炼，真理不怕争辩。
浑水越澄越清，真理越辩越明。
有理说实话，无理说蛮话。
走不完的路，知不尽的理。
太阳的光辉遮不住，真理的火焰扑不灭。
棍子只能打破皮肉，真理却能说穿骨头。
泥墙挡不住整个太阳。
百战成勇士，百练出精兵。
迷路望北斗，黑夜看明灯。
秤砣虽小压千斤。
隔行不隔理。

（4）生产实践

多吃四两盐，走路在人前。

近水知鱼性，近山识鸟音。
亲身下河知深浅，亲口尝梨知酸甜。
听过不如见过，见过不如做过。
眼过千遍，不如手过一遍。
头回上当，二回心亮。
拳不离手，曲不离口。
常说口里顺，常做手不笨。
一熟三分巧。
磨刀不误砍柴工。
上山容易下山难。
一门不到一门黑。
看花容易绣花难，讲起来容易做起来难。

（5）知识修养

不识是百草，识者为百宝。
秀才不怕衣衫破，就怕肚里没有货。
刀子要快多加钢，知识要深功夫长。
宁做智者积累知识，不当愚者积累财富。
雨水滋润土地肥，知识能壮英雄胆。
泉水排不干，知识学不完。
小屋基上读书，不如大屋基上听话。
有志不在年高，无志空老百岁。
船到江心补漏难。
水深的河寂静，博学的人谦逊。

（6）理想抱负

人老心不老，人穷志不穷。
没有目标的生活，就像没有舵的船。
鸟无翅膀不能飞，人无志气无作为。
石看纹理山看脉，人看志气树看材。
人无志，刀无钢。
人凭志气虎凭威。

穷莫失志，富莫癫狂。

不怕知浅，就怕志短。

志大才不疏，蚌小也能育珍珠。

（7）德行品格

吃人家的嘴软，拿人家的手短。

莫厌他不是，只怪我不贤。

笑破不笑补，笑过不笑改。

手稳脚稳，到处安身。

量大福大，气大祸大。

好汉不打上门客，伸手不打笑脸人。

饱稻穗子往下垂，瘪稻穗子朝上追。

树小扶直易，树大扶直难。

小洞不补，大洞吃苦。

未修佛果，先结人缘。

吃人一口，还人一斗。

学好三年，学坏三天。

眼睛里的灰，要靠别人吹。

田要干干湿湿，人要缓缓急急。

人穷志短，马瘦毛长。

说的真方，卖的假药。

不做墙头草，风吹两边倒。

好种出好苗，好葫芦割好瓢。

（8）学习悟道

惯儿不惯学。

造烛求明，读书求理。

师傅领进门，修行在个人。

只有状元学生，没有状元先生。

未出读书子，先出读书父。

刀不磨要生锈，人不学要落后。

边学边问，才有学问。

三分靠教，七分靠学。
人活七十稀，请教不为低。
学会三天，学好三年。
补漏趁天晴，读书趁年轻。
腰缠万贯，不如一技在身。
刀不磨要生锈，水不流要发臭。
东西越用越少，学问越学越多。
问百人，通百事。问遍千家成行家。
活到老，学到老，还有三样未学到。
千般易学，一窍难通。
惯儿不孝，肥田出瘪稻。
宁吃少年苦，不受老来穷。
事不经不懂，脑不用不灵。
身怕不动，脑怕不用。
宁可想想再做，不可做后再想。
会看看门道，不会看看热闹。

（9）团结友善

朋友不怕多，冤家怕一个。
荒年打破碗，熟年要见人。
拳头往外打，胳膊朝里弯。
荒年不怕饿死人，只要大家吃得匀。
家不和，外人欺。
吃得亏，合得堆。
人抬人高，水抬船高。
人情大似债，头顶锅盖卖。
在家不答人，出门无人答。
篱笆扎得紧，野狗钻不进。
邻居失火，不救自危。
当面留一线，过后好相见。
浇树要浇根，交人要交心。
宁可雪中送炭，不要锦上添花。

当面锣，对面鼓，胜过背后乱嘀咕。
大家马，大家骑。
多个朋友多条路。
人怕伤心，树怕伤根。
甘蔗不甜，节里有病。
朋友千个好，冤家一个多。
一根木头做不成梁，一块砖头砌不成墙。
一只碗碰不响，两只碗叮当响。

（10）集体智慧

人上一百，五颜六色。
一个篱笆三个桩，一个好汉三个帮。
莫学蜘蛛各织网，要学蜜蜂共酿蜜。
麻雀虽小，五脏俱全。
双木好走，独木难行。
红花虽好，还要绿叶扶持。
单丝不成线，独木不成林。
一个手指捏不成拳。
千事有头，万事有尾。
不当家不知柴米贵。
错过庙门，无处躲雨。
黄鳝大，窟窿大。
住要住在人窝里，死要死在鬼窝里。
一人难合千人意，千人难合一人心。
人心要公，火心要空。
家无主，扫把舞。
人多出韩信，智多出孔明。
不要硬处拖锹过，软处挖成塘。
十个指头有长短。

（11）修身谈吐

听话听音，锣鼓听声。

讲话轻，过话重，十里路上无真讯。

一句话讲得人笑，一句话讲得人跳。

碾谷要碾出米来，说话要说出理来。

锅头饭好吃，过头话难说。

菜没盐无味，话没理无力。

好曲只能唱一遍。

吃江水，讲海话。

长得俏才是俏，打扮俏惹人笑。

半斤鸭子四两嘴。

真菩萨面前烧不得假香。

舌根子底下压死人。

鼓要打到点上，笛要吹在眼上，话要说在心上。

不说不笑，不成老少。

（12）治业勤俭

喊破喉咙，不如自己动手。

忙中不急躁，越忙越周到。

勤劳的人汗水多，贪吃的人口水多。

今日事，今日毕，勿将今事待明日。

言语好比鸡蛋，孵化才有翅膀。

远路从近处走起，大事从小事做起。

枯树无果实，空话无价值。

不怕慢，就怕站。

一条牛一路草。

懒牛懒马屎尿多。

急事不在忙中取。

量力行事，量体裁衣。

遇湿早脱鞋，遇事早安排。

好马不用鞭催，响鼓不用重槌。

猴子不上树，多打一锤锣。

细水长流，吃穿不愁。

宁在囤尖省，不在囤底紧。

吃萝卜，吃一节剥一节。
一天节约一根线，百日就能把牛拴。
一勤生百巧，一懒百病生。
吃不穷，穿不穷，算计不到一世穷。
万物土中生，全靠两手勤。
不怕少年苦，只怕老来穷。
夫勤无懒地，妇勤无脏衣。
鸟美在羽毛，人美在勤劳。
咽喉似海深，能吃斗量金。

(13) 时令节气

九尽杨花开，农活一齐来。
清明断雪，谷雨断霜。
谷雨前后，种瓜点豆。
二八月，乱穿衣。
立夏前，种早棉；立夏后，种早豆。
三月尚有桃花雪，四月还有柳条霜。
四月八，冻死黄毛鸭。
吃了端午粽，才把棉衣送。
小满插田遍天下，芒种插田家把家。
(水稻) 小暑不发 (发颗) 连夜发，大暑不出 (抽穗) 连夜出。
(大蒜) 端午不在园，中秋不在家。
六月六，水性伏。
三伏不热，五谷不结。
过了重阳无时节，三天风雨四天雪。
七月秋风雨，八月秋风凉。
雁不过南不寒，雁不过北不热。
十月中，只够奶姆梳头吃饭工。
楝树开花不做，蓼子开花把脚跺。
大寒天气暖，寒到二月满。
雨雪年年有，不在三九在四九。
春打五九尾，家家腌火腿；春打六九头，冻死老黄牛。

(14) 农耕技艺

宁兴十亩田，不兴一亩园。
大人望插田，小人望过年。
年成不用问，午季来把信。
抬头求人，不如低头求土。
要想庄家好，一年四季早。
午（午季作物）熟半年粮。
生意钱，眼面前；庄稼钱，万万年。
锄头口上出黄金。
鸡生蛋过年，鸭生蛋插田。
长嘴要吃，长根要肥。
春雨贵如油，点滴无白流。
人不逗地，地不逗人。
寒露（种）油菜霜降（种）麦。
圩田好做，三时（夏至三时）难过。
种地不用问，多背锄头多挑粪。
收麦如抢宝，插秧赛赶考。
布谷声声叫，要把稻籽泡。
麦到芒种稻到秋，豆过白露只管收。
狠心砍菜籽，跺脚割芝麻。
稀麻密麦，黄豆棵里请客。
种多不如种少，种少不如种好。
黄豆好吃性最娇，地要板来又要潮。
日晒稻黄，雨沤麦黄。
麦坎一个井，菜坎一个影。
春送千担粪，秋收万斤粮。
冬天锄头锄一交，胜似春天一遍浇。
棉锄七次白如霜，稻耘七遍猪无糠。
芥菜栽心，白菜栽根。
细心下种，狠心间苗。
只有懒人，没有懒土。

家有千棵柳，不到山上走。
林中住窝鸟，树木害虫少。
要想河堤固，莫砍河边树。
冬牛不瘦，春耕不愁。
锄头铧锹，不如老牛伸腰。
漫山捉鸟，不如回家养鸡。
田园日日走，瓜菜天天有。

(15) 气象观测

立春晴，万物成。
春寒多雨水。
春东风，雨家公。
清明要晴，谷雨要淋。
发尽桃花水，必是旱黄梅。
立夏不下，无水打坝；小满不满，无水洗碗。
小暑打雷，大暑破圩。
日出东南红，无雨便是风。
水缸汗淋淋，大雨要来临。
六月不热，五谷不结。
日头拦中现，三天不见面。
小暑涨一寸，大暑退一尺。
五月南风发大水，小暑南风伏里干。
南打闪火门开，北打闪连夜来（雨）。
蚂蚁挡道，大雨将到。
夏起西风雨，冬起西风晴。
不怕南风刮得大，调转北风就要下。
雨中知了叫，晴天就要到。
霜过暖，雪过寒。
蜻蜓绕屋檐，有雨在眼前。
早看东南，晚看西北；西北明，来日晴。
灶烟往下滚，不久雨来临。
屋里不出烟，眼前无晴天。

下得早，湿不得草。
早西风，夜东风，日日好天公。
鸡不进窝天要变，久雨鸡鸣天要晴。
旱刮东风不雨，涝刮东风不晴。
久晴西风雨，久雨西风晴。
天上起了鲤鱼斑，明天晒稻不用翻。
乌云接日头，半夜雨不愁。
早怕南云长，晚怕北云堆。
晓雾就收，晴天可求；雾收不起，细雨不已。
三日西南风，秋雨落不穷。
早雾不出门，晚雾行千里。
雷打菊花心，柴米贵如金。

（16）生活道理

千层纱，抵不上一层花（棉花）。
衣有三件不破，饭有三餐不饿。
乡里狮子乡里舞，弯弯田落弯弯雨。
河边巧遇姜子牙，不必三请诸葛亮。
灯草打人，气性不服。
托鬼看病，越看越狠。
不见人长，总见衣短。
人抬人无价宝，人踩人路边草。
摆船摆到岸，救人救到底。
拔了萝卜窟窿在。
无风不兆雨，话由话边来。
尽这些粉，做这些粑。
家有黄金，外有斗秤。
常去邻家看，生意不清淡。
生姜不老不辣，生意不活不发。
鱼过千层网，网网有漏鱼。

3. 民间歌谣

（1）船歌

打鱼撒网要出河，
有船无桨难坏哥。
哥有船来妹有桨，
问妹何时桨送哥。

（2）送郎参军

十月天气小阳春，妹送情郎去参军。
双亲由妹侍奉好，郎去部队莫挂心！
锣声鼓声鞭炮声。妹送情郎到县城。
肩并肩来手挽手，互相嘱咐互交心。
山纵高来水纵深，隔山隔水不隔心。
望郎笔头不要懒，频寄书信报佳音。
郎走愉快妹安心，家务事情落妹身。
妹争先进郎争奖，互相鼓舞互荣争。

（3）绣荷包

正月荷包开始绣，荷包绣得滚绣球。
绣球滚到江河里，情似江河水长流。
二月荷包绣桃花，桃花开满妹妹家。
妹摘桃花送给你，情哥你要爱惜她。
三月桃花绣清明，云雀飞进青竹林。
但愿风调又雨顺，秋后有个好收成。
四月荷包绣插秧，荷包挂在郎胸膛。
风吹丝线根根动，根根挂在郎心上。
五月荷包绣端阳，龙船戏水闹长江。
针针绣成端午锦，两岸结彩闹洋洋。
六月荷包绣太阳，杨柳树下好风光。
端条凳子树下坐，手拿荷包绣鸳鸯。
七月荷包丝线稠，荷包绣好墙外丢。
郎把荷包快捡起，别人捡去妹发愁。

八月荷包绣入云，上绣明月寄妹情。
凤凰对对荷上坐，情妹情郎痴痴心。
九月荷包绣彩虹，荷包绣起像条龙。
我郎骑龙江边过，耀武扬威似英雄。
十月荷包绣入迷，荷包绣上马一匹。
三十两银我不卖，一心只给我郎骑。
冬月荷包绣成了，荷包当然送情哥。
我郎莫嫌粗花线，线粗更能受搓磨。
腊月荷包绣一年，荷包越绣心越甜。
包上星儿光闪闪，元宵和哥来团圆。

（4）四季歌

春季里来暖洋洋，闺女绣房针线忙，
绣朵红花配绿叶呀，一只蜜蜂飞进房。
夏季里来活儿忙，闺女河边洗衣裳，
清清河水波连波呀，鱼儿嬉水配成双。
秋季里来谷上场，闺女场上簸谷忙，
谷米谷壳难分开呀，但愿嫁个知心郎。
冬季里来雪茫茫，闺女给郎缝衣裳，
不量身裁衣难合体呀，没见郎面泪汪汪。

（5）耘田歌（节奏舒缓，适合耘田时唱的一类歌）

选一

远看大姐一身青，手拎茶壶送点心。
左手拎的油煎饼，右手招郎吃点心。
有钱不买遮阳帽，晒得黑色不像人。
眼一见来心更痛，我郎何必自伤身。
虽然是个晴天好，日头如火难为人。
郎在外面自保重，为妻在家才放心。
莫说是个庄稼汉，一旦病来不容情。
一家衣食全靠你，为妻言语且记清。
明朝又是好天气，带块棉布遮遮阴。

恩爱夫妻鱼与水，不求富贵求安宁。

选二（其一段）

什么好吃田难种？什么好吃磨难挨？
什么好吃难开网？什么好吃树难栽？
白米好吃田难种，粑粑好吃磨难挨。
鲜鱼好吃难开网，樱桃好吃树难栽。

（6）茶园情歌（选段）

做天难做三月天，秧要暖来麦要寒。
养蚕姑娘打桑叶，要的是晴天，
采茶的人儿呀，更要好晴天。
哎嗨唷，采茶要晴天。
阳春三月谷雨天，兄妹双双进茶园；
茶叶绿葱葱，嫩芽青滴滴；
伸手去采摘呀，清香来扑鼻。
哎嗨唷，多好的谷雨尖。
谷雨尖呀谷雨尖，泡茶出汗香又甜；
茶杯冒热气，就像冒青烟。
喝一口香茶呀，快活似神仙。
哎嗨唷，快活似神仙。
春暖花开艳阳天，茶园一片歌声喧。
兄妹同摘一棵茶，脸朝脸来肩并肩。
有时你手碰我手，兄妹情相牵。
哎嗨唷，兄妹情相牵。
情相牵呀情相牵，兄妹二人心相连。
想起古话说得好，千里鸳鸯一线牵。
有缘千里能相会，无缘对面不沾边。
千世修来同船渡，万世修来共枕眠。
兄妹相亲又相爱呀，天生一对好姻缘。
哎嗨唷，一对好姻缘。

（7）花鼓词（选段）

正月送灯到府上，二月老龙把头抬。
三月本是清明节，四月小满把秧栽。
五月龙船漂大海，六月打伞上长街。
七月牛郎配织女，八月初一雁门开。
九月菊花吊美酒，十月芙蓉上天台。
冬月雪花漫天舞，腊月蜡梅送香来。

（8）月亮家家（方言音［gā］）（选段）

月亮月亮家家，
里头有个大大（方言音 dā）。
大大出来买菜，
里头有个老太。
老太出来梳头，
里头有个水牛。
水牛出来喝水，
里头有个水鬼。
水鬼出来点灯，
烧得没鼻子没眼睛。

（9）牛歌

牛　　歌

铜陵民歌

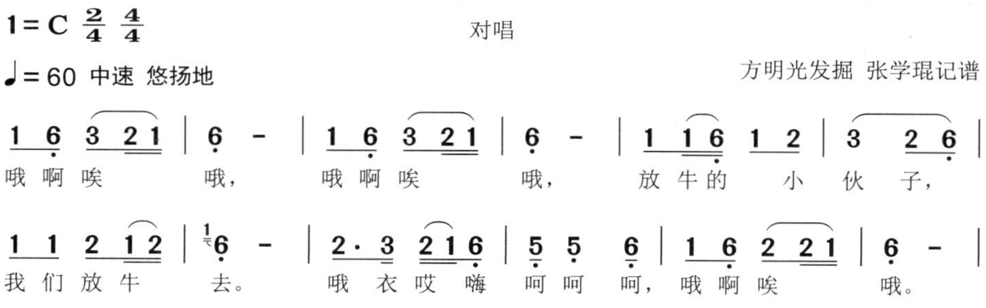

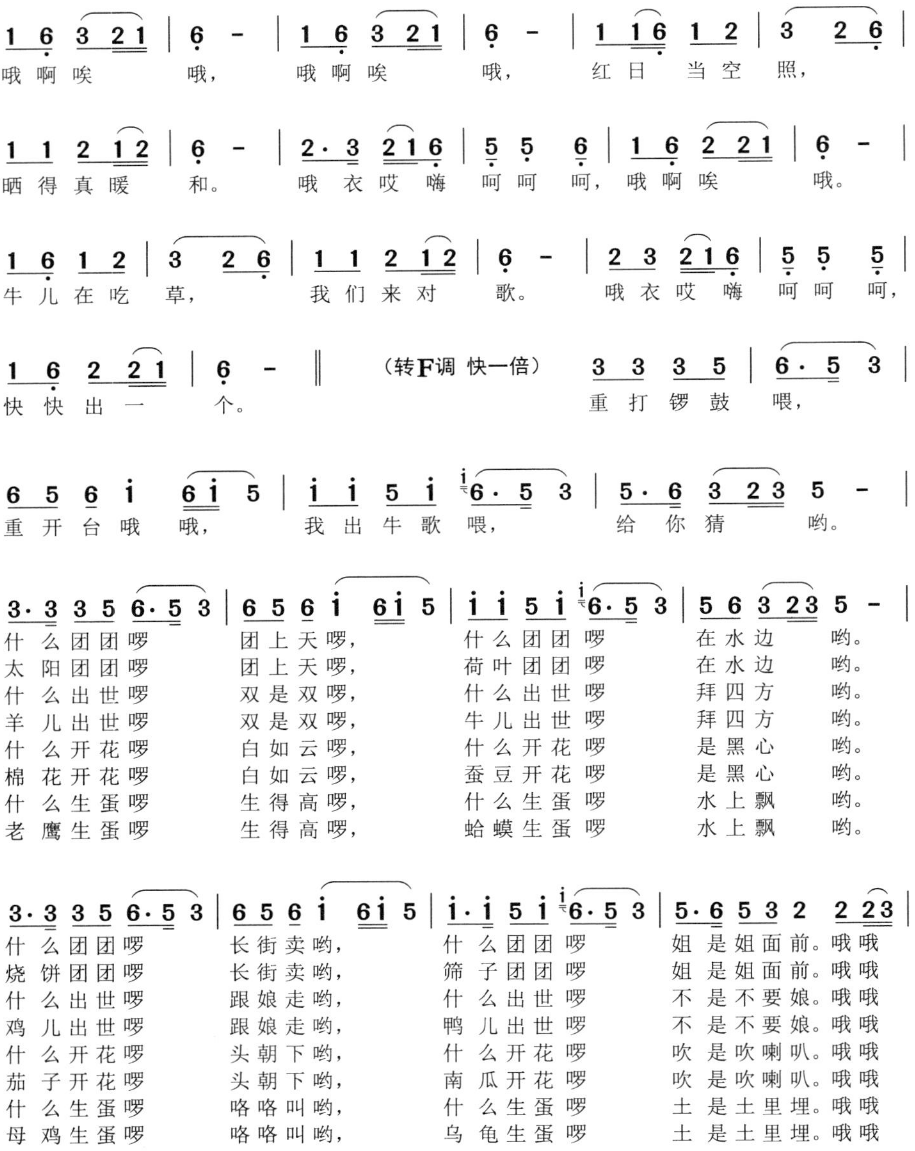
哦啊唉 哦，哦啊唉 哦，红日当空照，
晒得真暖 和。哦衣哎嗨 呵呵 呵，哦啊唉 哦。
牛儿在吃 草，我们来对 歌。哦衣哎嗨 呵呵 呵，
快快出一 个。
（转F调 快一倍）
重打锣鼓 喂，
重开台哦 哦，我出牛歌 喂，给你猜 哟。
什么团团啰 团上天啰，什么团团啰 在水边 哟。
太阳团团啰 团上天啰，荷叶团团啰 在水边 哟。
什么出世啰 双是双啰，什么出世啰 拜四方 哟。
羊儿出世啰 双是双啰，牛儿出世啰 拜四方 哟。
什么开花啰 白如云啰，什么开花啰 是黑心 哟。
棉花开花啰 白如云啰，蚕豆开花啰 是黑心 哟。
什么生蛋啰 生得高啰，什么生蛋啰 水上飘 哟。
老鹰生蛋啰 生得高啰，蛤蟆生蛋啰 水上飘 哟。
什么团团啰 长街卖哟，什么团团啰 姐是姐面前。哦哦
烧饼团团啰 长街卖哟，筛子团团啰 姐是姐面前。哦哦
什么出世啰 跟娘走哟，什么出世啰 不是不要娘。哦哦
鸡儿出世啰 跟娘走哟，鸭儿出世啰 不是不要娘。哦哦
什么开花啰 头朝下哟，什么开花啰 吹是吹喇叭。哦哦
茄子开花啰 头朝下哟，南瓜开花啰 吹是吹喇叭。哦哦
什么生蛋啰 咯咯叫哟，什么生蛋啰 土是土里埋。哦哦
母鸡生蛋啰 咯咯叫哟，乌龟生蛋啰 土是土里埋。哦哦

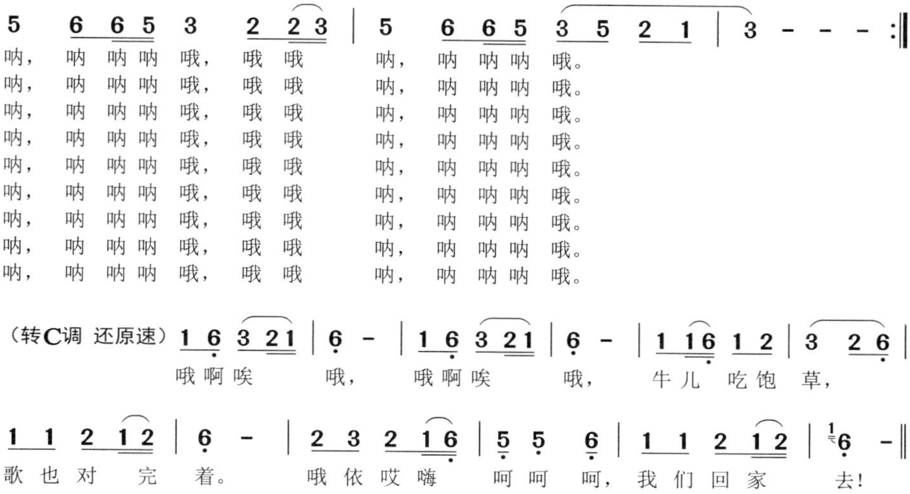

(10) 百岁歌

一岁两岁吃娘奶，三岁四岁离娘身。
五岁六岁又在过，七岁八岁读文章。
九岁十岁花又开，爹娘送我书房来。
先生打我无人保，百练诗文考秀才。
人到二十变性情，莫把赌钱事当真。
人到三十站桥头，手扶栏杆春水流。
滔滔大水归东海，人到中年万事休。
人到四十过了春，推车挑水不如人。
挑起担子在人后，一岁年纪一岁人。
人到五十扁了腮，一嘴胡子拖下来。
手拿镜子照一照，牙齿掉了白发来。
人到六十白了头，站也难来坐也愁。
手牵耕牛去耕田，还想好处在后头。
人到七十古来稀，不知南北和东西。
人老好比秋后虫，秋虫还能叮多时。
人到八十大空脑，站也焦来坐也焦。
只望养子能防老，若遇蠢子命难遭。

人到九十进花园，手捧花籽泪涟涟。
花开花谢年年有，哪有老年转少年。
人到百岁尽了头，百岁之人世少有。
山中也有千年树，冬雪寒梅伴老松。

（11）挑盖头歌（选段）

独：小小秤杆光油油，众：（下同）好！
我给新娘挑盖头，好！
一边挑起一边拖，好！
千年媳妇万年婆，好！
盖头挑起，夫妻和气，好！
盖头落被，荣华富贵，好！
盖头落床，子孙满堂，好！
盖头落枕，新娘坐稳，好！
盖头掀开，新郎就来，好！
果真好看，紧抱不放，好！

4．儿歌游戏

（1）打铁歌

玩法：两人对面坐，先各自双手拍一次，然后用右手拍对方右手。再双手拍一次，然后用左手拍对方左手。如此循环，边拍边唱（唱词大同小异，选其一）。

张打铁，李打铁，打把剪子送姐姐。
姐姐留我歇，我不歇，我要回家学打铁。
一打打得正月正，家家户户兴龙灯。
一打打得二月二，家家门口做土地会。
一打打得三月三，荠菜花赛牡丹。
一打打得四月四，一个铜钱四个字。
一打打得五月五，划龙船过端午。
一打打得六月六，田公地母吃块肉。
一打打得七月七，牛郎织女会七夕。
一打打得八月八，穿个钉鞋上宝塔。
一打打得九月九，重阳节喝登高酒。

一打打得十月十，十个老头来作揖。
一打打得冬月冬，穿了棉衣打冰冻。
一打打得腊月腊，家家都把年货炸。

（2）骑竹马

玩法：类似于民间歌舞“竹马灯”。儿童骑着小竹竿或竹丝（带小枝丫的竹枝），边跑边唱，循环往复。唱词可随意发挥，这里选其一。

众：竹马竹马我来骑，骑到南京城里去。什么城？
独：石头城。
众：什么石？
独：青板石。
众：什么青？
独：竹竿青。
众：掰根竹竿当马骑，骑到南京城里去。

（3）老鹰逮小鸡

玩法：一个年龄较大的儿童充当老母鸡，其余人扮作小鸡。“老母鸡”站在前面，“小鸡”依次牵着前面同伴的后衣襟。另有一个儿童扮着老鹰。“老鹰”站在“老母鸡”前面，要抓其身后“小鸡”。“老母鸡”张开双臂护着“小鸡”，“小鸡”则在“老母鸡”身后左右来回奔跑躲避。开始前，先唱一首儿歌（歌词可自由发挥）。

母鸡：天上星，朗稀稀，带着小鸡来草地。
众小鸡：叽叽叽，叽叽叽。
母鸡：天上来了一只鹰，瞪着眼睛要抓小鸡。
众小鸡：叽叽叽，叽叽叽。
老鹰：小鸡小鸡莫叽叽，我带你们上天去。
　　　天上天上真好玩，让我好好吃一餐。
母鸡：小鸡小鸡莫害怕，躲到我的翅膀下。
众小鸡：叽叽叽，叽叽叽。
老鹰：我来啦——
老鸡和小鸡：哦——哦——

直到“老鹰”抓到“小鸡”，或者“老母鸡”抓住“老鹰”，或者大家都累了，游戏结束。

（4）数荷花

玩法：儿童们手拉手围成一圈，中间站一个儿童扮作荷花并领唱。外圈儿童随着歌声甩动双手。在数数时，中间儿童从外圈的任意一个儿童开始，最后数到的儿童进中间当荷花，游戏重新开始。

领：荷花荷花几月开？　齐：正月不开二月开。
领：荷花荷花几月开？　齐：二月不开三月开。
领：荷花荷花几月开？　齐：三月不开四月开。
领：荷花荷花几月开？　齐：四月不开五月开。
领：荷花荷花几月开？　齐：五月不开六月开。
领：荷花荷花几月开？　齐：六月荷花朵朵开。
领：荷花荷花开几朵？　齐：你也数，我也数。
领：一二三，三二一，　齐：一二三四五六七，
领：五六七，八九十。
齐：十九八七九八七，七六五四三二一。

（5）跳房子

玩法：在地上画一个蜻蜓形方块组合，共有 8 格（按 1—1—1—2—1—2 分布），每格大小相等，或者画成连续田字格（房子）。玩者将一个小瓦片（或小沙包）丢在第一个小方格内（田字格右下为第一个，左下为末），单腿跳进，然后用跳动的脚将瓦片往第二个格里踢，再踢向第三个格。这样一格一格连跳带踢，直到踢到最顶端再踢回来。然后将瓦片丢进第二个格，继续从第一个格跳过去踢。瓦片出格、压线，脚踩线、出格，另一脚落地，都算失败，换另一人开始玩。谁先完成全部格子谁是胜者。

（6）斗鸡

玩法：游戏开始时，双方（或多人）单脚立地，双手在前方抱住并提起另一条腿。角力时独脚跳跃，可用提起的膝盖以击、挑、拨、摆、压等方式向对方发起进攻，也可以此进行防守。两人或多人角力，先双脚落地者为败。分组角力，先全部双脚落地的一方为败。此游戏有一定风险，须注意场地选择和力度控制。

（7）剪刀锤头布

玩法：两人都把右手藏在身后，同时唱："剪刀锤头（子）布"。在唱到"布"时突然将手亮出来。握拳为锤头（子）；伸掌为布；其余手指收起，食指和

中指叉开为剪子。锤头打剪子，剪子剪布，布包锤头，环环相克。克住对方者胜。

（8）抵棍

玩法：抵棍分为“胳棍和腰棍”两种。竞赛工具一般为一根扁担。胳棍比赛时，双方单手各握扁担的一头并与肩持平，同时发力，退至不可反攻者为输。腰棍比赛时则将扁担一头置于各自腰间，与胳棍玩法相同。后者因风险较大，玩得较少。

5. 民间戏剧

（1）目连戏

目连戏是中国古老的戏曲剧种之一，专演“目连救母”的故事，其主旨是宣扬孝道，劝恶归善。目连戏戏文典雅、唱腔丰富、脸谱夸张、行当俱全。铜陵目连戏所用唱腔基本上是弋阳腔、青阳腔和昆曲，并吸收了不少当地的民歌曲调，伴奏大多数是锣鼓，如同黄梅戏的“三打七唱”。后期有些班社也采用唢呐、竹笛甚至胡琴伴奏。20 世纪 50 年代以前，铜陵乡间常有目连戏大小会。民间组建了不少演出班、团，如金榔的方长安班、董店的栋梁班、西湖的黑手班等。目连戏演出很讲究舆论配合，并且与祭祀同时进行。舞台上用木材、布和纸等布置成逼真的庙宇、道观、祭堂等。

（2）黄梅戏

黄梅戏流行于民间，由小生、小旦、小丑角色演唱的所谓“三小戏”发展而来。一些民间艺人白天是农民或手工业者，晚上就粉墨登场在草台演戏。铜陵曾出过如查品生、王长明等出类拔萃的角。尤其是从汀洲街走出来的查品生，上至安庆下到芜湖都有很多他的戏迷。不过旧时这些艺人往往生活凄苦，甚至要挨门挨户演唱谋生，俗称“抵板凳头”。黄梅戏在与京剧、徽剧种结合成为大班后，在铜陵较大的集镇开始有了正规的演出舞台。黄梅戏在三小戏阶段，其唱腔是一剧一调，这些腔调来自民歌小调。到了“大班唱大戏”阶段，其唱腔有了重大变化，形成了平词、彩腔、火工、二行、三行、阴司腔等固定曲牌，并逐渐向板腔体发展。20 世纪 40 年代，著名艺人严凤英搭班桂春柏和桂月娥（汪玉琴）组织的“桂月堂”到大通演出，在铜陵城乡形成了“无人不说戏”的狂热局面。20 世纪 50 年代后，黄梅戏艺人桂春柏、桂月娥，以及严凤英的开蒙师傅严云高都留在了铜陵。桂月娥的班子非常受戏迷欢迎。直至 21 世纪初，原铜陵县胥坝、钟鸣、太平等地仍有传统的民间黄梅戏班。

（3）庐剧

庐剧原名倒七戏，主要流行于安徽江淮之间一带。铜陵人又称庐剧为“倒板子戏”。义安区的东联镇与西联镇沿江一带、金榔都有大量庐剧爱好者。庐剧因唱腔比黄梅戏更贴近民间而深受农民喜爱。金榔仍有民间庐剧团活动。

6．民间歌舞

（1）滚龙灯

铜陵的龙灯有滚龙和板龙两种，以板龙居多。滚龙灯比较短，一般有 13 节。龙头和龙尾用竹篾扎制。龙头上有龙角。眼睛大，可以活动。口中含有一颗龙珠。滚龙灯全身每节都以木板为托。用竹篾扎一个灯笼，然后用画上龙鳞的长幅布连接起来作为龙身。晚上给每节灯笼都点上蜡烛。舞动滚龙灯时由一个手持长柄红球的人引导，上下腾跃，像一条火龙在飞腾，因此又叫火龙。

（2）板龙灯

板龙灯又叫板凳龙，在铜陵乡间较为常见。在若干块长五尺宽七八寸的木板上用竹篾白纸扎成龙身，绘云彩、花鸟、人物、动物等图案，里面点蜡烛。两板之间用“龙灯棍”链接。龙灯棍除链接龙灯，还是玩灯人的扶手。因为灯火辉煌，所以玩灯一般在夜晚进行。由两人肩扛龙头，其余每人肩扛一节。引龙人手持红色彩球引导板龙灯在场地中起落盘旋做各种造型，或行进到不同地点接受祭拜（“接龙灯”）。铜陵人称玩龙灯为“兴龙灯”。过年前将龙灯扎好（如之前骨架保存完好，则重新纸糊描绘就行）。一般到正月十三开光（画龙点睛）起灯，正月十六圆灯（也有在二月二）。兴龙灯是一个村同姓家族的集体活动，常常每户人家都出人、出钱扎制龙灯。村子大，龙灯就长，因此兴龙灯也是炫耀村子实力的时候。俗话说：“拿起龙灯棍，遍身都是劲。”灯会会长由德高望重者轮流担任。引灯人和兴龙头、龙尾的人，既要德行好，又要技术好、力气大。伴随龙灯起舞、行进、接受祭拜，锣鼓喧天、鞭炮齐鸣。每条龙灯都有各种花灯相伴，如方灯、云灯、花篮、高跷、蚌灯、旱船等，以增强表演气氛。“接龙”一般是大户人家，或有高寿老人、喜添贵子、做新房的人家，事先备香案、“喜烛”“寿烛”和“门烛”。20 世纪 80 年代开始，有机关和企事业单位参与接灯，但只限于放鞭炮、包红包。圆灯时，立即拆开链接，吹灭蜡烛，象征龙归天庭。然后将龙头、龙尾放置于公堂屋，龙身带回各自家中。

（3）竹马灯

竹马灯从以竹当马的游戏发展而来，又称“跑马灯”，是一种没有固定基本步伐和程式的民间歌舞。明代万历时期的《铜陵县志》中记载："上元，跨街张灯。儿童戏竹马以恣游赏。箫鼓之声彻于闾巷。妇女或夜静游行。掷瓦缶，夜除不祥。"这是关于铜陵人表演竹马灯较早的文字记载。玩竹马灯不独在元宵节，其他时间也有，如清代乾隆时期的《铜陵县志》中记载："九月重阳，为龙烛会以迎官山神。民间制糍糕颁食，互相馈遗。戏竹马逐疫。"铜陵竹马灯主要流行于钟鸣山区一带，尤其以牡东村白牡岭自然村竹马灯影响最大，具有100多年的发展历史。竹马灯活动主旨是庆祝一年的劳作成果，祈祷来年五谷丰登、百业兴旺。竹马灯配合大型龙灯、狮子灯表演，加上方灯、云灯、彩灯、牙牌、彩旗等，在场地上布阵、穿花、跑马，增加整体表演气氛。2006年，铜陵竹马灯入选首批安徽省省级非物质文化遗产名录。

竹马灯

（4）狮子舞

狮子舞是中国优秀的民间艺术。铜陵狮子舞属于双人北狮，以表演"武狮"为主。"武狮"身躯大，其身躯和头部与真狮差不多，外形也和真狮极为相似。铜陵狮通身用麻线做绿毛，间以金黄或红色点画眼睛、额头等部位。扮演者的腿脚都要披上狮毛。狮子舞一般配以大锣、大鼓、大钹，甚至有两人抬的大筛锣。铜陵狮在行走或跑动时和真狮一样，但起舞时则要配合音乐节奏舞动。表演技巧有“登峰造极”“兽王翻身”“降龙伏虎”“双狮戏球”“飞跃山涧”等。舞狮时还能在倒放的桌脚上走梅花桩，从几张桌上翻下。最得民众尤其孩子们喜爱的，是表演母狮抢到绣球后怀孕产崽的过程。幼狮出生后，挂着铃铛满场欢跑，让全场气氛为之喧腾。

（5）划龙舟

划龙舟又叫划龙船，是铜陵端午节主要的民俗活动之一。民谚有“五月五，划龙船过端午”。清代乾隆时期的《铜陵县志》中记载：“五月端午，插艾虎，泛蒲觞，以角黍相馈，竞龙舟于江浒。”古时在县城关、汀洲、顺安河、钟鸣黄浒河都有龙舟竞赛，以大通为最盛。古时龙舟分赛舟（船）、花船和看船三种。“龙舟竞渡”是指赛舟，船长两丈多，头尖尾翘，分别安上竹制龙头龙尾。通常船舱内置22个座位，有20位执桨水手和擂鼓、把舵各一人。竞渡时以头巾和衣衫颜色区分队别，先到达终点者为胜。花船也称彩龙舟、戏船。这类船不参与竞赛，其船头、船艄也分别安上龙头、龙尾，在水面上游荡供人观赏。看船即供人观看比赛的船，船体大而宽敞，古时多为绅士、富商、官宦子弟所雇用。铜陵赛龙舟曾盛极一时，1960年举办过安庆地区龙舟赛事，1984年举办过首届安徽省龙舟比赛。铜陵县女子龙舟队曾多次代表安徽省参加“九龙杯”等全国和国际龙舟比赛，均取得较好成绩。

六、第六展厅：红色人文

铜陵义安是较早出现革命火种的红色人文之地，1931 年 1 月，凌霄等人在义安区西联镇钱湾村成立中共铜陵特别支部，这是铜陵最早成立的地下党组织。在铜陵党组织的领导下，义安人民在新民主主义革命阶段，尤其是在抗日战争时期，长期在敌强我弱的状态下坚持斗争，成为革命老区，是皖江革命根据地的重要组成部分。从 1938 年新四军进驻义安抗战，到在皖南事变中，铜陵党组织掩护新四军突围，穿越重重封锁北渡长江。这一时期，铜陵义安在敌人重重包围中，保证了江南地区和江北新四军第七师联络的畅通。解放战争时期，铜陵义安的党组织和地下工作者积极参与渡江侦察，完成配合解放军渡江作战的任务，为渡江战役全面胜利和全中国解放做出了重要贡献。第六展厅“红色人文”，共分历史重大事件及其影响、义安发生的战斗故事、义安境内的红色纪念地、革命诗抄四个部分，全面展示了义安红色人文的历史面貌。

（一）历史重大事件及其影响

1. 五四运动对铜陵的影响

五四运动是 1919 年 5 月 4 日在北京爆发的中国人民反对帝国主义、封建主义的爱国运动，是一次彻底的反帝反封建的革命运动。

1919 年 5 月 4 日，在北京爆发了以学生为主体的反帝、反封建的爱国主义运动。消息传来，安徽省有 50 多个县的人民热烈响应。铜陵县城和大通的学生、工人、商人举行集会，示威游行，开展各种宣传活动，声援五四运动。五四运动后，在外地的一批铜陵籍青年学生积极投入大革命洪流中，先后成为中国共产党党员，有的还成为当地革命运动的先锋或骨干力量。铜陵义安区西联镇北埂王村的王同荣，于1918年秋考入安庆法政专门学校后，不断接受新思想、新文化的教育，接受和传播马列主义，积极阅读、保管、传递《新青年》《湘江评论》等革命书刊。1925年底，他在莫斯科东方大学由青年团员转为中国共产党党员。同时参加革命的还有在安庆读书的铜陵籍青年学生王同根、朱世珩、阮淑兰、阮淑惠、童善宇、童善聪等。

1923年，芜湖工读学校的铜陵籍学生佘文烈（大通人）和在工读学校任教的堂兄佘小宋等一同积极参加柯庆施在芜湖创建的“马克思主义研究会”，并成为会员，组织学生运动，开展反帝、反封建、反军阀的斗争。1925年5月1日，全国第二次劳动大会在广州召开，佘文烈代表芜湖工会组织参加上海代表团，出席了这次大会，聆听刘少奇等领导人的讲话。1927年春，北伐军途经铜陵，太平乡（现属西联镇）钱湾村的章啸衡受到大革命风暴的洗礼，积极响应，筹枪征员，参加了北伐，后于1930年冬加入中国共产党，成为铜陵地区革命的“火种”。

伟大的五四运动，不仅影响着铜陵广大青年学生，使他们积极投入大革命洪流中，还为铜陵人民在中国共产党的领导下，团结一致推翻“三座大山”奠定了坚实的思想基础。

2. 铜陵人民支援“五卅”运动

1925年2月，上海22家日商纱厂的近4万名工人为反对日本资本家打人、无理开除工人和要求增加工资而先后举行罢工。

5月15日，上海内外棉七厂的日本资本家枪杀工人代表、共产党员顾正红，打伤工人10多人。日本帝国主义的暴行激起了上海工人、学生和广大民众的怒火。5月30日，上海工人和学生在租界的繁华马路上进行宣传讲演和示威游行，租界的英国巡捕在南京路上先后逮捕100多人，并突然向密集的游行群众开枪射击，造成13人死亡，数十人重伤，造成震惊全国的五卅惨案。

五卅惨案的消息传到铜陵之后，铜陵反响巨大，工人罢工，学生罢课，商人罢市，进行了反帝示威大游行。6月26日，大通举行群众大会，各界到会者有2000余人，大家同仇敌忾，声讨帝国主义，全力支援上海工人，并着手募捐接济上海的失业工人。6月27日，大通各界罢工一日，举行示威大游行。参加游行队伍的有各校的全体学生，箩杠、机织、木业等各行各业的工人群众。游行队伍群情激昂，斗志高昂。

“五卅”运动，是在中国共产党英明领导下的群众性反帝爱国主义运动，它标志着大革命高潮的到来。铜陵人民为了声援和接济上海罢工工人做出了积极贡献。

3. 铜陵第一个中共特别党支部创建

铜陵地区中共党组织始建于20世纪30年代初，主要是由外地党员帮助和发展起来的。此外，在外地入党的部分铜陵籍党员回到家乡后，成为一股建党力量。1930年11月，原中央红军独立二师副师长凌霄来到铜陵，点燃了铜陵地区的革命星火。

凌霄，贵池县里山乡凌家村人，1925年在芜湖读书时加入中国共产党。1930年11月，凌霄经贵池来到铜陵，秘密从事建党活动，落脚在西联镇钱家湾章啸衡家中。章啸衡秘密将凌霄安置在家中，想方设法为凌霄建党活动提供方便，成为凌霄来铜陵之后发展的第一位中国共产党党员。

1931年初一个寒冷的夜晚，在章啸衡家中的一间密室里，创建中共铜陵特支的重要会议正在这里秘密举行。密室中间的八仙桌上点着一盏小油灯，围桌而坐的人们神情庄重，态度严肃，聚精会神地聆听着会议主持人凌霄的演讲。在他讲话之后，党员们进行了一番热烈的议论，与会党员一致推选凌霄担任中共铜陵特支书记。这样，中共铜陵特支正式成立了，这是中国共产党在铜陵境内建立的第一个党支部。

中共铜陵特支的诞生，犹如一座光芒四射的灯塔，给在黑暗中摸索的铜陵人民指明了前进的航向。此后，大通、铁板洲、山塝汪村、钟鸣和金榔等地的党组织相继成立，革命火种燃遍铜陵大地。

4. 铜陵农民暴动

“哪里有剥削，哪里就有斗争；哪里有压迫，哪里就有反抗”。在土地革命战争时期，铜陵曾先后发生两次较大规模的农民暴动，即湖城涧农民暴动、水村暴动。这两次农民暴动是铜陵广大农民在何骏启、曾一坚、花良虎等人的领导下与地主和恶势力进行的勇敢抗争。这两次农民暴动虽然失败了，但在铜陵这块沃土上建立了农民革命武装，撒下了革命的种子，为后来动员民众进行抗日战争和解放战争打下了良好的思想基础，在铜陵人民心中留下了永不磨灭的印迹。

5. 中共铜繁无县委建立始末

中共铜繁无县委驻地遗址位于义安区胥坝乡旭光村第九村民组。

1933年，苏拓夫辗转来到铜陵。苏拓夫早年加入中国共产党，1932年前任中共桐城县委宣传部部长。来铜陵后，他结识了铜陵早期党员沈默，并与中共皖南特委取得了联系。1933年春，当地绅士王兰田在胥坝三官庙创办了一所私塾。苏拓夫以在私塾教书为名，在三官庙、汀洲一带开展革命活动。同年3月，他在进步学生中成立了中国共产主义青年团钱家湾支部，苏拓夫任书记。团组织成立后不久，苏拓夫又在胥坝、柳洲、程柏村、谢家垄、朱村、龙泉、犁桥、宋家宕等地发展了一批党员，建立了党支部。

1934年11月，方志敏率领红军北上抗日先遣队挺进皖南。为了迎接红军，中共皖南特委派人到铜陵帮助开展工作。随后，在紫沙洲三官庙程正儒家召开会议，正式成立了中共铜繁无县委，苏拓夫任书记，沈默任组织部部长，查全敏任宣传部部长，程正儒、陈是田、姚志健为县委委员。会议上除着重讨论健全和发展党组织外，还讨论了如何在国民党各乡政府武装人员中发展党员，伺机建立地方武装的问题。

中共铜繁无县委成立后，铜陵地区党组织得到迅速发展。除建立犁桥区委外，还建立了胥坝区委、城北区委、宋家宕区委、朱村区委等，全县共有500名中国共产党党员。

6. “七七事变”在铜陵的反响

1937年7月7日，驻华日军在卢沟桥畔悍然发动“七七事变”（又称“卢沟桥事变”），日本开始全面侵华，抗日战争爆发。

“七七事变”发生后，在上海、南京、芜湖、安庆等地读书的铜陵大通籍学生先后有100多人回乡度假。他们在蔡向荣、项本道等同学的倡议下，邀集回乡学生90多人，成立了大通旅外学生暑假工作队，开展揭露日军侵华罪行、唤起民众抗日觉悟的抗日宣传工作。铜陵县城和胥坝、老观嘴、犁桥、顺安一带的有识之士也纷纷成立抗日后援会。他们提出，有钱出钱，有力出力。筹集粮款，慰劳前方抗日战士。

这一时期，铜陵城乡广大民众积极投身抗日救亡工作，爱国热情高涨。不久，章啸衡、谢节之等爱国名士来到铜陵，先后在洲区和圩区积极宣传中国共产党关于“国共合作、共同抗日”的主张和八路军、新四军开赴抗日前线英勇抗敌的事迹，振奋了民心，鼓舞了斗志。一批有识之士积极同国民党县政府交涉，要求动员群众，开展抗日救亡运动。群众的抗日热情为中国共产党在铜陵发动抗日救亡运动，打下了坚实的基础。

7. 日军在铜陵的暴行

1938年2月19日，日舰驶至大通江岸，发炮轰击击毁多艘船只。铜陵沦陷后，日军在铜陵实施烧光、杀光、抢光的“三光”政策，肆意狂轰滥炸，公然违背《日内瓦国际公约》，疯狂地使用化学武器，并在大通设日军医院进行生物试验。他们烧杀抢掠，无恶不作，使铜陵满目疮痍，使人民饱受极大的苦难。

日军在铜陵进行了长达 7 年之久的法西斯统治，在占领区建立据点 30 余处，并网罗汉奸恶棍拼凑维持会，对铜陵人民实行军事、政治统治。同时，日军在铜陵频繁“扫荡”，大肆烧杀掠夺，使沦陷区人民饱受侵略者蹂躏之苦。据不完全统计，铜陵革命志士和群众被杀 1701 人，房子被烧毁 26570 间、被炸毁 2574 间，抢去粮食 129106 担，抓走群众 6663 人。不仅如此，日军还大肆掠夺铜陵的矿产资源，对铜官山铜矿进行掠夺性开采，仅第一期就先后开采铁矿 345 吨、铜矿 3000 多吨，全部运往日本。1944 年春，日本华中矿业股份有限公司在老庙基山先开 65 米平巷，然后打通斜井，夺取含铜 1.40％以上的富矿石 2 万吨左右。日军投降后，遗留下粗铜矿石 1.4 万吨、精铜矿 2280 吨，其掠夺铜矿的疯狂由此可见一斑。

日军在铜陵犯下了滔天罪行，激起了铜陵人民强烈的民族仇恨。在铜陵党组织的领导下，铜陵人民纷纷拿起武器展开了英勇斗争，向他们讨还血债，终于赶走了日军。

8. 抗日烽火在铜陵

抗日战争爆发后，国共实现了第二次合作，南方八省的红军游击队改编为新四军。新四军第三支队由闽北红军游击队和闽东红军游击队改编而成。1938 年 12 月，新四军第三支队奉命开赴铜（陵）繁（昌）前线，担负长江沿岸的防御作战任务。

新四军第三支队驻防铜陵期间，坚决贯彻中共中央关于放手发动群众、武装群众，广泛开展游击战，创立抗日根据地等一系列指示，冲破国民党重压，实现全面抗战路线，开创了铜陵抗日斗争的新局面。

在抗日战争期间，铜陵人民在中国共产党的正确领导下，建立群众抗日武装和抗日团体，积极配合新四军第三支队狠狠打击日军。抗日烽火燎原铜陵，广大军民用生命和鲜血谱写了铜陵抗日战争史上可歌可泣的壮丽篇章。

9. 抗日战争时期铜陵党组织的恢复、建立与发展

1937 年“七七事变”之后，日军的气焰十分嚣张。1937 年 8 月进攻上海，12 月占领芜湖和南京，紧接着溯江而上，进逼铜陵和繁昌。1938 年 7 月，新四军军部进驻泾县云岭后，十分重视铜（陵）繁（昌）一带的抗日工作。1938 年 8

月，新四军政治部派张伟烈到铜陵开展工作。1938 年 10 月，中共皖南特委任命张伟烈为巡视员再次来到铜陵，着手恢复和建立铜陵的党组织。1938 年 12 月初，抗日战争时期铜陵第一个党的机构——中共铜陵中心区委成立，张伟烈任书记，顾达人为委员。从此，铜陵人在党的领导下迅速开展抗日斗争。

1938 年 12 月底，中共皖南特委委托第三支队党委，帮助建立了中共铜南繁中心县委，张伟烈任书记。1939 年 4 月下旬，中共皖南特委决定，撤销铜南繁中心县委，分别成立铜陵、繁昌两个县委，均隶属中共皖南特委领导，张伟烈任铜陵县委书记。1940 年 6 月，中共皖南特委决定成立中共铜陵敌后县委，张伟烈任书记（原铜陵县委仍保留，由张东任书记），领导国民党统治区的凤凰山、金凤、九榔、钟鸣、朱陈、陶凤、陶城等地的抗日工作。

1941 年 1 月，皖南事变后，新四军第七师先后派彭嘉株、杨明、巫希权、何志远、肖须知等党政军干部率部到铜陵，配合地方党组织和武装继续开展斗争。1943 年 3 月，中共皖南特委改为中共皖南地委，铜陵敌前、敌后县委合并成立中共铜（陵）青（阳）南（陵）县委，张伟烈任书记。11 月，张伟烈调任中共皖南地委组织部部长，杨明接任铜青南县委书记。1944 年 12 月，中共皖南地委及皖南支队、皖南军分区领导机关，从无为白茆洲南迁到铜陵舒家店，进一步加强对铜陵和皖南工作的领导。

在抗日战争中，铜陵党组织一直领导铜陵人民坚持斗争。经过 7 年多的浴血奋战，铜陵军民虽然付出重大牺牲，但终于赢得抗日战争的伟大胜利。

10. 铜陵沙洲游击大队

铜陵沙洲游击大队是共产党党员章啸衡和谢节之等人在胥坝、汀洲一带组建的游击队，因游击队队部在沙洲大棚，故称沙洲游击大队。这是铜陵地区第一支群众性的地方抗日武装。

铜陵沙洲游击大队自成立之日起，即得到新四军的大力支持与帮助。1938 年 12 月，新四军第四支队第二游击纵队正式授予沙洲游击大队该纵队第四大队番号，并由纵队司令龚同武、副司令曹云露颁发委任状，任命章啸衡为大队长。1939 年 2 月 3 日，新四军军长叶挺、副军长项英、政治部主任袁国平、副主任邓子恢联名致函章啸衡、谢节之，高度赞扬沙洲游击大队所取得的成绩，并决定将其番号改为新四军第三支队铜繁芜游击独立第一大队，任命章啸衡为大队长，陈振先为副大队长，谢节之为教导员，归属于新四军第三支队，在铜繁芜地区活动。1940 年 7 月，为服从抗日斗争的需要，沙洲游击大队大部分人员编入新四军第三支队，章啸衡则受命重组新的游击队，番号改为新四军第三支队长江游击纵队，章啸衡任纵队长，夏光普任副纵队长。同年底，长江游击纵队也被编入新四军第三支队。铜陵沙洲游击大队从创建到结束，先后发展上千人，在几次改编中，先后挑选数百名精干人员补充到新四军第三支队，壮大了正规部队的力量。

在艰难困苦的抗战岁月里，铜陵沙洲游击大队在中国共产党的领导下，动员抗日力量，扩大抗日游击武装，打击日军和汉奸敌特，屡建功勋，必将永远刻印在铜陵人民的心中。

11. 铜陵青年抗敌协会的创建与活动

1939 年 9 月 1 日，铜陵青年抗敌协会在铜陵县新屋里周氏小学成立。

青年抗敌协会成立后，在铜陵县委的领导下，根据抗日战争时期青年的斗争任务，积极发动广大青年，开展各项抗日活动。

① 宣传抗日主张，鼓舞民众斗志。青年抗敌协会组织青年宣传队，演唱和教唱大量抗日歌曲，如《大刀进行曲》《义勇军进行曲》《太行山上》《新四军军歌》《青年进行曲》等。

② 办图书阅览室，传播革命思想。青年抗敌协会办了一个简陋的图书阅览室，购进了一批马列著作与进步读物，如马克思、恩格斯的《共产党宣言》、毛泽东的《论持久战》《新民主主义论》、刘少奇的《论共产党员的修养》、艾思奇的《大众哲学》、奥斯特洛夫斯基的《钢铁是怎样炼成的》、美国记者斯诺的《西行漫记》等。

③ 建立抗敌武装，配合部队作战。青年抗敌协会为保卫皖南、配合新四军打击日军，在敌后圩区组建了青年营。同时，青年抗敌协会还在敌前山区，组织以青壮年为主的猎户队。青年抗敌协会还组织儿童团和递步哨，为部队站岗放哨、传递情报，还配合妇女抗敌协会，动员和组织妇女为部队做鞋袜、慰劳部队、开展拥军活动。

④ 团结带领群众，坚持革命斗争。青年抗敌协会为维护群众利益，坚持有理、有利、有节的斗争原则，团结带领当地群众，同少数消极抗日、积极反共的国民党顽固派做坚决的斗争。

铜陵青年抗敌协会存在的时间虽然不长，但领导发动了铜陵青年抗日运动，同全县其他群众抗日组织一起，积极配合新四军开展抗日斗争，为铜陵军民夺取抗日斗争的胜利做出了积极贡献。

12. 铜陵县第一次党代会

1939 年 7 月，中共铜陵县委在凤凰山（现属顺安镇）新屋岭周氏小学召开了铜陵县第一次党员代表大会。出席会议的代表约有 50 人，代表全县 3 个区委、13 个中心支部、275 个支部、895 名党员。会议选举产生了中共铜陵县委员会，选举张伟烈、余起、张世杰、张东、田文、刘功成为县委委员，并选举张伟烈、周坚铠、王文礼、胡家康等 6 人为出席中共皖南特委党代会的代表。

铜陵县第一次党代会召开后，铜陵县委领导铜陵人民积极开展对敌斗争：

① 深入宣传全民抗战。1939 年 7 月 7 日，新四军第一团在凤凰山周村召开各界代表纪念“七七事变”抗战两周年并追悼阵亡将士大会。第一支队副司令员兼第一团团长傅秋涛在会上做了“坚持抗战　坚持团结”的讲话。正在铜陵视察的东南局书记项英也参加会议并讲了话。铜陵县委借此机会，向铜陵民众深入宣传“全民抗战才是中国唯一出路”的道理，动员广大人民群众积极抗战。

② 广泛开展统战工作。为争取国民党中的一些有识之士一道抗日，铜陵县委广泛开展统一战线工作。例如，争取铜陵县县长吴曙光、潘宗鹏等；争取开明人士陈可亭、王士萼、陈春圃等。这些人为党组织发展做了不少有益工作。

③ 加强地方武装建设。1939 年 8 月，铜陵县委组建了铜陵独立连，在山区发展和扩大了猎户队，在洲圩区组织起递步哨。这些地方武装配合新四军作战，打击日伪军，发挥了积极作用。

④ 组建基层抗日政权。铜陵沦陷后，为发动民众抗日，中共铜陵县委建立后，逐步在犁桥、和平等乡建立起抗日民主乡政府。

⑤ 组织抗日群众团体。早在 1938 年底，中国共产党就在洲圩区建立起农民抗敌协会，然后在后山区的闸口汪、顺安、朱村也陆续建立起农民抗敌协会。这时，大多数非敌占区的村庄都先后成立了群众抗日组织。1939 年 9 月 1 日，中共铜陵县委在凤凰山新屋岭成立铜陵县青年抗敌协会。

铜陵县第一次党员代表大会的召开，是铜陵现代史上开天辟地的一件大事。在地方现代革命史上写下了光荣的一页。

13. 中共铜陵县委领导的借粮斗争

借粮斗争，是中共铜陵县委在抗日战争时期领导的一次较有影响的群众运动。

1940 年 5 月，正值青黄不接之际，日军的炮火使铜陵大片田地荒芜，百姓缺粮断炊，军需民食极为紧张。此时的国民党铜陵县政府不但不积极采取措施保障供给，反而暗中策划转运闸口汪村粮库的大批粮食到南陵，造成粮荒以困扰抗日军民。针对这种情况，以张东为书记的中共铜陵县委决定迅速采取对策，由青年抗敌协会领头，会同乡抗日组织一起行动，一边揭露国民党顽固派的阴谋，一边开展了一场声势较大的借粮斗争。

在青年抗敌协会的宣传发动下，近千名群众带着扁担、稻箩和米袋到闸口汪村祠堂，“借”掉了国民党县政府1000多担粮食。中共铜陵县委还领导当地群众，把泉水坑地主胡卓哉的粮食“借”了，把凤凰山大地主的粮食“借”了，把三条冲闸口汪村汪大先生的粮食也“借”了，终于取得了借粮斗争的胜利。群众分到了粮食，情绪高涨，更加义无反顾地投身到抗日斗争的洪流中。

14. 新四军领导人在铜陵

抗日战争初期，新四军军部进驻皖南泾县云岭之后，铜陵战略地位更加重要，成了保卫军部和阻止日军南犯的重要屏障。新四军军部领导人在铜陵活动较多，从1938年8月至1941年皖南事变前后，先后有项英、叶挺、张云逸、袁国平、邓子恢等新四军领导人来到铜陵指导抗战工作。

新四军参谋长兼第三支队司令张云逸，是最早到铜陵指导铜陵抗战的新四军领导人。1938年11月，张云逸率军部特务营和军部服务团的几位同志，经铜陵柴塘至沿船沟渡江抵达江北新四军第四支队处理军务。当时，铜陵准备筹建一支游击大队，张云逸得悉后十分关心，特地写信给章啸衡，嘱咐他一定要把铜陵这支游击队组织好。

新四军第三支队副司令员兼政委谭震林，是第二位到铜陵指导抗战工作的新四军领导人。谭震林到铜陵后，十分重视民运工作，先后派出20多名民运工作干部深入到铜陵各区、乡发动群众，宣传抗日，帮助建立和发展党的组织和抗日武装。

1939年3月，新四军政治部副主任邓子恢为开辟铜（陵）繁（昌）一带的工作，率领军部服务团部分同志到铜陵三条冲、大屋基方村等地调查研究，指导抗战工作。

第四个到铜陵指导抗战工作的第四军领导人是新四军军长叶挺。1939年4月5日，叶挺兴致勃勃地陪同美国女记者史沫特莱一行，到铜陵方村新四军第三支队驻地视察。叶挺军长亲切地询问了铜陵抗日工作的情况，鼓励民运队员要深入群众，动员广大民众支援抗战。

1939年7月初，新四军副军长兼中共中央东南局书记项英，陪同由20多名菲律宾华侨组成的抗日救国慰问团来到铜陵凤凰山，慰问驻在铜（陵）繁（昌）一带的新四军第一支队、第三支队干部战士，并听取县委负责同志的工作汇报，对县委的工作做了具体指示。

1940 年 10 月，新四军政治部主任袁国平亲自到铜陵，指挥第二支队、第三团及铜南繁地方抗日武装反击敌人的大扫荡。

在新四军领导人的关怀和指导下，铜陵的抗战烽火越烧越旺，抗战热情蓬勃高涨，革命形势发展迅速，为中国人民取得抗日战争的伟大胜利做出了巨大贡献。

15. 新四军战斗在铜陵

1938 年 11 月，铜陵沦陷。12 月，新四军奉命进驻铜（陵）繁（昌）地区对日作战。新四军主力部队进驻铜陵之后，一面积极宣传抗日，发动群众，建立地方党组织和抗日武装，一面英勇作战，狠狠打击日伪军，鼓舞铜陵民众，有力推动了铜陵抗日根据地的建立和发展。

1938 年 12 月，新四军第三支队在副司令员谭震林的率领下，奉命开赴铜（陵）繁（昌）抗日前线。第三支队所属老五团随之进驻铜陵。团部先后驻在龙潭肖村和金山冲，该团所属的一、二、三营分别驻防凤凰山、金山冲、水龙山和三条冲一带。

1939 年 4 月中旬，第三支队老五团奉命调离铜陵。4 月 24 日，新四军第一支队老一团在支队副司令员兼一团团长傅秋涛、副团长江渭清的率领下，接防铜陵，团部先驻在闸口汪村，后移驻金山冲。老一团所属一、二、三营和教导队分别驻在威虎宕、铁石宕、水龙山和新屋里一带。老一团在宣传群众和发动群众的同时，抓住一切战机狠狠打击日军。

1939 年年底，老一团奉命调往新四军军部所在地泾县驻防。1940 年 1 月，新四军第二支队老三团在团长黄火星、副团长兼政委周桂生的率领下，从泾县汀潭、杨村一带开赴铜陵抗日前线。团部先驻在繁昌龙家桥，一个月后进驻铜陵龙潭肖村、叶村，后又进驻金山冲、新屋里。老三团所属一营驻中冲、西冲、章家冲、里外郎坑，二营驻叶村一带，三营驻丁山俞、王家村、舒家店、叶山冲。

1944 年 7 月，新四军第七师皖南支队临江团进驻铜陵后，抓住有利时机，积极主动地出击，巩固和扩大了抗日根据地。

在中国共产党的领导下，新四军各部在进驻铜陵期间，与铜陵人民一道同日、伪军进行了数百次战斗，给敌人以重创。新四军英勇顽强、不怕牺牲的革命精神和崇高的爱国情怀，永远值得铜陵后人铭记与敬仰。

16. 皖南事变与铜陵突围

1941 年年初，国民党顽固派制造了震惊中外的皖南事变。

皖南事变之后，中共铜陵敌后县委根据铜繁芜中心县委的指示，召开紧急会议，研究和制定应急措施，具体如下。

① 县委把护送突围人员作为首要任务，充分发动群众帮助突围同志换上便装，安全通过国民党封锁线和日伪占领区。

② 进一步健全和加强敌后各情报站与交通站工作。

③ 选择日军控制的 100 多里铜陵沿江防线的薄弱环节，及时护送突围人员渡江。

④ 隐蔽、掩护突围人员转移。在铜陵敌后县委的部署下，铜陵各地党组织和铜陵独立连全力以赴，接应、护送新四军突围人员。

在铜陵党组织的精心组织、周密安排下，先后共接应和护送 7 批新四军突围人员 450 多人从铜陵渡江安全转移到江北。这些突围人员后来成为新四军第七师的骨干力量。

皖南事变是国民党顽固派一手制造的。在这场血雨腥风的斗争中，铜陵党组织和铜陵人民经受了严峻的考验，县委组织几经变化，历经艰辛，终于带领铜陵人民渡过难关，并为掩护皖南事变的突围人员过江做出了重要贡献。

17. 肖村会议

1945 年 10 月 10 日，中共沿江中心县委在杨明主持下，于顺安庵门口肖村召开了一次具有重要意义的扩大会议，即肖村会议。

会议内容有 3 项：一是正式宣布中共沿江中心县委成立；二是研究敌情，分析斗争形势；三是讨论确定坚持沿江斗争的方针、任务和行动部署。

肖村会议之后，中共沿江中心县委领导会同中共铜青南县委，全力贯彻会议决定的对敌斗争方针和任务，从思想上、组织上、军事上、物资上，加紧进行对敌斗争的准备工作，具体如下。

① 统一思想认识。1945 年 10 月 15 日，在顺安城山冲召开了有 60 余名干部参加的中共铜青南县委扩大会议。中心县委书记杨明和中共铜青南县委书记朱农分别在会上做了重要讲话。这次扩大会议消除了干部中因北撤仓促对部分党员和基层干部未做妥善安排而造成的思想误解，稳定了情绪，提高了认识。

② 调整基层组织。为适应斗争形势，以利隐蔽斗争，区乡党组织和政权组

织均采取单线领导，不设机构，各区只委派特派员、区长各 1 人，对凤心、沙洲、顺安、五峰等区委派了区长或特派员。

③ 整编武装部队。为便于部队在统一指挥下机动灵活、独立自主地坚持分散斗争，尽量缩小目标，分头发动群众，把南返的连队整编为区队，以武工队形式进行活动。

④ 筹集经费、物资。中共沿江中心县委在铜陵期间，努力进行了迎接艰苦斗争的经费、物资准备。

肖村会议是解放战争初期中共沿江中心县委正式成立后召开的一次具有战略意义的重要会议。会议中统一了皖南沿江地区党政军干部的思想认识，统一了沿江地区党的领导，统一了沿江部队的军事指挥，为坚持皖南沿江地区的斗争确定了正确方针、指明了方向，对团结皖南沿江地区的人民群众同国民党反动派做坚决斗争，发挥了重要作用。

18. 义安人民策应大军渡江

1949 年 4 月 20 日，南京国民党政府拒绝在《国内和平协定》上签字，和平谈判破裂，用战斗方式渡江已成为定局。按照既定的部署，人民解放军渡江大军在总前委的统一指挥下，以排山倒海之势向长江南岸发起攻击，打响了渡江战役。

4 月 20 日 8 时许，24 军接受渡江命令后，于 17 时开始准备炮火，摧毁敌沿江工事，压制敌纵深内要点，掩护船只由内河翻坝入江。20 时，突击部队开始上船，并进行起渡前的现场政治动员工作。21 时 15 分，七十师第一梯队 4 个营以船为单位（每船一个班至一个排）在登垅地、仙姑庙地段横渡长江，向铜陵新江口、沙凸拐、洼沟方向前进。七十一师第一梯队 4 个营分别在小李凸、仙姑庙、大套、周家口间起渡，向铜陵姚墩、王家拐、东风泡急进。21 时 35 分前后，两个师的先头部队在火炮和机枪掩护下，在文兴洲的套口、东风泡、新江口等地强行登陆。七十师和七十一师先头渡江部队按预定作战任务攻击前进，在编鱼肚胜利会师。4 月 20 日夜，中共铜陵县委获悉人民解放军发起渡江战役，并在铜陵登陆成功的喜讯，立即在甘家冲召开紧急会议，做出扫清障碍、迎接解放、阻击逃敌、断其退路、筹备粮草、建立政权等工作部署。为了阻止国民党铜陵县政府南逃，4 月 21 日晨，县委书记陈爱曦带领铜陵大队一连指战员在挂岭设伏，打了一场漂亮的阻击战。七十师于 21 日 4 时，以小木船和三脚架等器材渡过夹江，先后攻占太平街、汀洲，然后兵分两路会攻铜陵县城。上午 8 时许，人民解放军顺利占领铜陵县城。这是渡江战役发起后人民解放军解放的江南第一座城市。

渡江战役以其特有的雄伟壮观的气势、多姿多彩的战斗业绩、宝贵丰富的作战经验，载入了人民解放战争的光辉史册。铜陵人民为策应大军渡江做出了无私的贡献。

19. 子胥圩的红色轶事

子胥圩即现在的胥坝乡，位于铜陵的江心洲，现由安平洲、文沙洲、紫沙洲、铁锚洲等洲渚组合而成，面积为 100 多平方千米。传说胥坝地名缘于历史人物伍子胥，他曾在此筑坝屯兵操练。“万里江心一小洲，开荒筑梦度千秋。”这两句诗表明了胥坝的地理位置和人文历史。

早在土地革命战争时期，铜陵第一个党组织中共铜陵特别支部的创始人之一沈默，曾生活战斗在胥坝，进行了一系列党建活动；1934 年 11 月，中共铜繁无县委在胥坝成立；1938 年 11 月底，铜陵第一支抗日武装——沙洲游击大队在胥坝沙洲大棚创建；1939 年 3 月，在胥坝成立了铜陵第一个区级抗日民主政府——铜繁无边区政府；1949 年 4 月 20 日，中国人民解放军渡江第一船在胥坝文兴洲抢先登陆……

勤劳、勇敢的胥坝人民，在中国共产党的英明领导下，在这块历史底蕴浓厚的大地上，高举红旗，勇往直前，外御强敌，内救解放，谱写了一曲曲雄壮激越的革命赞歌，为铜陵的革命历史画卷增添了靓丽的色彩，为我们留下了许多熠熠生辉的红色宝藏。

（二）义安发生的战斗故事

1. 塔里王战斗

塔里王战斗发生在天门镇考涧村塔里王自然村，是新四军第一支队第一团进驻铜陵后的首次战斗。

日军侵占铜陵后，其 116 师团石谷联队一个大队分驻顺安、朱村，中间相距 12 里，有交通大路相连。每日上午 7 时，日军交通巡逻队 20 余人往来其间维护交通。

1939 年 4 月 27 日晚，新四军第一支队第一团二营根据侦察掌握的敌情，由罗家店出发，进入塔里王附近设伏，并以四连、六连为突击队，以五连一个排在顺安方向警戒，以五连两个排在朱村方向警戒，以四连一个排和营部机枪排埋伏在塔里王东边的小高地。

4 月 28 日上午 7 时许，一队日军由顺安沿大道向朱村开来。当敌人进入埋伏圈后，新四军战士一阵手榴弹把日军炸得晕头转向，然后乘势发起冲锋，与日军展开肉搏。

这场战斗共打死日军 16 人，打伤日军 14 人，缴获步枪 8 支、刺刀 8 把、子弹 400 余发，以及钢盔、日钞、日旗、手表等大批战利品。

新四军第一支队第一团进驻铜陵后首战告捷，扩大了新四军在人民群众中的影响和威信。

2. 猎户队奋勇反“扫荡”

1939 年 9 月，中共铜陵县委发动群众，把分散的猎户组织起来，狠狠打击侵略者。到 1940 年初，铜陵猎户队发展到 1000 多人，他们站岗放哨，当向导，积极配合部队作战，形成一股锐不可当的抗日力量。

1938 年 10 月，日军侵占了铜陵大部分地区。当时仅有金凤乡（现属钟鸣镇）和丹凤乡（现属顺安镇）未落敌手。1938 年 7 月，新四军进驻泾县云岭。12 月，新四军第三支队第五团进驻抗日前沿的金凤乡燕子牧村（现在的钟鸣镇水村村），领导广大人民群众开展抗日斗争。

1938 年 12 月，敌人利用第四军主力去繁昌的间隙，聚集近千人扫荡金凤乡。在闸口村的福禄山，日军遭到钱家冲猎户队的阻击。1939 年 1 月，敌人第二次扫荡金凤乡。当地老百姓将能藏的东西都藏进了山洞。猎户队以班组为单位，潜伏在一些要道的山头，打一枪换个地方，干扰敌人的行动，粉碎了日军的扫荡。

1940 年农历十月，日军 4000 多人在钟鸣集结，晚上 9 时出发，到达金凤乡时已是夜里 11 时。日军分成三股，分别向钱家冲、中间冲和缪家冲（俗称“三条冲”）进发。由于递步哨情报送迟了一步，村庄中许多群众还在梦乡，幸好猎户队队长肖举麟和队员刘荣庆、余万全发现了敌人。队长肖举麟举枪向敌人连射，阻滞了敌人前进的步伐，也惊醒了群众。猎户队迅速行动起来，利用山高林密，地形熟悉等有利条件，阻击和袭扰敌人。猎户队一分队 200 多人守住一道山冲，多次打退敌人的进攻，打死日军联队长 1 名，缴获指挥刀 1 把，又一次粉碎了日军的扫荡。

当年金凤乡流传这样的佳话：“猎户队长肖举麟，半夜巡逻遇敌人，连射三枪惊敌胆，救了村民百多人。”

3. 朱农四逃虎口

朱农是铜陵县栖凤乡朱家咀（现铜官区西湖镇）人。在革命战争年代，朱农坚持敌后游击战10余年，曾多次遇险。当地至今还传颂着他四逃虎口的故事。

1941年冬季的一天，朱农正在石佛乡杨坦孙村（现属西联镇）布置工作时被日军发现。危急关头，朱农迅速带领区干部孙林、孙太英来到一间小草屋，隐蔽在屋中的芦苇夹墙里。不一会，几个日军士兵来到朱农藏身的这间草屋，用枪托把大门撞开，随后翻箱倒柜，用刺刀乱捅一气，搜了半天没发现任何破绽，一个个灰溜溜地走了。

1942年初夏的一天，朱农和爱人孙太英及警卫员朱荣生准备经石佛山到杨坦孙村参加区委会议。刚动身时，递步哨人员向朱农报告，犁桥日军押了许多民工去石佛山砍树，沿途人员往来不断。警卫员朱荣生考虑到路途不安全，建议不要去开会。朱农笑笑说：“这可不行。这次会议，是研究敌后的对敌斗争策略，非常重要。有再大的风险，我们也要去。”于是，朱农决定从犁桥日军据点边横插过去。当走上圩埂时，他们发现一水之隔的南圩堤上，有几个日军正押着一批群众行走。此时，转移和隐蔽已经来不及了，只有大胆往前闯。在当地群众巧妙地掩护下，朱农又一次化险为夷。

1942年12月，朱农和铜陵县敌前县委书记王卓参加皖江党委整风学习班后从无为赶回铜陵。当船只快到胥坝观音阁渡口时，朱农发现滩头站着几个荷枪实弹的日军，便赶紧将整风学习材料投进江中。船一靠岸，日军端起枪喝令船上的人一一交出“良民证”。正在朱农寻思脱身之计时，一声叫卖打断了他的沉思：“卖香烟、洋火、桂花糖。”只见一个小商贩肩挑货郎担向这边走来。几个日军一见，跑上前去抢糖果、花生米吃。朱农灵机一动，趁日军吃兴正浓开口道：“太君，我先开路开路的。”日军正在狼吞虎咽地吃着，不耐烦地把手扬了扬就这样，朱农不慌不忙地从日军眼皮底下走开了。

1943年春，朱农发现原先打入日军坝埂头据点担任伪乡长的陈孝顺，有投靠日军嫌疑。一天，朱农外出，陈孝顺来到朱农家中打听朱农行踪，引起孙太英的怀疑。等朱农一回家，孙太英把这事告诉了朱农。第二天，他和孙太英立即转移。几天后，陈孝顺、崔光汉、王诚斋3人果然叛变投敌，并带着日伪军包围了朱农的家，可机智的朱农早已转移到安全地带，正在对铜陵敌后抗日斗争进行新的部署。

4. 白衣丹心

1939 年农历四月的一天深夜，新四军第三支队第五团卫生队的 8 名医护人员在钟鸣镇缪家冲与日军遭遇。在卫生队何队长的率领下，8 名医护人员毫不畏惧，与日军展开了殊死搏斗，将一颗颗手榴弹扔向敌群，爆炸火光似电闪雷鸣，喊杀声在山间回响。双方战斗持续 20 多分钟，8 名医护人员全部壮烈牺牲，血染竹林，用鲜血和生命保护了非常稀缺和珍贵的 4 箱药品……

天亮后，村民们从隐蔽处出来回家，发现竹园内 8 名医护人员全部倒在血泊中，那匹白马也一同遭难，而 4 箱西药却完好无损。下午，新四军留守处派来 3 名军代表和干部群众 30 多人，将烈士遗体入殓后安葬在桑园内，并在竹林内举行了简朴的追悼大会。8 名医护人员英勇牺牲了，但他们的英雄形象永远活在铜陵人民的心中。

5. 龙口岭伏击战

1939—1940 年，新四军游击队运用灵活机动的战术，出其不意地打击日本侵略者，消灭敌人有生力量。龙口岭伏击战就是其中的一例。

龙口岭（现属天门镇双龙村）向东通往挂岭、郎坑抗日根据地，背后是董店、天门等游击区。日军扼守这个交通要道，企图控制新四军活动区域，切断根据地和游击区的联系。

为了坚决消灭龙口岭这股敌人，消除对游击区的威胁，新四军立即制订龙口岭伏击战方案。

1940 年 3 月的一个晚上，新四军某团的 150 多名战士兵分三路，向龙口岭急行。第一路埋伏在龙口岭碉堡前沿阵地的草丛中；第二路准备迎击石山脚村的援军；第三路埋伏在龙口岭的另一侧。三路埋伏，布下天罗地网。当天蒙蒙亮时，龙口岭村中的 40 多名日军像往常一样上岭执勤。当他们全部进入伏击圈时，新四军几十枚手榴弹在敌群中炸开了花，狂风暴雨般的子弹横扫过去，打得敌人晕头转向、骨飞肉溅。

龙口岭伏击战，前后不到两个小时，不仅歼敌 40 多个，还缴获轻、重机枪各 1 挺，步枪数十支，子弹好几筐。打击了敌人的嚣张气焰，振奋了人心。

6. 奔袭萝卜冲

萝卜冲（现属顺安镇星月村）战斗是新四军第二支队第三团三营九班长途奔袭、以少胜多的一次著名战斗。

1940年4月6日下午，新四军第二支队第三团三营教导员彭嘉株向一连九班班长陈万福下达命令："明天，大约有400名日军向我们这边进军。今天夜里，你班必须以最快的速度赶到萝卜冲，迅速占领何家塝附近的山包，任务是等敌人进入萝卜冲后，死死咬住并狠狠打击敌军的'尾巴'。"

当晚，陈万福班长带领11名战士奔袭在钟鸣鲶鱼山通往萝卜冲的山路上。他们越过稻田，钻进山上的灌木林。山上的花椒、蔷薇、荆棘交织在一起，密不透风，使人寸步难行。情急之中，陈万福顾不得荆棘扎手，冲在最前面，折断树枝，劈开荆棘，硬是在刺丛中踩出一条路来……一个小时以后，九班终于登上了山岭，陈万福双手被荆棘戳得鲜血直流。下到北坡，战士们呈一字散开，每人间距10米左右，严阵以待。

4月7日上午10时，日军果然沿着大路开来。日军密集的队形前后拉了足有3里长。在距九班阵地左前方约1000米处的一块开阔麦田和油菜地边，日军停了下来列成了4个方队。

近了，近了……当敌军爬到阵地前面的小山包时，陈万福喊一声，"打"！全班11支枪一齐开火，把敌人压在小山背后，使其动弹不得。

狡猾的敌人仗着人多势众、武器优良，在摸不清九班确切位置的情况下，用机枪对九班阵地所在的山头疯狂扫射。

"嗖、嗖"，子弹从战士们头顶飞过，击断了树枝，打得石头"当当"作响、火星直冒……

这一战，九班战士与敌人激战了五六个小时，打退了敌人无数次进攻，击毙日军30多人，自身却无一伤亡，出色地完成了任务，极大地鼓舞了战士们和当地群众的抗日斗志。

7."锄奸团"在行动

1941年年初，震惊中外的皖南事变发生后，地处皖南沿江的铜陵陷入一片白色恐怖之中。在严峻的斗争形势面前，为了鼓舞抗日军民的斗志，中共铜陵敌后县委制定了周密的反"扫荡"、反"清剿"和惩办汉奸、叛徒的行动计划。于是，在犁桥（现属西联镇）地区展开了一场惊心动魄的锄奸斗争。

犁桥位于义安区圩区中心地带，水陆交通十分方便，是抗日战争时期的战略要地。铜陵沦陷后，日军重兵在此驻守。

1941年秋天，铜陵敌后游击队队长朱荣生被组织上派到犁桥地区秘密锄奸。他第一个除掉的是犁桥伪乡长、嗜赌成性的叶茂华。一天夜晚，朱荣生混进赌场，设计将叶茂华引入一片黑黢黢的芦苇丛边。当汉奸叶茂华发觉时为时已晚，朱荣生以新四军第七师长江锄奸团的名义除掉了他。

在以后的日子里，经上级安排，朱荣生与其他同志一道接连除掉了横行犁桥地区的汉奸部德恩、孙金富、胡朝珍等人。每次镇压汉奸都以新四军第七师长江锄奸团的名义，公布他们的罪行，大大震慑了敌人。

8. 鲁凤楼巧取敌钢炮

在钟鸣索山有个名叫鲁凤楼的小伙子。为了打击日本侵略者，他秘密地参加了新四军，走上了抗日道路，并智闯日军碉堡，巧取了敌人一门小钢炮，一时传为美谈。

鲁凤楼曾在铜陵新四军驻地舒家店做炊事员，勤勤恳恳为抗战服务。后来，他因腿疾回家休养。可不久，他就被伪保长强行拉去当民夫。当时，鲁凤楼是个血气方刚的青年，虽然给日军当民夫，但他还是千方百计地寻找机会惩治日军。

1940 年 11 月 20 日早晨，伪保长吴锦堂集中民夫 40 余人到索山给日军当苦役，鲁凤楼也在其中。上午 9 时，吴锦堂提了两只老母鸡和一篮鸡蛋巴结日军。这时，正巧有人叫他，说有急事。吴锦堂马上把“贡品”交给身边一个民夫说：“我有事去一下，你替我送给太君。”说完，转身就走了。这时，鲁凤楼见惩治日军的机会到了。于是，他对手提“贡品”的民夫说：“你把东西给我，我替你送去。”那个民夫求之不得地把“贡品”交给鲁凤楼。鲁凤楼接过东西后，冒充保长进入日军碉堡内。鲁凤楼在碉堡内细心观察，他本想趁机摸几支枪带走，可是一支枪也没见到。他又转到碉堡外面，发现碉堡旁有一门小钢炮。他环视四周无人，便背上小钢炮，连翻两道铁丝网，越过防护沟和竹木障碍墙钻进丛林，向泉栏舒家店新四军驻地奔去……

中午时分，鲁凤楼将巧夺的敌炮安全送到了新四军驻地，受到新四军指战员的高度赞扬。

9. 秘密交通站

1942 年 1 月，黄火星根据曾希圣、孙仲德等领导的指示，选派章家元和洪亮从无为南乡二十四圩驻地到铜陵创建沿江地下交通站，并派章家元打入日伪内部开展工作。章家元、洪亮和施忠富等同志经过一番努力，终于在铜陵县（今义安区）老洲、安平等地建立了直属第七师敌工部领导的地下交通站，负责搜集情报、惩治叛徒、营救被俘的同志。

为了便于章家元开展工作，第七师师部一面利用《大江报》报道章家元“叛变投敌”的消息，刊登师部“捉拿‘叛徒’章家元”的“通缉令”；一面给予章家元足够的资金，由其购置田地房产从事“剥削”，制造假象，迷惑敌人。章家元为在敌占区取得合法的立脚点，充分施展其聪明才智，他利用在敌伪工作的侄儿章尚玉，争取到日军警备队翻译谢瑞生和伪“自卫团”副团长张济云等人的信任，并在他们的协助下很快完成了上级交给的“组织一支‘伪军’”的任务。这支队伍定名为“兴亚大队”，章家元出任大队长。新四军七师第五十五团为了充实该队的骨干力量和支持章家元开展工作，先后派高连青、黄麻子等同志加入“兴亚大队”。这支部队名为伪军，实为新四军前沿岗哨，是插进敌人“心脏”的一把利剑。

秘密交通站一直坚持到日军宣布无条件投降，章家元、洪亮及其战友们接到第七师师部的命令后，结束交通站工作，带兵返回部队。

10. 喋血范家湾

抗日战争期间，铜陵境内曾发生过无数次战斗，其中最惨烈、影响最广的是1943年7月的范家湾战斗。

1943年7月16日夜里，在江北开会的县委书记张伟烈冒雨赶到梁家垄，召集地方与部队干部开会，传达上级指示，与同志们研究交谈至深夜。这时，雨越下越大，部队与县委领导就在梁家垄穆林庵宿营，准备第二天清晨再转移。

在这漆黑的暴雨夜，汉奸王诚斋带领100多名日伪军与崔光汉的特务武装兵分三路，在拂晓前突然包围了梁家垄。霎时，激烈的枪声撕破了山村的沉静。负责县委领导安全的大队长巫希权果断决定：由教导员罗爱民带领大部分战士掩护张伟烈等县委领导突围，他与叶为祜带领少数战士分头阻击三面围攻的敌人。可是，范家湾南面与北面两个方向都是日军据点，东面是国民党52师驻地，只有西北面是个缺口，这个能突围的方向，却横着一条浊浪翻滚的顺安河。平时河水不深，可这两天河上游连降暴雨，河水猛涨，水面宽阔，水流湍急，因此涉水过河十分艰难。

在三面受敌、背水作战的危急情况下，巫希权一面沉着指挥战士奋力还击，一面大声叫张伟烈等县委领导赶快突围。直到张伟烈等县委领导坐木盆艰难划过顺安河后，他才与叶为祜一起带领阻击部队边打边撤到顺安河边。此时，顺安河畔恶浪汹涌，敌人步步逼近，巫希权一声高喊“同志们，游过河去，死也不当俘虏！”说完他纵身跳进波涛汹涌的激流，战士们也纷纷跳入河中。他们手挽着手，臂套着臂，在恶浪滔天的激流中奋力游向对岸。河岸上的敌人更加疯狂地向河面扫射，顺安河水被染红了。巫希权、叶为祜等28位勇士被无情的河水吞没了。

在这次战斗中，巫希权等28位同志献出了宝贵生命。他们用鲜血和生命，谱写了铜陵人民抗日斗争史上悲壮的一页。

11. 激战石佛山

石佛山坐落在现在的西联镇，是顺安通向犁桥的一条捷径。70多年前，在这里发生了一场激战，即石佛山战斗。这次战斗是新四军从皖南北撤后，返回铜陵的第一次战斗。

沿江中心县委于1945年10月10日在顺安肖村召开会议，分析了当时的敌我形势，研究确定了坚持沿江地区斗争的方针和任务，提出坚持斗争、隐蔽保存和积蓄力量、积极开展敌后游击战的方针。

1945年10月中旬的一天，“皖南人民自卫军”副总队长查富德率领两个主力连130多人，携3挺机枪在石佛山埋伏，迎击由犁桥向顺安中心区推进之敌。战斗在上午8时左右打响，共毙敌27人，缴枪10多支。

石佛山战斗的胜利，狠狠地打击了国民党反动派的嚣张气焰，迫使敌人撤出犁桥据点，鼓舞了新四军战士的斗志，安定了广大群众的情绪。当地的群众武装进一步发展壮大，使铜陵沿江地区的敌后游击战争更加顺利。

12. 智取敌碉堡

智取敌碉堡是铜陵游击队派人打入朱村乡公所碉堡内，采取里应外合战术全歼敌人的故事。

最先提出攻打朱村乡公所碉堡的是朱村地方游击队领导人许万荣。1945年9月，许万荣在新四军北撤后留在朱村本地坚持游击战，经历了艰难困苦的斗争。在国民党朱村乡公所的碉堡里，隐藏着两个阴险的叛徒。一个叫徐红，此人原是铜陵大队二中队的一名机枪手，抗战时叛变投靠日军。日军投降后，他又投靠国民党，并把新四军的一挺“捷克式”轻机枪带进了国民党乡公所。另一个叫江士林，专门帮助敌人搜捕新四军和地下工作人员。于是，许万荣一直想攻打朱村乡公所碉堡，夺回机枪，惩办叛徒，但苦于敌人防范严密，碉堡里又没有可靠的内线，迟迟没有动手。机会终于来了，1947年8月，国民党朱村乡公所的人要抓一个叫魏取宏（新四军的地方民兵）进乡公所去当兵。许万荣得知后，立即计划派魏取宏进碉堡当兵，分化瓦解敌军，里应外合攻打碉堡。

1948年1月28日的深夜，国民党铜陵县朱村乡公所的3座碉堡矗立在白茫茫的雪地里。突然，从碉堡哨楼上射出一束耀眼的手电光柱。随着这道光柱的明灭，从碉堡四周蓦地闪出一队游击队战士。勇猛的战士们在许万荣的指挥下，行动快如闪电，一眨眼就攀上长梯，冲进大碉堡内，不到 20 分钟，生擒了叛徒和敌军头目，结束了战斗。

天刚蒙蒙亮，攻打朱村碉堡获胜的铜陵游击队押着俘虏，带着战利品，扛着久别重逢的“捷克式”机枪，胜利返回铜青南工委驻地——铜青交界的茗山冲。

13. 赵云泅江送情报

赵云泅江送情报的故事，一直为铜陵人民所传颂。电影《渡江侦察记》中，解放军侦察员“小马”渡江送情报的感人情节，正是根据赵云的真实经历改编的。

赵云，又名赵傍根，铜陵西湖镇狮子山村人，1944 年参加革命，不久担任担架连连长。1945 年 9 月，新四军奉命北撤，赵云留在家乡继续开展工作。1947 年 8 月，他与中共铜青南工委游击队队长许万荣取得联系，并担任游击队交通员这一重要职务。1949 年 4 月 17 日夜晚，赵云接受独自泅江护送国民党沿江南岸军事布防图的重要任务后，他一身渔夫打扮，身背渔网，手提竹篓，怀揣装有情报的蜡封小瓶，从处在敌碉堡视线死角的大通灯笼沟处下水。当菱角盆划到江心时，因水深流急，菱角盆直打转，难以前进一步。此时的赵云心急如焚，为了按时完成党交给他的任务，他果断地脱下外衣赤身泅渡，拼命地向江北方向游去，为人民解放军胜利渡江提供了重要情报，更为铜陵成为江南解放第一城立下了赫赫战功。

14. 挂岭阻击战

挂岭阻击战是迎接铜陵解放的最后一仗。

挂岭位于铜陵、青阳交界处。1949 年 4 月中旬，为迎接人民解放军渡江，铜陵大队集中在青阳甘家冲整装待发。这天，沿江支队副政委兼铜陵县委书记陈爱曦在甘家冲祠堂召开排以上干部会议，传达中共皖南沿江工委指示，他说：“根据情报，国民党铜陵县政府军政人员准备向挂岭方向逃窜，企图逃进深山老林，与邻县匪徒汇合。如果让其阴谋得逞，将对铜陵的清乡剿匪、建立政权带来后患。因此，上级命令我们在挂岭阻击逃敌，断其退路，扫清障碍，迎接解放。这次阻击战，是迎接铜陵解放的最后一仗，一定要打好。我们必须干净、彻底地消灭敌人！”

这次阻击战由第一连连长赵彪负责统一指挥。战前，地下交通员送来情报，说国民党铜陵县政府自卫团近千人已向挂岭而来，按里程推算，早上可过挂岭。清晨，敌人已爬上了岭头。等敌人大队人马进入伏击圈时，随着连长赵彪一声令下，“轰”的一声巨响，炮弹在敌人中间炸开。紧接着，战士们前后夹攻，打得敌人晕头转向。

这次阻击战从打响到结束，只用了一个多小时。十里长冲上，敌人丢的枪支弹药、文件档案、软囊细物、鸡鸭鱼肉遍地都是。打扫战场时，为了轻装上阵，所俘虏的敌军政人员、民夫及家属一律遣送回家。有路远的，铜陵大队还发给路费、证明。当天下午，铜陵大队的战士们怀着胜利的喜悦心情，翻越界山铺，迎着西山的晚霞，投入新的战斗，迎接新中国到来的曙光。

15. 铁湖除奸

皖南事变后，流传着一个剪除汉奸曹德为的故事。

驻梁家垄村的新四军第五十六团二营四连接到重要任务，剪除汉奸、伪保长曹德为！接到任务后，连部决定派排长张大猛、战士赵孝来和李正堂，前往顺安镇新桥铁湖村执行任务。在此之前，敌人得到奸细报告，通缉多日、悬赏300两黄金通缉的共产党江南江北联络站的党支部书记史宏球正在铁湖村活动。敌连长率队抓了铁湖的乡亲们，押在坝场上。大家屏住气一声不吭，没有一人检举的。史宏球站在人群中，神色自若。敌人让告密的伪保长曹德为辨认，找出了史宏球。敌人对史宏球百般折磨，但都没有让史宏球屈服，最后气急败坏地将史宏球杀害。

根据内线提供线索，张大猛和两名战士找到曹德为家。曹德为接过张大猛递过的公文一看，公文上说他剿匪有功，请他去师部领赏。曹德为提出各种疑问，都被张大猛应付过去，毫无破绽，他便放心地随同上路。刚走出几百米，狡黠的曹德为发现走的方向不对，就想开溜。他推托说：“我给师座的礼品忘在家中!”边说边要跑。这时，李正堂已抢前一步，一把揪住曹德为的衣领，用手枪顶住他，命令他不许喊叫。曹德为吓得体似筛糠，只好硬着头皮跟着走。待走到山高林密的山脚拐弯处，曹德为趁李正堂不注意，猛地飞起一脚踢飞了他手中的手枪，撒腿就往树丛中钻。赵孝来眼疾脚快，跨步上前伸腿一绊，将曹德为绊倒。不待他挣扎起来，匕首已扎进他的后背。曹德为“哎哟”了一声，痛得在地上打滚。李正堂用枪托照他的头狠狠砸下，曹德为就这样死掉了。惩治汉奸曹德为震慑了敌人，使他们惶惶不安，更加害怕“新四军第七师长江锄奸团”。当地革命群众欢欣鼓舞，奔走相告，感谢新四军为民除害。

16. 潜伏——代号“308”

皖南事变后，铜陵处于白色恐怖之中，中国共产党先后派遣了一批地下党员打入日伪内部，开展地下斗争。这些地下党员把生死置之度外，在虎穴狼窝中与敌人巧妙周旋。他们在分化瓦解日伪组织、营救被捕人员、为部队提供情报方面，出色地完成了中国共产党交给的任务。这里记述代号“308”——地下共产党员周之德，潜伏在顺安伪警察署从事地下活动的斗争故事。

1941 年 5 月，中共铜陵敌前县委选派周之德打进顺安维持会，代号“308”，并于 1941 年 7 月争取到伪维持会长李棠的支持推荐，由周之德担任警察署长。周之德到任后，将谢友山、朱光正、张少平、熊孟传、杨老四等安插进警察署。从此，他们开始了艰险而光荣的地下斗争。

1942 年春，日军派侦缉队长徐德发来铜陵顺安搜集情报。周之德与其周旋，并决定除掉这个汉奸。一天，徐德发从外地回到县城，周之德等人预先隐蔽在其必经之地，将徐德发处决在长龙山上。徐德发被处决后 10 多天，日军派汉奸胡小乐来顺安打探情况。胡小乐一到顺安，就认出我地下党税收员部鹏，并将部鹏囚禁，准备向日军邀功请赏。周之德获知情况后救出部鹏，并设计处决了汉奸胡小乐。

1942 年 5 月的一天，新四军两个便衣侦察员化装成来顺安油坊出售油菜籽的农民，意外被两个伪军士兵认出，并被扭送到日军队部。周之德得到消息后，设计让两个伪军士兵来油坊领取侦察员留下的 200 银圆，并请他们打个收条以便交账。两个伪军上当后，周之德立即将情况悄悄通报日军，说那两个农民是良民，因卖菜籽有钞票，被两个士兵敲竹杠。日军听了，查明情况后怒火冲天，放了两个“农民”，把两个伪军抓起来，打得死去活来。

1942 年 7 月的一天晚上，驻顺安日军头目伊藤突然组织 20 多个全副武装的日军，叫周之德找两只船随同去铁湖嘴。周之德知道，那里有新四军在活动，如果碰上这股敌人就有危险。危急关头，他立即用暗语写了一张条子给县委。可是天亮到焦家埠后，他发现同志们还没有转移，前方稻田里有一个战士正探头观望。他急中生智，对日军说，野鸭刚从稻田里飞走了！日军信以为真，随即朝天放了几枪，就决定返回。在返回路上，伊藤忽然改变主意，坚持从岸上走，不再乘船。周之德想，这样走很可能与部队相遇。他灵机一动，指着河里的鸭群对伊藤说：“太君，前面鸭子的，要不要?”伊藤听了，喜上眉梢地咧着嘴说：“大大的好，我们把鸭子统统地赶回去。”周之德便带着他们上船赶鸭子，让部队化险为夷。

1943 年 5 月，根据组织安排，周之德等地下党员从顺安伪警察署全部撤出，开始了新的战斗生活。

17. 章啸衡虎口脱险

章啸衡早年投身革命，曾投笔从戎参加过北伐战争和东征讨蒋运动。他于1930 年底加入中国共产党，为铜陵早期党员之一，也是铜陵中共党史中富有传奇色彩的人物。在他曲折惊险的革命历程中，曾三次遭遇国民党反动当局通缉追捕，三次化险为夷、平安脱险。

第一次是在乡村脱险。1931 年夏天，铜陵遭遇特大洪灾，尤其是江洲圩区灾情更为严重，房屋倒塌，庄稼颗粒无收，灾民无数，流离失所。当时在家乡钱家湾从事地下活动的章啸衡心急如焚，他一面拿自家粮食赈灾，一面挺身而出，与他的胞弟、地下党员章家藩一起组织灾民发起了向地主借粮的斗争。见死不救的地主不肯借粮给灾民。章啸衡振臂一呼，带领灾民冲进地主大院，砸开地主家粮仓分了粮食。那些地主对章啸衡恨之入骨，悄悄到国民党铜陵县政府告状。当国民党兵荷枪实弹直奔钱家湾时，平时疏财好义的章啸衡早已经得到内线的通风报信，提前离开了钱家湾，只身去了上海。

第二次是在县城脱险。1933 年春天，章啸衡奉上级党组织指示，以个人名义在铜陵县城关开了一个小店，作为共产党的秘密交通联络点。章啸衡是小店老板，原中共桐城县委宣传部部长苏拓夫化名老王，在小店当伙计作掩护。小店刚刚开张，就引起国民党铜陵县政府的警惕。敌人派人监视、跟踪、盯梢。中共铜陵党组织得知信息后，当机立断，决定马上关闭小店，撤销联络点，并让章啸衡暂时回家躲避。章啸衡刚回到钱家湾，就有内线送来消息，国民党兵要连夜赶到钱家湾抓捕他。当天章啸衡上了木船，连夜到了安庆，又一次从敌人眼皮底下溜走了。章啸衡成功脱险后，在安徽旅沪公学校长李振亚先生的介绍下，在国民党管辖的安庆当上了安徽省赈灾委员会查放委员。

第三次是在安庆脱险。1935 年 6 月间，因叛徒胡宪友出卖告密，中共铜繁无县委组织遭受严重破坏，章啸衡共产党员身份完全暴露。胡宪友带国民党兵到钱家湾抓章啸衡，几次扑了个空。章啸衡到全椒县参加安徽省赈灾委员会的放赈会议。会议结束后，与他同行的两位同志在途中返回了钱家湾，章啸衡却坐船溯江而上直达安庆。在安庆华清池客栈住下后，第二天清晨，两位中途回钱家湾的同志突然赶来告诉他胡宪友叛变，应火速撤离脱身。章啸衡一听，知道情况危急，迅速赶到轮船码头连夜离开了安庆。随后，国民党果然派手枪队到客栈搜查抓人，结果又是扑空。章啸衡离开安庆后，到了上海。这一时期，上海的党组织也遭到严重破坏，他与党组织失去了联系，在上海滩流浪了两年。抗日战争爆发，章啸衡立即返回安徽，在家乡坚持敌后斗争，并建立党的革命武装。抗日战争胜利后，章啸衡在苏南白区与芜湖、蚌埠、合肥一带做党的地下交通、情报与统战工作，直到迎来全国解放。

（三）义安境内的红色纪念地

1. 中共铜陵特支展览馆

中共铜陵特支展览馆位于铜陵市义安区西联镇钱湾村。

1931 年年初，中共铜陵特支在铜陵县汀洲钱家湾章啸衡家中正式成立，它是中国共产党在铜陵境内建立的第一个党支部，点燃了铜陵地区的燎原星火，书写了党领导铜陵人民进行反帝反封建革命斗争的新篇章，是铜陵革命史上的红色起点。

1930 年 11 月，原中国红军独立二师副师长凌霄来到铜陵，在铜陵地区开展工作。随着党员队伍的发展壮大，建立党的组织已成为当务之急。1931 年年初的一个寒冷夜晚，在章啸衡家的一间密室里，凌霄主持召开了秘密会议。在听了凌霄的讲话后，党员们进行了一番热烈的议论，一致同意建立中共铜陵特支，与会党员一致推选凌霄担任中共铜陵特支书记。中共铜陵特支的诞生，给在黑暗中摸索光明的铜陵人民指明了前进的方向。

中共铜陵特支成立旧址原属章氏私宅，早已不存。章啸衡后人在原址上重建房屋居住。2005 年，在原地东 300 米处新建铜陵特支展览馆。2013 年 3 月，在钱湾村另择地兴建中共铜陵特支展览馆，规划占地面积 2 亩，房屋建筑面积为 210 平方米。2013 年 6 月 30 日中国共产党成立 92 周年之际，中共铜陵特支展览馆正式开馆。2019 年，对馆内重新进行了布展。该展览馆以大量的文献资料、历史照片，全面反映了中国共产党创立初期铜陵地区的革命历史。

2015 年 3 月，中共铜陵特支展览馆被确定为全省廉政文化示范点；2005 年 4 月被确定为铜陵市党风廉政教育基地；2019 年 7 月被确定为铜陵市爱国主义教育基地。

2. 中共铜陵县首次党代会纪念馆

中共铜陵县首次党代会纪念馆位于铜陵凤凰山旅游区内。

中共铜陵县首次党代会纪念馆占地面积 6700 平方米，建筑面积 600 余平方米。采取徽派古民居风格，参照原遗址周氏私立小学（抗日战争时期被日军飞机炸毁）建筑式样建造而成。该纪念馆共分前后三进，主楼分上下两层，展厅面积 400 余平方米，是义安目前建设规模最大的纪念馆。

该纪念馆分为星火燎原、抗日烽火、夺取胜利、创造辉煌、党风廉政教育五个部分，综合运用文字、图像、实物、影像等传统与现代相结合的艺术手段，生动地再现了铜陵党组织几十年来不断发展壮大的全过程，展现了铜陵人民在中国共产党领导下所取得的各历史阶段的重大成就，是义安乃至铜陵市共产党员、广大群众和青少年进行革命传统教育、廉政教育和爱国主义教育的基地。

中共铜陵县首次党代会纪念馆于 2011 年 6 月 28 日举行开馆仪式并对外免费开放，为铜陵市爱国主义教育基地。

3. 原铜陵县抗日民主政府旧址展览馆

原铜陵县抗日民主政府旧址展览馆位于钟鸣镇泉栏村舒家店。

1945 年 1 月，根据中共皖南专署的指示，撤销铜青南行政办事处，成立铜陵县政府，张世杰任县长。县政府内设民政科、司法科、财粮科、教育科、公安科、货管科和税务局，下辖凤心、沙洲、五峰、顺安、童埠、何湾、凤凰 7 个区政府和 30 多个乡政府，根据地人口约 17 万人。

原铜陵县政府是中国共产党在皖南地区建立的第一个县级抗日民主政府。根据党中央提出的“三三制”民主建政方针（在政府工作人员中，共产党员、非党左派进步分子、中间派各占三分之一的政权制度），铜陵县政府在政权建设过程中，团结爱国民主人士，注意做好不同层次的民主人士的统战工作。铜陵县政府还召集开明士绅会议，向他们宣传共产党的抗日民主政策。多数知名人士、开明士绅都被抗日民主政府争取过来，积极投身抗日运动。

2009 年，为庆祝中华人民共和国成立 60 周年，原铜陵县委、县政府决定翻盖原铜陵县抗日民主政府旧址，作为市、县爱国主义教育基地和红色旅游景点。该展览馆内展出的 170 余幅图片和实物内容翔实、生动、具体。

1990 年 8 月，原铜陵县抗日民主政府旧址展览馆被确定为县级文物保护单位；2011 年 7 月被确定为市级文物保护单位。

4. 新四军第一支队老一团团部驻地旧址

新四军第一支队老一团团部驻地旧址位于顺安镇凤凰山村竹马自然村。

1939 年 4 月 24 日，新四军第一支队老一团在支队副司令员兼老一团团长傅秋涛、副团长江渭清的率领下接防铜陵，团部先驻扎在钟鸣闸口汪村，后移驻竹马村周姓人家。周氏住宅坐东朝西，傅秋涛夫妇住在右侧后房，江渭清住右侧前房，电台架设在阁楼之上。堂屋是团部领导及参谋人员商讨军务之处。在屋后还挖了一个小防空洞，放置团部的档案资料。老一团在宣传和发动群众的同时，抓住一切战机狠狠打击日军。1939 年 4 月 24 日至 5 月 25 日，老一团与日军共进行了 11 次战斗，打死打伤日军 500 多人，缴获一大批战利品。在给日军造成重大杀伤的同时，老一团也有 136 名干部战士为铜陵人民的抗日事业英勇牺牲或光荣负伤。1939 年年底，老一团奉命调往新四军军部所在地泾县驻防。

这里也是新四军第二支队老三团的驻地。1940 年 1 月，老三团在团长黄火星、副团长周桂生的率领下来到铜陵抗日前线。老三团团部先驻钟鸣镇龙潭肖村，后进驻顺安镇凤凰山村竹马自然村。老三团驻防铜陵不久，就遇上日军对皖南进行大扫荡。1940 年 4 月 22 日，日军集中京沪线兵力 3 万余人，扫荡皖南各地，而进犯铜陵之敌有 2000 余人，敌人兵分 3 路对铜陵各地区进行扫荡。在强敌面前，老三团的战士们英勇地投入到反扫荡战斗中。这次反扫荡战斗历时一周，老三团击溃敌人多次进攻，打死打伤日伪军 200 余人（其中击毙日军一名大队长），俘虏伪军 60 余人，缴获战马 3 匹及一大批武器弹药，取得了反扫荡战斗的胜利。

2004 年 11 月，原铜陵县委党史办公室对该遗址进行抢救性维修，并修建疏通了屋后侧排水沟，对屋内部分木结构涂刷桐油进行保护；2004 年 4 月，新四军第一支队老一团团部驻地旧址被确定为原铜陵县县级文物保护单位。

5. 新四军第三支队老五团团部驻地旧址

新四军第三支队老五团团部驻地遗址位于钟鸣镇金山村龙潭肖自然村。

1938 年 12 月，新四军第三支队在副司令员谭震林的率领下开赴铜（陵）繁（昌）抗日前线。新四军第三支队老五团在团长孙仲德、副团长曾昭铭的率领下进驻铜陵。该团团部驻在龙潭肖村，该团所属的一、二、三营分别驻在凤凰山（现属顺安镇）、金山冲、水龙山和三条冲一带。

第三支队老五团进驻铜陵后，主动出击，打击日军。1939 年 1 月 8 日，老五团在铜（陵）青（阳）边境打死敌军 10 余名，首战告捷。1 月 25 日，老五团在铜官山附近伏击日军一个小分队，毙伤敌人10余名，缴获战马3匹及部分军用品。2月12日，老五团又在挂岭（现属天门镇）打了一个伏击战，毙敌8名，伤敌5名，俘敌1名。老五团连连得胜，极大地鼓舞了全体将士和铜陵的抗日民众。4月5日，老五团三营经过周密侦察和准备，决定在顺安、朱村之间设伏打击日军。上午11时许，日军巡逻队进入七连伏击区。七连机关枪猛烈射击，日军仓皇逃窜。顺安日军听到枪响，赶忙派兵增援，又遭九连顽强阻击。日军摸不清虚实，漫无目标地用机枪和小炮乱打一气之后，狼狈退回顺安。这场战斗持续50分钟，打死日军3名，打伤日军4名，俘虏日军1名，新四军则无一伤亡。铜陵群众看到新四军打了胜仗，非常高兴，纷纷送茶水和饭菜慰劳新四军。

1939年4月中旬，第三支队老五团奉命调离铜陵。

6. 铜陵敌后县委第一个女子党支部旧址

铜陵敌后县委第一个女子党支部旧址位于西联镇兴桥村杨坦孙自然村。

1939年上半年，中共铜陵县委在杨坦孙村孙太然家设立了一个情报交通站。1940年，孙太英由中共铜陵敌后区委委员陈尚和介绍加入中国共产党。陈尚和对她说："太英，你现在参加了革命，入了党，还应该把周围的妇女积极分子发展入党，建立妇女党支部。"孙太英根据陈尚和的指示，开始秘密发展女党员，先后发展了王妹妮、小介子、崔爱莲、陈铁、柏枝、王金兰等7名女党员，并根据区委指示，成立了铜陵县第一个妇女党支部，孙太英任党支部书记。从此，铜陵县第一个妇女党支部在铜陵敌后县委的领导下，活跃在铜陵敌后游击区，投入到如火如荼的抗日救国斗争中。

7. 皖南专署暨新四军皖南支队驻地旧址

皖南专署暨新四军皖南支队驻地旧址位于钟鸣镇牡东村上山缪自然村。

1944年12月1日，中共中央华中局向新四军第七师电示："今后主要发展方向为江南，特别要加紧开辟芜湖、高淳、当涂、南京地区游击战争和党与群众工作，造成大批主力随时可以南北转移机动的枢纽与将来能够占领芜湖的条件"，并指出："皖南支队及地委应大大加强并迅速设法搬到江南去"。根据这一指示，1944年12月底，中共皖南地委、新四军第七师皖南支队领导机关千余人，在黄耀南、张恺帆、梁金华等同志的率领下，突破日军严密封锁，由无为县白茆州胜利到达原铜陵县钟鸣上山缪一带，从而更好地领导皖南军民坚持抗日斗争。

新四军第七师皖南支队进驻铜陵后，迅速发展武装力量，积极展开对日伪军作战。1945年2月，国民党集中一九二师主力及第二挺进纵队一部约35个团的兵力，连同地方团队于2月17日7时分五路向铜陵东南张家山、水龙山、凤凰山一线的新四军七师皖南支队防区进攻。国民党皖南独立方面军约3个团亦于2月17日7时分四路向繁昌西南牧家亭一线的皖南支队阵地进犯。皖南支队和地方部队紧密配合，奋力迎战，于当晚将其击退。2月18日，国民党军又进攻水龙山、张家大山、四房湖、高岭等阵地，同时从黄浒向殷家河前进，被皖南支队阻击于狮子山。经过一日激战，皖南支队收复了黄浒、赤沙滩等阵地。2月19日，皖南支队又收复高岭、新桥头阵地，攻克敌人东岛、半山岭、周家祠堂等据点，摧毁其全部碉堡工事。3月18日，皖南各界在铜陵县上山缪举行自卫斗争胜利大会，这极大地鼓舞了根据地人民。

1945年8月，皖南支队南芜总队向东与苏浙军区第九支队在芜湖黄池、宣城水阳一线会师，胜利完成了和苏南抗日根据地互相连接的战略任务。

8. 中共铜陵敌后县委联络站旧址展馆

中共铜陵敌后县委联络站旧址展馆，位于西联镇兴桥村杨坦孙自然村，朱永路旁。

杨坦孙村当时处于铜陵抗日活动的中心区域，是新四军去江北无为的一条主要交通线，距犁桥日伪据点不到1千米，便于刺探敌人情报，离东西湖芦苇荡不足500米，便于转移隐藏。

1939年上半年，中共铜陵县委在杨坦孙村孙太然家设立了一个情报交通站，作为中国共产党的一处安全稳定的活动堡垒。中共皖南特委、铜陵县委、铜陵敌后县委领导人都曾在这里开展重要的抗日斗争活动。

情报交通站人员负责传递党的机密情报，接送新四军来往江北江南和到云岭新四军军部，负责党的领导来交通站及周边开展活动的安全等。皖南事变发生后，仅交通站人员护送到江北无为的新四军突围人员就有60～70人，这些人大都成为新四军第七师的骨干。

1939年9月底，中共铜陵县委书记张世杰在杨坦孙村召开敌后中心区委会议，决定把扩大铜陵敌后游击队、打击日军、惩处汉奸叛徒、动员青年参军作为当前中心任务，扩大敌后抗日武装。1940年9月，中共铜陵敌后县委在杨坦孙村召开县委会议，决定成立中共铜陵敌后抗日自卫委员会，同时还成立了民运工作队，把铜陵敌后抗日斗争推向高潮。1941年9月，中共皖南特委书记李步新在皖南事变突围后途径铜陵，在杨坦孙村听取了中共铜陵敌后县委的工作汇报后，要求原铜陵县委进一步发动群众，扩大游击队，打击敌人，巩固抗日根据地。

2009年12月，原铜陵县委党史办公室根据县委、县政府的要求和安排，在中共铜陵敌后县委联络站旧址堂屋布展，作为爱国主义教育基地对外开放；2021年，中共铜陵敌后县委联络站被确定为铜陵市爱国主义教育基地。

9. 新四军第三支队政治部驻地旧址

新四军第三支队政治部驻地旧址位于钟鸣镇水村村院冲燕子牧自然村。

1938年12月，新四军第三支队在副司令员谭震林的率领下，从南陵的青弋江、西河一线调防到铜（陵）繁（昌）一线，司令部驻在铜南边境的沙滩脚，政治部设在铜陵的燕子牧。当时，铜繁一带的党组织刚建立不久，群众抗日斗争的高潮还未真正兴起。谭震林到铜陵后，十分重视抓好民运工作，先后派出20多名民运工作干部深入到铜陵各区、乡发动群众，宣传抗日，帮助建立和发展党的组织和抗日武装。为了工作方便，第三支队党委受皖南特委委托，帮助成立了铜（陵）南（陵）繁（昌）中心县委，由张伟烈任县委书记，陈光任县委副书记。谭震林尽管军务繁忙，但仍经常关心铜（陵）南（陵）繁（昌）中心县委的工作。在他的关心下，第三支队政治部在铜陵举办了两期抗日救亡训练班，为铜、南、繁等县培养了一大批抗日骨干和党的干部。这一时期，铜陵的抗日斗争形势发展很快，党员由最初的几十人发展到895人，建立了13个中心支部、275个支部。群众抗日组织也如雨后春笋般地蓬勃发展。抗日斗争的烈火在铜陵大地熊熊燃起。

1990年8月，新四军第三支队政治部驻地旧址被确定为原铜陵县县级重点文物保护单位。

10. 铜陵“渡江第一船”登陆地遗址

铜陵“渡江第一船”登陆地遗址位于铜陵市义安区胥坝乡文兴洲王家拐。

1949年4月20日，南京国民党政府拒绝在《国内和平协定》上签字。按照既定部署，人民解放军渡江大军以排山倒海之势向长江南岸发起攻击，打响了渡江战役。

4月20日17时，二十四军开始炮火准备，摧毁敌沿江工事，掩护船只由内河翻坝入江，掩护各师第一梯队上船。20时，突击部队开始上船。21时15分，二十四军发出开船命令。七十师第一梯队4个营以船为单位在无为登垅地、仙佔庙地段横渡长江，向铜陵文兴洲的新江口、沙凸拐、洼沟方向前进。七十一师第一梯队4个营在无为太阳洲起渡，向铜陵姚墩、王家拐急进。21时35～45分，两个师的先头部队在火炮和机枪掩护下，在文兴洲的新江口、东风沧和紫沙洲的套口等地强行登陆。七十师和七十一师先头渡江部队按预定作战任务前进，在鳊鱼肚胜利会师。至4月21日凌晨1时，七十师在七十一师配合下全歼文兴洲守敌。七十师二一〇团九连三班和二〇九团五连八班分别获得“渡江第一船”和“渡江突击模范班”光荣称号。

4月21日凌晨4时，七十师以小木船和三脚架等简便器材渡过夹江，对守敌展开追击，攻占太平街、汀洲，然后分两路会攻铜陵县城。国民党守军见状纷纷向东南逃窜。上午8时，人民解放军顺利占领铜陵县城。这是渡江战役发起后，人民解放军解放江南的第一座城市，被誉为“江南解放第一城”。

为了追寻红色记忆，用伟大的渡江精神建设美丽幸福的乡村，胥坎乡群心村党委根据村民建议，在渡江文化广场上建造一座“渡江第一船”铜雕塑。该铜雕塑高11.75米，由底座、芦叶、船和帆四部分组成，其中船帆全长为4.9米，底座顶至船头长度为4.2米，底座至船帆顶端高度为9.35米，三个数字寓意1949年4月20日晚9时35分人民解放军渡江。该铜雕塑底座长2.4米，意为此壮举是由二十四军创下的。

11. 铜陵市烈士纪念园

铜陵市烈士纪念园位于铜陵市义安区五松镇笠帽山南侧区域的自然保护区内，占地面积9297.47平方米，建筑面积（主体工程烈士纪念馆）1200平方米，是铜陵市面积最大、功能最齐全的烈士纪念园。

铜陵市烈士纪念园是铜陵市政府2015年重点工程项目之一，于2015年10月8日开工建设，于2016年9月10日建成。铜陵市烈士纪念园管理规范，设施完善，绿树成荫，环境优美，已成为集瞻仰纪念、爱国教育、旅游观光为一体的综合性教育基地。该纪念园园区包括烈士纪念园广场、烈士纪念馆、烈士纪念塔、烈士英名墙、烈士墓区等。烈士英名墙上镌刻着1605名铜陵籍和在铜陵牺牲的烈士的名字。烈士纪念馆以铜陵革命斗争史为序，分为星火燎原、抗日烽火、地覆天翻、卫国建业四大部分，综合运用油画、雕塑、场景、视频播放等现代展陈手段，展示了铜陵革命历史及著名烈士的光荣事迹，着力营造符合现代审美观的展馆环境，使观众有融入历史、身临其境的感觉。

2016年11月，铜陵烈士纪念园被铜陵市委宣传部确定为铜陵市爱国主义教育基地；2017年8月，市政府批准铜陵烈士纪念园为铜陵市市级烈士纪念设施保护单位。

12. 铜陵烈士塔

铜陵烈士塔位于铜陵市义安区五松镇笠帽山顶。

铜陵是革命老区，仅抗日战争时期、解放战争时期在此英勇牺牲的烈士就有800余名。为缅怀革命先烈的丰功伟绩，激励后人为振兴中华、建设铜陵而奋斗，铜陵县委、县政府于1958年在笠帽山顶建立烈士纪念塔，定名为铜陵烈士塔，它是铜陵地区革命先烈的集体象征。

1992年10月，原铜陵县委、县政府对塔身进行了维护保养，加强了烈士塔周围的绿化工作。2006年，原铜陵县委、县政府再次对烈士塔进行整体修缮，还修建了1000平方米的纪念广场和一条长约340米的上山水泥路。

铜陵烈士塔为钢筋水泥质地，塔高30米。塔系三层正方形实心建筑，东、南、西、北四面分别刻有“光明日月”“气壮山河”“永垂不朽”“万古长青”16个大字。这16个字为安徽省政协原主席、书法家张恺帆同志所书，庄严肃穆、雄伟壮观。每年清明节前后，铜陵市社会各界人士到此拜谒凭吊，缅怀革命先烈。

1990年8月，铜陵烈士塔被确定为县级重点文物保护单位；1991年4月，被确定为市级重点文物保护单位；2021年9月，铜陵市关工委授予铜陵烈士塔为全市第一批关心下一代爱国主义教育基地。

13. 抗战时期牺牲烈士墓

抗战时期牺牲烈士墓位于铜陵市义安区钟鸣镇水龙村叶村自然村，因此也叫水龙烈墓。

在这座大墓里，长眠着30位革命先烈。他们是新四军第三支队老五团和新四军第七师临江团在抗日战争中英勇牺牲的烈士。

这些烈士过去分别安葬在铜（陵）南（陵）交界的水龙山两侧5平方千米的地区，因考虑他们在铜陵无直系亲属，1985年原金栏公社离退休干部和教师发起倡议，社会各界共同集资修建此墓，将分散的烈士墓迁葬于此。

1990年，抗战时期牺牲烈士墓被确定为县级重点文物保护单位，现为铜陵市市级文物保护单位。

14. 孙泰然烈士墓

孙泰然烈士墓位于铜陵市义安区西联镇兴桥村杨坦孙自然村村北。

孙泰然，西联镇兴桥村杨坦孙自然村人，1939年5月加入中国共产党。同年上半年，中共铜陵县委在他家设立了一个情报交通站，并指定由孙泰然负责。

在严峻复杂的斗争环境中，他出色地完成了传递机密情报、护送同志奔赴战斗岗位的工作。在他的影响下，他的哥哥、妹妹和年迈的母亲都投身革命。他的家成为我党一处安全稳定的活动堡垒。

1940年年初，孙泰然被组织选调到新四军第三支队干训班学习。学习结束后，分配他到军医处工作，后转到青年营。皖南事变后，铜陵一区区政府成立，孙泰然任一区委员兼犁桥乡乡长，并参加了铜陵敌后区委游击队。在孙泰然领导下，犁桥乡的抗日斗争轰轰烈烈地开展起来。他们经常袭击日军、汉奸。

1942年秋，日军对铜陵敌后抗日根据地进行大扫荡。为了尽快布置反扫荡，孙泰然从家中赶往民和乡政府，途径石佛庙门口时，被隐蔽在庙内的日军便衣特务发现，将他抓住并押送到日军据点的一个地洞里。

敌人对孙泰然施加种种酷刑，孙泰然以惊人的毅力顶住了酷刑，始终没有暴露党的秘密和出卖任何一位同志。

孙泰然在日本侵略者的枪口之下英勇就义，年仅24岁。

中华人民共和国成立后，孙泰然烈士的英雄事迹被选入安徽省著名革命烈士纪念馆永久陈列。

2008年12月，孙泰然烈士墓被确定为铜陵县爱国主义教育基地。

15. 陈尚和烈士墓

陈尚和烈士墓位于铜陵市义安区西联镇钟仓村徐村自然村。

陈尚和又名陈唤群，化名丁长春，民和乡湾里村（现属东联镇）人，1934年在崔村设私塾执教，同年下半年加入中国共产党，历任中共铜陵一区宣传科长、中共铜陵敌后县委宣传部部长、中共北二区委书记、中共铜青南县委委员、敌工（联络站）副站长、中共凤凰区委书记、中共铜青南县工委书记、铜青南游击队负责人、中共泾青南县委副书记等职。抗日战争暴发后，陈尚和致力抗日，先后组织起农民抗敌协会、青年抗敌协会、妇女抗敌协会、民兵队等组织，建立民主政权，配合抗日部队开展斗争。

皖南事变后，陈尚和安排地下交通人员接应、护送新四军突围人员。1942年，陈尚和在崔村召开有关方面负责人开会时，因汉奸告密，不幸被捕，遭到严刑逼供，但始终守口如瓶，严守机密，后被组织营救出来，未及养伤即投入战斗。

1945年日军投降后，他随新四军北撤，同年10月奉命重返皖南坚持斗争。1947年春，他和同志们建立石壁乡等革命政权，同年9月，陈尚和调任泾青南县委副书记。11 月 16 日，陈尚和在铜南繁根据地传达中共皖南地委九月会议精神后宿营在南陵县小张家山。次日拂晓，遭国民党军队三面伏击，在激烈的突围战中，陈尚和身中数弹，不幸壮烈牺牲，时年 36 岁。

中华人民共和国成立后，铜陵县委、县人民政府决定将陈尚和烈士的遗骨由南陵县小张家山移葬到烈士的家乡铜陵。

1999 年 5 月，陈尚和烈士墓被确定为铜陵县爱国主义教育基地；1999 年 10 月，铜陵县人民政府组织对该墓进行重修。

16. 刘四姐烈士墓

刘四姐烈士墓位于铜陵市义安区顺安镇城山村大城山。

刘四姐是铜陵革命斗争史上为数不多的一位女英烈。刘四姐 12 岁随三哥从无为县来顺安镇城山铺落户，1942 年加入中国共产党，走上革命道路，曾担任乡妇女抗敌协会主任，不分昼夜地动员村里群众参加抗租抗税斗争，为新四军战士纳军鞋、补军衣，还冒着生命危险给战场上的新四军送水、送饭、送弹药。1946 年秋，刘四姐参加了铜（陵）青（阳）南（陵）游击队，主要担任炊事员兼交通联络工作，频繁奔走于各联络站之间。1947 年 12 月 31 日，刘四姐在青阳茗山冲天门山反“清剿”战斗中不幸壮烈牺牲，时年 36 岁。

1980 年 10 月，中共铜陵县委、县人民政府组织对该墓进行整修并立碑纪念。

17. 范家湾烈士墓

范家湾烈士墓位于铜陵市义安区西湖镇长龙村毛家湾东侧。

1943 年 7 月 16 日，新四军第七师铜陵大队大队长巫希权率两个排在埂塘伏击日军小分队，毙伤日军 2 名，缴获长枪 1 支。战斗结束后，巫希权率部到达梁家垄，恰遇中共铜青南县委书记张伟烈由皖南地委开会回来路经此地，叶为祜也率领铜陵大队一部赶到这里会合。当晚，部队宿营于梁家垄。汉奸王诚斋得到这个消息连夜报告顺安日军。

次日拂晓，日伪军 100 多人分三路包抄梁家垄，向铜陵大队发起突然袭击。哨兵发现敌情，立即鸣枪示警，巫希权、叶为祜带领部队奋起还击。由于日军来势凶猛，为保存部队实力，减少伤亡，巫希权指挥铜陵大队向顺安河边的范家湾突围。到达范家湾后，担任阻击任务的战士们坚守阵地，英勇作战，死死咬住日军，保证了部队主力安全突围过河。完成阻击任务后，巫希权、叶为祐等 28 位战士全部壮烈牺牲。这是铜陵革命武装遭受的一次严重损失。

范家湾烈士墓由原铜陵县人民政府于1980年建造。2006年，原铜陵县委、县人民政府投资十余万元对范家湾烈士墓进行维修改造。范家湾烈士墓占地面积约1000平方米，呈圆形，高1.8米，直径4米。青石墓碑高2米、宽1米，碑正面刻着："范家湾战斗二十八烈士之墓"。

2011年8月，范家湾烈士墓被铜陵市人民政府确定为铜陵市市级重点文物保护单位。

18. 铜陵新四军抗战史迹陈列馆

铜陵新四军抗战史迹陈列馆坐落在铜陵市义安区西湖镇朝山村村部，与范家湾烈士墓相邻，于2009年9月建成开馆。

该陈列馆由主馆区和馆前广场两部分组成，展厅面积220平方米，展览主题分为新四军挺进铜陵抗日、皖南抗日的坚强堡垒、抗战胜利与铜陵解放3个部分。陈列馆内设置了抗日战争时期铜陵地形沙盘，设计、收集、展出了图表、照片、宣传画百余幅，新四军臂章、军装、子弹、干部战士宣传读本、《大江报》等遗物实物（部分复制）近50件，后又增设了"廉源长流——铜陵抗战史上的廉政典故""为铜陵解放作出突出贡献的20名人物"等新展览内容，集中展示了抗日战争时期、解放战争时期新四军及解放军在铜陵英勇斗争的光辉历史。陈列馆现对社会免费开放。

（四）革命诗抄

1. 凌霄烈士诗抄

凌霄同志于1925—1926年在黄埔军校学习和在北伐军工作期间，抒发感慨，写下了不少诗篇。现选录几首作为对烈士的纪念。

黄花岗感怀

黄花岗上吊英才，
浩气长存亦异哉！
棋局漫敲谁先著，
潮声静听我徘徊。
千重白练浮江月，

一点丹心似瘦梅。
快剑欲磨酬壮志，
群氛扫尽岳云开。

珠江观涛

闲来无事静观涛，
白浪奔腾碧浪高。
笑问中流谁砥柱？
幸凭江岸有吾曹。

杂　咏

漫说神州海深情，
春花欲放雨淋淋。
风狂浪涌蛮烟障，
谁是中流砥柱人？

思　归
（其一）

立马吴江百粤游，
沙场酣战几经秋。
血袍染却亲娘线，
望断长江空自流。

（其二）

一粟山河潜漫游，
蚕桑几度记春秋。
而今抛却青云路，
不肯随波逐浪流。

早　景

旭日东方映海曙，
却疑江里落红霞。

瘴烟散尽天涯处，
万里晴光遍照花。

蛙噪思家有感

家住长江岸，
茫茫路八千。
月沉人人梦，
蛙噪我厌眠。
绕膝儿添岁，
倚门款迈年。
一朝风雨顺，
归去乐陶然。

无　题

江湖游客迹，
旅困有谁知。
鸟散芳园冷，
月来故里思。
寒江添客梦，
夜雨动情丝。
吉士天难厄，
终归得意时。

2. 沈默同志诗抄

人生的出路
——我入党写的

我本是血性一个男儿，
为什么把光明黑暗两条路都分不开呢？
这条黑暗的路越走越黑暗，
没有一线的光明。
走不得，

快回来！
我们赶快向一条光明大路上走吧。
这条光明大路上有盛开的自由花，
结的幸福果。
走吧！
向前走，
莫徘徊，
永远做光明的寻求。

漂流吟月亮
——内战暴动失败后

月亮啊！
你高悬在天空。
你的伟大的光明照遍了大地，
偶尔被那万恶的黑云遮住你的光，
但那万恶的黑云终须逃避，
你那伟大的光明终须实现。
月亮呀！
待你的光明实现，
我也准备些瓜果庆祝你的光吧。

抗日战争感怀

昔年埋没一儒流，
抗日而今才自由；
自愧无才酬祖国，
愿将血换敌人头。

内战恨劣绅诗

我本天生傲骨人，
不平之事最关心；
闲来磨我长锋剑，
杀尽人间大劣绅。

答王仲钧诗

握别经年似指弹，
故人康健我平安。
人逢险处飘零易，
事到临头划策难。
抗日壮怀犹未冷，
朔风扑面不觉寒。
家书欲寄无由达，
话到乡关泪不干。

我在医院里休养

我的休养不忘学习，
抓紧时间努力学习，
社会的车轮不会在等待着的，
不学习就会走到大时代的后面。

3. 张恺帆写铜陵诗抄一首

南渡首战告捷

南渡铜繁万仞山，轻骑直下赤沙滩。
但凭真理撑天地，誓扫妖氛靖宇寰。
云岭横空吞落日，茂林遗恨化狂澜。
漫言雪地行军苦，雪地红旗更好看。

4. 献给范家湾二十八烈士

献给范家湾二十八烈士

刘　毅

清明节在春的怀抱中
轻轻地走来
我们来到烈士面前

满怀崇敬怀念
祭奠你们
长眠中的英雄
远逝的画面
已载入历史
英雄的壮举
化为不朽的丰碑
永远激励后人

这是一次
并不怎么著名的战斗
但每一个经历者
却永生难忘
地形复杂天空阴霾
敌众我寡包围重重
你们十分清楚
留下就意味着牺牲
但为了大部队的安全转移
你们义无反顾
以血肉之躯
铸成不可逾越的长城

穷凶极恶的敌人
一波波扑向你们
又在你们钢铁一般的意志下
战栗颤抖着
潮水般退下
炮火削去战士的手臂
子弹贯穿勇士的胸膛
残破的躯体
匍匐在潮湿的焦土
被鲜血点燃的毅力

始终坚守每一寸土地

子弹打完了
还有闪亮的刺刀
刺刀断折了
还有被军旅锻造的喉咙
最后的时刻
烈士们手挽手臂套臂
跃进波涛汹涌的长河
留给敌人的
只有回荡在半空中
令他们终生胆寒的战歌
从此你们的名字
被刻上石碑
你们光辉的事迹
世世代代永恒传诵
矗立着的纪念碑
肃然刺破青天
是一片忠魂筑起的
永不倒塌的精神殿堂
面对你们——缔造共和国的革命先烈
我们那瀑布般的畅想
溢出阻不住的泪泉
那晶莹的泪珠
又敲打着我们心的鼓面
悲壮的绝唱
像一棵常青的松柏
旷古的天风摇晃着它
荡起一阵又一阵雄风
弹响一个又一个
悠远的启示

遥远的战斗已凝固在
我们的脚下
成为生活牢固的基石
你们的躯体
不仅奠基了胜利
更垫高了我们的目光
现在，你们默默地躺在这儿
只有松涛在林间
静静地回响
不朽的精神
永远激励我们
这精神，万古常青
这精神，永垂不朽！
让我们铭记烈士的名字：
巫希权、叶为祜、陈孝凯、罗建新和每一位烈士们

5. 塔里王赋

塔里王赋

鲍安顺

绿缘福地，溪鸣考涧，空山鸟语，景入深林。自古人闲春花发，四时红萼日月新。夜静竹喧，雁影飞惊，桑梓叶青田夫乐。又见田园柘荒，踏歌燕行，涧户随意春芳歇。

七七事变，日军侵华，喋血残风，焚我河山，弹痕遍地苦殃民。泱泱中华，铁军勇进，激扬正气泣鬼神，挥戈斩杀日军颅。神威盖世，血染永定；台儿大捷，号角震天。延河水泛，浪激长空，三师出，歼击平行成英豪；百团显神威，留雄魂，卫社稷，日照汗青祭肝胆。

抗战遗址，塔里王村，考涧叱咤风云怒，铜邑烽火连天日。杀声起，贼声遏行云；寇丧胆，所向披靡气盖世。犁锄化剑，建奇功于丘原山林；同仇敌忾，传世代永燃之薪火。洒热血，战雪恨，斗奇智，搏风云，以卫社稷荐轩辕。守疆有责，赴汤蹈火，群山之灵目兮；滚滚狼烟，烟消云散，羁旅扶摇，直上云霄，召子嗣，以慰藉家园乎。燃篝火，长驻汝心；祭苍穹，云卷云舒。

今昔，红色塔里王，绿色考涧地。风光绝佳，人文荟萃，山色葱郁，沟壑纵横，溪水潺潺，人在绿中走，绿在村中留。而或，寻花闻香，探林访幽，观绿听溪，好一派休闲佳境，生态乐园。寻山觅知音，候鸟听雨声，更有抗战情怀，见熹微，传亘古。

6. 史料书籍

党的历史是最好的教科书和营养剂。在铜陵这块红色土地上，有着光荣的革命斗争史。为大力弘扬红色文化，广泛开展革命传统教育，深入挖掘和利用红色资源，从2009年开始，中共义安区委宣传部、中共义安区委党史和地方志研究室、义安区文联先后编辑出版了《丰碑》《义安红色地图》《铜陵县党史大事记》《大江作证》《大爱建筑》等史料书籍。

对义安而言，要通过这些史料书籍，认真讲好铜陵红色故事，传承红色基因，用铜陵党组织领导人民进行革命斗争的光荣历史和伟大功绩感召人，用铜陵革命先烈的英勇事迹和崇高精神激励人，引导我们特别是青少年一代学史明理、学史增信、学史崇德、学史力行。在新时代的新征程中，要始终保持艰苦奋斗的精神状态，为党、为人民、为社会做出更大的贡献。

7. 纪念活动

铜陵市义安区的每个红色文化遗产，都承载着一段厚重的历史，都是一本生动的教科书。显然，红色文化是实施“传育立行”教育工程最重要的资源。

改革开放以来，特别是党的十八大以来，中共义安区委宣传部通过每年的清明扫墓、红色文创、“五老”革命传统教育、义安红色旅游、文艺活动（庆祝晚会、文学征文、摄影画册及影展）等形式进行宣传推广，在全区广大干部群众尤其是在广大青少年中，积极开展传承红色基因的教育，发挥红色课堂作用，讲好铜陵红色故事，传播好红色声音，让更多的人感受到铜陵红色文化，传承红色精神，建设我们的美好家园。

七、第七展厅：布展年代

（一）辉煌的“十三五”，五年砥砺开拓新义安

“十三五”期间，面对纷繁复杂的内外部发展环境、前所未有的各类风险挑战和艰巨的经济社会发展任务，义安区坚决贯彻落实中共中央和省、市决策部署，准确识变、科学应变、主动求变，扎实做好“六稳”工作，主动适应新常态、把握新常态、引领新常态，大力实施转型发展、融合发展、创新发展、绿色发展、和谐发展五大战略，全面落实“六保”任务，较好完成主要目标任务，经济保持稳健增长，社会发展取得显著成绩，全面建成小康社会取得决定性成就，为“十四五”顺利开局奠定了坚实基础。“十三五”期间，义安区地区生产总值从104.0亿元增至158.8亿元，财政收入由28.94亿元增至38.88亿元；完成规模以上工业总产值1274.62亿元。2020年，义安区城镇、农村居民人均可支配收入达到39489元和26478元，“十三五”期间年均增长分别为8.04%、8.76%。“十三五”期间，义安区成功获评省级质量强区示范区，基层政务公开标准化规范化试点成效获国务院领导充分肯定，区政府门户网站连续两年跻身全国县区政府网站50强。“十三五”经济社会主要指标发展情况见附表1。

附表 1

“十三五”经济社会主要指标发展情况

主要指标		2015 年实绩	2020 年规划目标		2016 年		2017 年		2018 年		2019 年		2020 年	
			总量	年均增速（%）	总量	增速（%）	总量	增速（%）	总量	增速（%）	总量	增速（%）	总量	增速（%）
一、经济发展														
1	地区生产总值（亿元）	104.0	220	11	126.27	9.6	136.68	8.3	141.4	4.0	149.6	3.0	158.80	3.9
2	人均地区生产总值（元）	41173	75800	11	49713	—	53391	—	53764	—	55409	—	63776	—
3	规模以上工业总产值（亿元）	281.44	600	16	354.77	6.7	417.10	30.1	168.08	16.5	156.15	−2.4	178.52	12.3
4	五年累计固定资产投资（亿元）	204.9	600	—	232.9	13.6	266.8	14.6	108.44	4.0	94.92	−12.5	97.60	2.8
5	财政收入（亿元）	28.9	50	11	34.66	19.7	38.2	10.2	41.89	11.3	36.86	−5.7	38.88	5.5
6	五年累计实际利用外资（万美元）	5000	1.75	—	4338	—	5000	—	5700	—	7100	—	8631	22.1
7	五年累计利用内资（亿元）	89.3	400	—	92.4	—	115.5	—	116	—	120.98	—	133.75	10.5
8	常住人口城镇化率（%）	44.7	55	—	46.55	1.85	48.15	1.6	49.68	0.36	50.57	0.89	51	0.85

（续表）

主要指标		2015年实绩	2020年规划目标		2016年		2017年		2018年		2019年		2020年	
			总量	年均增速（%）	总量	增速（%）	总量	增速（%）	总量	增速（%）	总量	增速（%）	总量	增速（%）
二、结构调整及创新能力指标														
9	服务业增加值占地区生产总值比重（%）	42.09	23	0.24	48.0	—	48.2	—	47.60	—	48.42	—	48.96	—
10	战略性新兴产业占规模以上工业产值比重（%）	33.9	40	2.4	34.2	—	31.3	—	28.40	—	16.76	—	20.3	—
11	研究与试验经费占地区生产总值比重（%）	2.4	2.55	1.25	2	—	2.1	—	1.52	—	1.14	—	约1.5	—
12	高新技术企业数（个）	25	34	10	32	—	33	—	41	—	49	—	53	—
13	每万人发明专利拥有量（件）	5.17	7.61	15.8	7.59	89.8	6.62	−12.8	8.69	—	13.69	—	20.8	—
三、生态文明指标														
14	空气质量指数达到优良天数占比（%）	≥90	≥90	—	77.8	—	71	—	78.0	—	81.0	—	96.3	—
15	森林覆盖率（%）	35.7	38	3164.5	37.43	31665.9	37.46	—	37.5	—	37.34	—	31.54	—
16	耕地保有量（公顷）	23300	≥17800	—	16000	—	23400	—	—	—	—	—	21333.33	—
17	单位地区生产总值能耗降低（%）	−9.3	完成下达目标		完成下达目标		完成下达目标		完成下达目标		完成下达目标		完成下达目标	

（续表）

主要指标			2015年实绩	2020年规划目标		2016年		2017年		2018年		2019年		2020年	
				总量	年均增速（%）	总量	增速（%）	总量	增速（%）	总量	增速（%）	总量	增速（%）	总量	增速（%）
18	主要污染物排放总量减少	化学需氧量	—	完成下达目标		完成下达目标		完成下达目标		完成下达目标		完成下达目标		完成下达目标	
19		氨氮	—												
20		二氧化硫	—												
21		氮氧化物	—												
四、社会民生指标															
22	城镇居民人均可支配收入（元）		26825	40000	8.5	28925	7.8	31442	8.7	34001	8.1	37664	9.4	39489	4.8
23	农村居民人均可支配收入（元）		17395	28000	10	19117	9.9	20841	9	22610	8.5	24577	8.7	26478	7.7
24	城镇登记失业率（%）		3.8	≤4	—	3.79	—	3.48	—	—	—	3.41	—	≤3.46	—
25	五年城镇新增就业人数（人）		4600	18000	—	4078	—	4197	—	5131	—	4993	—	6030	—
26	基本养老保险参保率（%）		96	100	0.8	100	100	100	100	100	100	100	100	100	100
27	新增劳动力平均受教育年限（年）		12.5	≥14.5	—	12.95	—	13.72	—	—	—	—	—	9.6	—
28	每千名老人拥有养老床位数（张）		31.5	40	—	26.4	—	31.25	—	—	—	34.56	—	35.4	—

1. 经济发展

(1) 工业强区

义安区深入贯彻习近平新时代中国特色社会主义思想，以五大发展理念为指引，主动适应经济发展新常态，积极实施工业强区战略，坚定不移地秉持工业强区发展理念，树牢“发展为要、项目为王、实干为先”鲜明导向，集中力量、集聚要素、集成政策，大力推动工业经济质量变革、效率变革、动力变革。义安区工业经济呈现出量质稳步提升、发展步伐显著加快、贡献比重逐年提高的良好态势。义安区 2017 年、2020 年两次被评为全省制造业发展增速“10 快区”。义安以经济开发园区为主战场，着力引进项目投资，强化精准招商，狠抓企业培育，使新旧动能加速转换，全力促进工业经济高质量发展。

【工业总量持续增长】义安区扎实开展“两转一保”工作，持续推进中小企业“希望工程”、“小巨人”培育工程。全区规模以上工业企业数量由 2015 年的 82 户发展到 2020 年的 97 户（不含滨江工业园整体划转数），产值超亿元以上企业有 22 户，其中铜陵市旋力特殊钢有限公司（以下简称“旋力特钢”）产值超 40 亿元、铜陵上峰水泥股份有限公司（以下简称“上峰水泥”）产值超 20 亿元、皖能国电产值超 15 亿元。截至 2020 年年底，全区 97 户规模以上工业企业实现总产值 178.52 亿元，增速为 12.3%，增速高于铜陵市平均水平 7.8 个百分点。

【发展后劲持续增强】“十三五”期间，义安区工业投资保持稳定增长，累计实施工业建设项目 359 个，安徽富乐德科技发展股份有限公司、铜陵国展电子有限公司、铜陵金鹰五矿铜基焊接材料有限公司、铜陵景昌钢制品有限公司、铜陵港兴百年工贸有限公司、安徽柒尚钢索有限公司等一批投资额大、带动力强的重大工业投资项目相继建成投产，工业性固定资产投资累计达到 367 亿元，与“十二五”期间相比，工业投资总额增加 11 亿元，增长 3.09%。

【动能转换持续加速】义安区紧紧围绕传统产业高新化，积极推动传统产业改造升级，扎实实施市工业转型升级“1365”行动计划，促进建材、机械装备等传统产业智能化、低碳化、高端化改造，推动产业结构由中低端向中高端迈进。“十三五”期间，义安区共实施旋力特钢 24MW 富余煤气余热发电工程、国能铜陵发电有限公司（以下简称“铜陵国电”）1 号 2 号（2×630 MW）机组超低排放、上峰水泥熟料生产线烧成系统节煤等技术改造项目 208 个，累计投入技改资金 255.43 亿元，占工业投资比重达 61.43%，与“十二五”相比提升 7 个百分点。

铜陵国电

【产业结构持续优化】义安区着力构建“新材料、装备制造、电子信息”三大主导产业支撑的区域经济高质量发展体系，逐渐改变以资源消耗为主的传统生产方式，促进新旧动能加快转换，着力提升产业发展能级。截至2020年年底，三大主导产业累计完成产值98.3亿元，同比增长22%，占规模工业产值比重达55%以上。5年来，战略性新兴企业净增15户，总数达33户，实现产值34亿元，占规模工业总产值比重为19.4%。义安区关闭整合矿山22座，淘汰落后生产能力229万吨。

【创新能力持续提升】义安区强化企业技术创新主体地位，引导和支持企业增强技术创新能力，促进企业走“专精特新”之路，推进企业内涵式发展。5年来，义安区培育省级“专精特新”企业16户、市级“专精特新”企业28户、省级制造业与互联网融合发展试点企业2户、企业技术中心6户、新产品企业5户，有5户企业的产品被认定为安徽省工业精品；培育国家级两化融合管理体系试点企业2户、省级两化融合管理体系试点企业4户、省级制造业与互联网融合发展试点企业2户、省级成长性小微企业1户。截至2020年，全区拥有有效发明专利530件，每万人发明专利拥有量为19.1件。

【绿色发展持续推进】义安区坚持以工业领域绿色制造为工作重点，不断深化绿色制造体系建设，积极推进工业节能、资源综合利用，指导工业企业源头污染防控，努力促进全区工业企业绿色发展水平不断提升。“十三五”期间，义安区实施重点节能改造项目35个，项目总投资12.9亿元，累计节约标准煤4.8万吨；积极推进企业清洁生产，降低能源和物料消耗，减少废弃物排放，帮助59户企业通过市级清洁生产审核，其中旋力特钢被评为国家级“绿色工厂”；全区创建绿色矿山企业总数达16家，创建率占在产矿山总量的80%，安徽焦冲矿业有限公司（以下简称“焦冲矿业”）成功创建国家级“绿色矿山”，铜陵上峰水泥股份有限公司（以下简称“上峰水泥”）、铜陵羊耳山矿业有限公司（以下简称“羊耳山矿业”）等企业被铜陵市政府授予市级“绿色矿山”称号。

（2）农业稳区

义安区深入学习贯彻习近平总书记关于“三农”、乡村振兴工作的重要论述，擘画宏伟蓝图，掀起农村改革浪潮。义安区农业农村发展取得历史性成就，发生历史性变革。义安区先后荣获全国绿化先进集体、全国精品休闲渔业基地、全国第二批农产品质量安全县、全国县域数字农业农村发展先进县、全国首批农村土地承包经营权抵押贷款试点、国家级农产品质量安全县、国家级秸秆综合利用试点县、国家级一二三产融合试点等称号。

【农业综合生产力稳中有增】“十三五”期间，义安区完成了16.4万亩粮食生产功能区和15.4万亩重要农产品生产保护区划定任务，累计建成高标准农田面积8.99万亩。全区水稻种植面积稳定在14万亩以上，每年推广6000亩再生水稻种植，油菜种植面积稳定在9万亩。全区果蔬种植面积稳定在1万亩以上，家畜存栏量为5.09万头，家禽存栏量为232.11万羽，水产养殖总面积为4.5万亩。义安区2020年农业生产总值为23.13亿元，农村常驻居民人均可支配收入达到26478元。

【农业产业化经营水平明显提高】义安区实施农产品加工业“五个一批”工程，农业产业化经营发展态势良好。2020年农产品加工产值达35.2亿元，市级以上农业产业化龙头企业达113家（其中农业省级龙头企业11家）；培育了5家年销售收入突破1亿元的农业龙头企业，其中铜陵市润知味食品有限公司年销售收入突破5亿元；2020年农业产业化龙头企业实现销售收入30.5亿元，年均增长11.7%。

【新型农业经营主体实力增强】全区各类专业合作社、家庭农场分别达到622家、336家，市级以上示范社、场分别达到62家和44家，其中国家级示范社达到7家，省级示范社、场分别达到9家和19家。全区各类农业生产托管服务组织达到81个，主要农作物生产托管面积近30万亩。义安区实施新型职业农民培育民生工程，开展现代青年农场主、农业职业经理人、新型经营主体带头人和农村实用人才带头人培训，累计培训新型职业农民1500人。

【农业科技支撑更加健全】义安区农业自主创新能力不断提升，依托铜陵市国家农业科技园区，着力打造一个“有形有核”的农业科技创新平台。义安区成功申报省高层次C类科技人才团队1个、新增高新技术企业1个、新增专利40个。全区农机总动力达到26.4万千瓦，成功创建义安区省级“平安农机”示范区，实现“平安农机”示范乡镇全覆盖。2020年全区主要农作物良种率、畜牧业良种率、渔业优质种苗覆盖率分别达到98%、85%、80%以上。农业科技进步贡献率达到63%，较2015年提高3个百分点。

【农业绿色发展成效显著】将全区56家规模企业、62家农资经营网点和“三品一标”认证主体纳入平台管理，有28家企业已开展农产品质量安全电子追溯，实现农产品带码上市，实现全程追溯。全区实现主要农业投入品100%纳入平台管理，“三品一标”认证农产品达到152个，农产品合格证制度已覆盖全区。义安区实施农药化肥减量行动，优先在“两区”普遍建立了水稻、果菜茶等绿色防控示范区32个。大力推进病虫害统防统治。2020年全区主要农作物绿色防控覆盖率达48%，统防统治覆盖率达62%。全区完成淡水豚国家级自然保护区核心区及缓冲区农作物种植问题整改工作，在安徽省率先完成长江流域水生生物保护区全面禁捕和渔民退捕转产；实施完成义安区农产品产地土壤重金属污染修复试点工作，受污染耕地安全利用率达94%，初步构建农业绿色发展新格局。

（3）三产兴区

义安区深入贯彻国家、省、市关于服务业发展的各项政策要求，大力实施“三产兴城”战略，紧紧围绕产业转型升级需求和人民美好生活需要，不断深化服务业供给侧结构性改革，持续推进服务业创新发展和开放合作，全区服务业取得了长足进步，为实现高质量发展提供了重要支撑。“十三五”期间，全区服务业增加值由2015年的27.16亿元增长到2020年的77.76亿元，服务业增加值占地区生产总值的比重由42.09%提升到48.97%。服务业的快速增长，发挥了“引领效应”，带动了全区经济快速协调发展。

【壮大载体推动现代商贸集聚发展】义安区依托天井湖旅游休闲集聚示范园，促进旅游和文化最大限度融合，将江南文化园打造成集旅游观光、度假休闲、学术交流、文化考察、餐饮贸易、演艺娱乐等为一体的高品位、高档次的综合性文化旅游园区。义安区引导东部城区服务业聚集发展，以“三月三城”为基础，合理配置餐饮、娱乐、休闲、购物等配套服务功能，不断提品升级，打造东部城区现代商贸集聚区；加快发展便利商业，发展无接触交易服务，建设集社区综合超市、标准化菜市场、便利店、餐饮店等于一体的“15分钟便民消费圈”；不断繁荣农村商业，推进农产品流通和农村市场体系建设，打造城乡一体化供应链体系。

【示范带动推广电子商务蓬勃发展】义安区成功申请了省级农村电商示范县、1个省级农村电商示范镇（农循园）、6个省级农村电商示范村；打造了3个省级农村电商网销额超千万元的电商企业、3 个网销额超 100 万元的农村电商品牌。全区电子商务企业达到 56 家，年销售收入过亿元的电子商务企业达到 2 家，年销售过千万元的电子商务企业达到 3 家，年销售收入过百万元的电子商务企业达 10 余家。2020 年全区实现电子商务交易额 15 亿元，带动农产品上行 1.5 亿元。委托阿里、京东、供销 e 家三大电商主体建立农村电商网点，实现进村入户，高峰时建立起 264 个农村电商网点，实现 102 个行政村村级电商网点“全覆盖”；按照“一镇一特、一村一品”的思路，发展特色产业，培育特色品牌，推动网货品牌培育。义安区在京东平台上已有铜陵特产馆、第三方平台“铜陵商城”等店铺，在铜陵广电铜草花商城平台上开辟农特产品扶贫专区，实施电商品牌战略，全方位推广农产品营销。

【品牌建设推进旅游产业创新发展】义安区全面提升旅游竞争力，拥有国家 AAAA 级旅游景区 3 家、AAA 级旅游景区 1 家；省级旅游度假区 2 家，中国乡村旅游重点村 1 家；省级优秀旅游乡镇 2 家；省级特色景观旅游名镇 2 家；中国乡村旅游模范村 1 家；安徽省乡村旅游示范村 5 家，安徽省特色景观旅游名村 3 家；省级研学基地 3 家；省级中医药健康旅游基地 2 家；三星级农家乐 48 家，四星级农家乐 13 家，五星级农家乐 4 家。义安区打造精品旅游景区，延伸旅游产业链。重点发展凤凰山景区、永泉旅游度假区、铜草花研学实践基地、梧桐花谷、梦思康百合庄园，推动旅游与住宿、餐饮、研学、农业深度融合。

【强化基础推展现代物流强劲发展】义安区鼓励企业发展智慧物流，其中铜陵永冠物流有限公司（以下简称“永冠物流”）、安徽徽风物流有限公司（以下简称“徽风物流”）使用“运满满”货运平台，有效降低了企业成本，使企业业绩持续增长。义安区大力发展物流中心及农村物流发展，目前已打通覆盖全区所有村的物流配送。京东实现物流自营，配送覆盖全区所有乡镇，已延伸到村级站点；邮政及“四通一达”等重点物流快递企业的触角也逐步向村级延伸，实现了全区农村快递物流全覆盖。

（4）铜陵义安经济开发区

铜陵义安开发区成立于 2003 年，前身为金桥工业园，起步区域 3.5 平方千米，2006 年被安徽省政府批准为省级工业园区；2014 年更名并扩区至 14.2 平方千米，远景规划面积为 28.3 平方千米；2018 年年初，经安徽省政府批准更名为义安经济开发区，目前一区三园规划面积为 19.7 平方千米，已建成面积约 10.3 平方千米（其中核心区建成面积 5.9 平方千米）。义安经济开发区先后获得国家园区循环化改造重点支持园区、国家绿色工业园区、全国绿色发展优秀开发区、安徽省际产业合作园区、安徽电子信息产业园、省多评合一试点园区、中德生态示范城市、安徽省新型工业化产业示范基地、安徽省投资环境十佳开发区、省级园区循环化改造试点园区、首批安徽省知识产权示范园区、铜陵市先进装备制造产业集聚发展基地等称号。义安经济开发区为区政府派出机构，内设“八部一室一所”，下属 2 个全额拨款事业单位。

金桥工业园

“十三五”期间，义安经济开发区入驻市场主体 1400 多家，共引进项目 100 个，其中亿元以上项目 57 个，10 亿元以上项目 10 个，协议总投资 237.4 亿元；新增投产企业 135 家；新开工项目 107 个，累计完成固定资产投资 212.1 亿元；累计实际利用内资 156.05 亿元、外资 2.61 亿美元，实现财政收入 35 亿元。目前义安经济开发区新材料、先进装备制造、电子信息三大主导产业集中度达 71%。义安经济开发区与中国科学院过程工程研究所建立长期合作关系，区内企业与高校科研院所签订产学研协议 30 份，获批省级高层次人才团队 4 支，建立博士后工作站 2 个；引进 34 个项目，盘活闲置低效企业 23 家、空闲厂房 30 万平方米。在基础设施建设上，义安经济开发区累计投入 5 亿多元用于基础设施建设，共征收土地 2000 余亩，拆迁房屋 499 户，回迁安置居民 760 户；建成新河家园、清泉画苑安置房共 28.2 万平方米；建成核心区污水管网，新增雨污水管网 12 千米、燃气管网 3 千米、供水管网 5 千米、供电线路 5 千米；南海路一期、经九路等骨干路网建成通车，新增通车里程 4 千米，初步形成“四横五纵”路网体系；同步实施区内骨干道路、标志性建筑的绿化、亮化，项目用地基本实现“五通一平”，基础设施配套日趋完善。

（5）铜陵国家级农业科技园区

铜陵国家级农业科技园区成立于2006年，前身为铜陵农业循环经济试验区。2013年经科学技术部批准，该园区作为第五批国家农业科技园区建设，由安徽农业大学编制总体规划和实施方案，按照“核心区一示范区一辐射区”三个层次的空间结构进行规划和布局。该园区核心区规划面积3.3万亩，2018年入围创建国家农业高新技术产业示范区省级预备队，2019年被农业农村部授予国家农村创新创业园区，2021年成功入选第三批国家农村产业融合发展示范园创建名单。该园区为区政府派出机构，核定管委会事业编制21名，领导职数1正3副，现有工作人员32名，其中在编在岗事业人员22名、政府雇员6名。

该园区集研发加工、观光休闲、研学培训、科普教育、创意体验等业态于一体，走三产融合共进的现代农业绿色发展之路。具体如下：一是基础设施不断完善，建成路网82千米、高标准农田5500亩、排灌沟渠150千米、各类管网10千米，建成4万平方米的食品科技产业园孵化器，已实现“田成方、林成网、路相通、渠相连、旱能灌、涝能排”的农业生产体系。二是招商引资成效显著，建成各类项目35个，重点引进食品企业15家，新增规上企业7家，实现年产值20.6亿元，其中农产品加工企业产值17.3亿元；截至2020年年底，累计建设各类项目75个（含新桥示范园），完成招商引资68亿元。目前物流加工区已引进白姜、凤丹、电子商务、仓储物流及食品企业20余家。三是科技创新能力突出，与高校院所开展产学研合作，着力打造了“一室一圃一基地一中心”，实施了国家级众创基地1个、星创天地2个、国家级农业产业化龙头企业1家，高新技术企业16等。四是产业融合特色鲜明，建成白姜、凤丹、软枣猕猴桃、蟠桃等10余个基地，形成基地建设、食品加工、仓储物流及电商销售的全产业链条，已建设村级服务站点50个、农村京东网店30个、铜陵区域电商服务中心1个。铜草花电子商务众创基地获批3A级国家农业科技园区农夫园旅游景区。该园区不断推动一二三产业深度融合发展，探索出“互联网＋农业”“农业＋文化＋旅游”等多种融合业态，凸显融合发展模式优势。

2. 社会事业

（1）教育体育

义安区夯实教育发展基础，强化教师队伍建设，全面实施素质教育，推进教育优质均衡发展，全面加快推进教育现代化建设，使教育事业焕发蓬勃生机与无限活力，先后获得全国“两基”工作先进地区、全国义务教育发展基本均衡县、全国群众体育先进集体、安徽省农村义务教育管理体制改革首批样本县、安徽省推进义务教育均衡发展先进县、安徽省教育强县、安徽省篮球示范县、2016—2018年度安徽省“教育强区”、“2017—2020全国群众体育先进单位”等荣誉称号。

在教育方面：一是优化布局，扩大优质教育资源配置。统筹推进区域内城乡义务教育一体化改革，组织编制《义安区义务教育学校布局专项规划（2019—2025年）》，有效整合教育资源，优化全区基础教育学校布局和资源配置，开展城乡对口帮扶和一体化办学，以区域内义务教育阶段优质公办学校为龙头，采用“城区＋乡村”“强校＋新校”“强校＋弱校”的形式，扩大区域内联合办学成果。二是立德树人，全面发展素质教育。坚持五育并举、德育为先，完善立德树人机制，着力构建以社会主义核心价值观为引领的基础教育一体化德育体系，在创新德育方式，创新优化智育，以体育人，拓展美育课程、中小学劳动教育等方面，因地制宜，拓展思路，建设一批实践教室、实训基地，满足城镇、乡村学校多样化劳动实践需求，构建新时代中小学劳动教育体系。三是与时俱进，造就高质量专业化教师队伍。实施“三名建设工程”，培养“名校长、名班主任、名教师”，利用3年时间，培养名校长3～5名、名班主任10～15名、名教师10～15名。与北京师范大学、国家教育行政学院进行教育项目战略合作，选派850名教师参与研修；实施优秀外语教师出国留学奖学金项目，通过考试选拔5名外语教师，其中2人前往英国布莱顿大学语言学院培训，3人前往美国乔治城大学培训。同时，实施学历提升工程与师德教育工程。四是深化教育综合改革。推进教育现代化，实现教育优质均衡发展，大力实施党建示范引领工程、智慧学校建设工程、队伍素质提升工程、素质教育提升工程、基础设施提升工程、学前教育提升工程、教育项目合作工程，实现义务教育优质均衡发展。

在体育方面：深入贯彻实施全民健身计划，不断加快体育基础设施建设，积极打造体育发展平台，促进群众体育、竞技体育等蓬勃发展，不断改善体育基础设施。全区体育场地总面积为48.7万平方米，人均体育场地面积为1.81平方米，行政村农民体育健身工程覆盖率达到100%；在城乡已建成15分钟健身圈，新建的居民区体育设施覆盖率达到100%；全区有公共体育场馆设施共549个。社会足球场地6个、社会体育组织24个，参加社会体育组织的会员达到1万多人；全区有公益社会体育指导员1513人，开展国家体育锻炼标准达标测验活动，2019年接受达标测验的人员达17610人；建立了国民体质监测站，每年接受体质测试的人数在800人以上，城乡居民体质测定合格率约为91.8%；每4年举办一次全民健身运动会，每年举办的全民健身赛事和活动约有30次，截至2020年年底，全区共组织全民健身赛事和活动151次。2016—2020年，全区农村共开展各种体育活动614场，直接参与群众达5.1万人。

（2）卫生健康

义安区卫健系统现有区直卫生健康单位5家、乡镇卫生院（社区卫生服务中心）13家，承担全区30万人口的基本医疗和基本公共卫生服务。义安区实现城乡医疗卫生服务一体化，成立了区级卫生会计核算中心，保证所有补助经费由区财政按要求统一管理和支付；率先统一村卫生室医疗服务价格和收费项目，实施以“八统一”“两独立”为核心内容的乡村卫生服务一体化管理（“八统一”包括机构统一设置、房屋统一建设、人员统一准入、药品统一配送、行政统一管理、业务统一培训、制度统一定立、档案统一规范；“两独立”包括财务独立核算、责任独立承担）。根据铜陵市义安区人民政府办公室《关于印发义安区区域医共体试点工作实施方案的通知》中的要求，义安区2018年11月分别成立了两个区域医共体理事会，确定了区域医共体的组织机构、运行模式、基本原则、目标任务、工作职责、配套措施和实施步骤等，并由两所二级医院牵头与成员单位签订医共体协议书。

义安区历来重视卫生专业技术人员教育和培养，不断提升医务人员能力水平，使群众就医满意度和幸福感逐年提升。义安区大力开展专业技术培训，提升服务能力，提高整体医疗健康水平；开展“四名”（名医、名科、名院、名室）工程，深入开展“争先创优”“三好一满意”活动；加强专业人才储备，争取农村订单定向医学生的资金帮扶、协议服务与岗位责任，通过我培育、你服务的形式，巩固专业医疗技术人才队伍，巩固基层医疗的成果保障。加强卫生知识科普，提升健康认知，广泛开展测血压、常见病诊断、慢病指导、科普知识宣传等群众喜闻乐见的活动，提高人们的健康预防认识；每年开展送医下乡活动，送医药到基层、送健康到乡村、送温暖进家庭，督促各卫生健康单位定期开展走访慰问联系村、共建单位的困难群众和帮扶对象，在生产、生活上为他们排忧解难。多年来，义安区在人口服务、地方病防治、疫情防控、健康文化、卫生教育、科技兴医、城乡医疗卫生服务体系等方面，全面落实国家倡导的大卫生观念、大安全理念等，敬业奋发，成果丰硕。

（3）文化旅游

义安文旅融合发展。自2016年年底启动全域旅游示范区创建工作以来，义

送医下乡

安区把旅游业作为战略性支柱产业来抓，着力推进项目建设，加大旅游宣传营销力度，完善旅游基础设施，提升旅游服务水平，铸立“山水古铜都　田园新义安”品牌，深度挖掘青铜文化、山水文化、地域文化、民俗文化等资源潜力，打造特色街区、特色建筑、特色人文、特色美食、特色商品、特色服务等，全方位对外展示义安，坚持“宜融则融、能融尽融”的原则，充分利用现代经营理念和现代高新技术，创新旅游发展业态和经营模式，寻找融合发展增长点，初步形成“旅游一业突破，引领多业融合”的新模式和新格局。

义安全域旅游规划与发展。义安区以党政统筹，凝心聚力，构建全域旅游工作格局，编制完成《铜陵市义安区全域旅游发展总体规划》，制定了“十四五”时期全域旅游发展规划，精心谋划，全力推进，保障全域旅游产品供给。具体如下：一是推进旅游项目建设，编制旅游招商项目 30 多个，总投资超百亿元；目前天井小镇文化旅游区累计投入 23 亿元，凤凰山景区投入约 10 亿元，永泉旅游度假区投入 5 亿元，犁桥水镇投入 5.6 亿元，梧桐花谷景区投入超 2 亿元；二是大力发展新兴业态，在旅游餐饮方面，有民俗文化村美食区、永泉江南味道小吃街、铜陵白姜、钟鸣杀猪汤等特色美食；在旅游住宿方面，有永泉松云山居、犁桥民宿、摩珀特怡美花园酒店、铜雀台金陵大酒店等文化主题饭店；在旅游购物方面，有铜草花现代农业科技有限公司等一批旅游电商企业，年销售额突破亿元；在旅游娱乐方面，有中国·铜陵田原艺术季、中国·犁桥大型灯展会、永泉灯光水幕秀、江南夜话、顺安三月三庙会、盛瑶板龙灯、钟鸣竹马灯、铜陵牛歌等旅游演艺项目。此外，义安区以旅游业为中心，通过旅游＋“文化、农业、科技、研学、体育、康养”等进行资源整合，优化要素配置，延长全产业链条，开辟旅游业发展新空间，为义安经济结构调整提供动力。

（4）交通运输

义安区位优越，交通便捷，系长江中下游承东启西、安徽省连南接北的重要节点，境内有两条高铁（京福高铁、宁安高铁）、三条铁路（沪铜铁路、铜九铁路、庐铜铁路）、三条高速（京台高速、沪渝高速和铜南宣高速），为江南交通枢纽。随着撤县建区，顺安成为义安区东部城区的行政中心。义安区地处铜陵“东向发展门户”，在上海与武汉两大都市圈的中点位置，坐拥长江黄金水道，为长江三角洲区域一体化发展的节点，四通八达，水陆通畅，交通优势显著。

截至2020年年底，全区通车总里程达到1324千米，其中区境内国、省道共12条、总里程达227千米（具体为国道4条，分别是G3、G50、G236和G330，共70千米；省道8条，分别是S32、S460、S335、S334、S339、S221、S217和S461，共157千米），农村公路总里程达1097千米。全区农村公路、农村公路桥梁全部被纳入养护体系，列养率达100％；义安区99个行政村全部通客车。全区拥有营运客车353辆，其中公交车296辆，农村客运车辆57辆；营运货车2208辆，出租车26台。2021年全区公路运输共完成客运量195万人次，客运周转量1878万人次/千米；共完成货运量4780余万吨，货运周转量230088万吨千米。区内开通公交线路31条、农村客运班线5条，完成城乡客运一体化发展目标，实现（洲区一个乡除外）公交全覆盖；打造美丽乡村综合示范带15条；中心镇建成客运站或候车亭比率为100％，乡镇和建制村通客车率达100％。

义安区遵照建好、管好、护好、运营好的“四好”要求，全面推进“四好农村路”民生工程建设，大力修建产业路、富民路，为服务农村经济发展、助力乡村振兴、增加农民收入提供了重要支撑和保障。义安区建立区、乡、村三级农村公路“路长制”管理体系和三级农村公路路政管理网络，实现乡村道路专管员覆盖率100％；通过科技治超和源头治超等强势举措，提高了农村公路使用寿命；同时结合融合发展，助力农村产业多元振兴，通过“四好农村路”建设，畅通“网货下村”和“土货进城”双循环，助力物流业发展，现有1个区级农村综合物流中心，在每个乡镇建有1个综合运输服务站，在每个建制村建有1个综合运输服务点，基本建成覆盖区、乡、村三级的农村物流服务体系和信息系统建设，实现了全区所有行政村（社区）农村电子商务全覆盖。义安区全面推进城市公交优先战略，清洁运输水平显著提高，营运车辆污染排放得到有效控制，新能源和清洁能源运输工具得到广泛应用，低碳、环保、智慧已成为义安区交通发展的价值追求和发展主流。义安区运用“互联网+”技术，营运车辆安装全球定位系统（Global Positioning System，GPS）定位、视频一体化车载设备，实现了智能调度；健全公众出行服务系统，开通“掌上公交”App，实现了公交车辆到站信息、换乘信息在线实时查询；完善乘车支付，形成集成电路卡（Integrated Circuit Card，IC卡）、银行卡、二维码扫码等多种支付方式，为群众乘车提供优质便捷服务；深化交通公共服务和电子政务发展，优化行政审批流程，推进行政审批一站式许可，最大程度利企便民；加快推动“互联网+政务服务”工作，实现部分道路运输审批和服务事项网上办理；强化节能减排和污染防治，优化交通能源结构，推进新能源、清洁能源应用。2021年义安区有新能源公交车261台，新能源公交车在公交车总量中的占比达88.1%；促进公路货运节能减排，严把道路货运车辆准入关和年度审验关，对申请入户的货运车辆，实施燃料消耗达标制度管控，并做好营运“黄标车”、老旧车辆淘汰工作。

（5）城市建设

义安区城市化建设主要包括一城两地，即五松城区和东部城区。

五松城区，坐落在天井湖畔、笠帽山下，是义安区的老城区，城市功能齐备，是一座山美、水秀、亮丽的现代新城，镶嵌在长江之滨。五松城区2016—2020年新建商品房面积近120万平方米，销售备案面积50余万平米。区内建有天井小镇，小镇总占地面积约5万平方米，建筑面积16万平方米；四周环水，建筑设计融合东西方文化理念，以生态绿色文化、青铜文化、江南民俗文化与民俗风情等为契合内涵，重在打造大型综合性文化旅游区；区内有3万平方米的特色街区、生肖主题乐园、安徽民俗村、铜雀台大酒店、铜官府等特色文化建筑。

东部城区，坐落在顺安古镇，是一座悄然崛起的宜居生态新城，为铜陵总体规划中“一主两辅、两核两轴、山水相嵌”的城市空间结构中的重要组成部分，是安徽省承接长三角地区经济辐射的战略前沿，也是铜陵实施城乡一体化发展战略的重要载体。自2008年启动东部城区建设以来，坚持“基础设施先行、拆迁安置先行、社会事业先行、市场开发先行”的原则，全力推动重点项目建设、土地房屋征收等重点工作，累计完成固定资产投资90多亿元，引进百汇、拓基等服务业项目14个，引入协议资金120多亿元，实际到位资金70多亿元；有路网、安置点等30个重点项目交付使用。东部城区城市框架逐步形成、城市功能日臻完善、宜居生态新城风貌逐步显现。东部城区建设区域面积已达5万平方千米，占规划总面积的83.3%，城区共集聚人口约2.8万人。辖区内房地产业快速发展，三月三城1～4期已基本建设完成并交付使用，物华中央广场投入运营，有色世纪新城二期竣工交付，澜山府、星星家园、牡丹城、富贵城等项目也基本竣工。东部城区房企2016—2020年销售备案面积近70万平方米。

义安区全面推进城镇老旧小区改造，2015—2021年，全区分年度对14个老旧小区实施了整治改造，改造总建筑面积73.18万平方米，累计投入资金6700余万元，惠及居民9484户。在市政建设中，五松城区共有主干道13条，长度合计19822米；次干道4条，长度合计1090米。顺安城区共有主干道5条，长度合计15156米；次干道5条，长度合计10946米；支路17条，长度合计21360米。义安区园林绿化建设主要分五松城区和东部城区，两个城区共有绿化道路46条、面积47万平方米，有公园和广场5个，面积约66.44万平方米，有行道树11076棵。五松城区有21条道路、787杆路灯；东部城区目前有19条道路、1153杆路灯。路灯养护、道路和公园广场管护，采取购买社会服务方式，由投标中心确定管护单位。在城乡一体化建设中，义安区对农村危房进行改造，对乡镇政府建成区驻地进行整治，处理驻地污水，编制规划，落实责任，大力推进，成效明显；主要建设内容涉及环卫、道路、公厕、社会停车场、农贸市场、店招、绿化、亮化、污水、广场、标识等，对农村分散供养五保户、低保户、贫困残疾人家庭危房进行重建和修缮加固，提升或新建污水处理厂7个，涉及7个乡镇（顺安镇、钟鸣镇、天门镇、东联镇、西联镇、胥坝乡、老洲乡）。

（6）生态环境

义安区认真贯彻习近平总书记生态文明思想，努力打赢打好污染防治攻坚战，坚定“两山”理念，以“保蓝天、护碧水、守净土、育生态”为目标，全力改善区域生态环境质量，深入推进生态文明建设，“十三五”生态环境保护约束性指标任务全面完成。义安区持续打好污染防治攻坚战，使环境质量实现根本性、整体性好转；推行河长、林长等“网格长”制度，在全市生态环境目标考核中连续5年被评为优秀。累计关闭整合矿山22座，淘汰落后产能229万吨，全区万元GDP能耗较“十二五”末下降两成。“无废城市”试点成效突出，跻身“全省绿色发展先行区试点县”，义安经开区成为国家循环化改造重点支持园区；“义安蓝”常态常驻，顺安河入江口国控断面、3个“千吨万人”农村集中式饮用水水源地水质持续稳定达标，土壤环境质量保持稳定；坚持以人为本，促使生态环境质量向好向优，全区空气质量优良率、可吸入颗粒物（PM 10）、细颗粒物（PM 2.5）平均浓度全面达标；遵循绿色生态原则，污染防治攻坚战坚定坚决，坚持方向不变、力度不减，突出精准治污、科学治污、依法治污。紧盯重点难点，突出环境问题整改有序有力，以“三大一强”攻坚行动为抓手，集中攻坚，持续开展入河排污口排查、饮用水源地保护、重点企业及开发区专项排查等专项行动，紧盯问题、精准施策、对标整改、合力攻坚，将年度整改任务全部清零。

义安区严格按照中央、省、市工作部署，围绕生态环境质量改善、主要污染物总量减排及环境风险管控三类目标，突出大气、水、土壤三大领域，坚决打好蓝天、碧水、净土三大保卫战。具体做法如下：一是当好“长江卫士”，聚焦长江大保护，全面落实长江“十年禁渔”，认真落实“1515”岸线分级管控措施，强力实施义安“十大行动”，推行生态环境专项监督长制度试点，落实生态环境监管“最后一千米”，推进沿江 1 千米区域生态环境综合整治提升，努力打造水清岸绿产业优美丽长江（安徽）经济带义安品牌；二是立足“生态优先、绿色发展”理念，筑牢义安“生态屏障”，实现“立体防控”，大力实施“蓝天工程”“碧水工程”“净土工程”；三是助推义安高质量发展，坚持绿色发展理念，搭建和完善生态环境保护协作机制，全面推进跨区域保护协同共治，推动长三角区域协同治理，打造长三角生态宜居新空间，创建现代化创新之城，显著提升生态环保共治水平，构建跨区域生态网络，健全环境治理联防联控体系，建立生态环境协同监控体系，进一步完善区域生态补偿机制，打造长江三角洲区域一体化生态高地。

（7）民生工程

义安区民生事业得到长足发展，紧紧围绕“幼有所育、学有所教、劳有所得、病有所医、老有所养、住有所居、弱有所扶”目标，积极保障和改善民生，多举措加快推进民生工程实施，通过早布置、快落实、建机制、强保障、广宣传等措施，加快推进民生工程实施，在困难残疾人康复、困难人员救助暨困难职工帮扶、城乡居民基本养老保险、城乡居民基本医疗保险、城乡居民大病保险、棚户区和老旧小区整治、农村改厕及废弃物资源化利用、“四好农村路”建设、学前教育促进等方面，精准对接群众需求，明确责任，健全机制，强力保障全区民生工程顺利实施；同时本着“积极而为、量力而行”的原则，针对突出的民生难题，加强保障基本民生，将民生工程资金纳入预算管理，积极了解资金总盘子，加强资金筹措。

义安区“十三五”期间共实施 172 项民生工程，累计投入资金超过 25 亿元；

2020年城镇、农村居民人均可支配收入分别达39489元、26478元，“十三五”期间年均增长分别为8.04%、8.76%；持续多年将超8成财政支出投向民生领域，累计新增城镇就业2万余人；超额完成“全民参保计划”目标，实现城乡居民医疗保险全覆盖；新型农村养老保险和城镇居民养老保险并轨运行，完成35个城乡养老服务三级中心建设；深入推进紧密型区域医共体建设，成为第五批国家慢性病综合防控示范区；全民参保计划提前完成，城乡低保、特困人员、离退休人员等相关待遇不断提标；建成保障性安居工程2735套，改造棚户区6701户、农村危房1948户；完成11个老旧小区改造，惠及居民8500余户；完成农村改厕5.8万户。在全区选择36个村开展扶持村集体经济发展试点工作；积极探索农村公共运行维护新机制，农村运维改革成为全省样板；开展一事一议财政奖补工作，十三五期间共投入各类资金5600多万元，一事一议财政奖补工作充分发挥了财政资金“四两拨千金”的作用，进一步改善了农民群众的生产生活条件，调动了农民群众主动参与兴建公益事业的积极性，得到了农民群众的普遍认可。2020年，义安区实施28项民生工程，投入资金超过4.9亿元，其中生活保障类民生工程分别为贫困残疾人康复、家庭经济困难学生资助、妇幼健康水平提升和职业病防治等，累计发放补助资金4736万元；参保服务类民生工程分别为义务教育经费保障、技能培训提升、就业创业促进、文化惠民工程、城乡困难群体法律援助、农村电商提质增效、出生缺陷防治、农产品质量安全追溯、水环境生态补偿、妇幼疾病筛查工程等，累计补贴补偿资金34468万元；工程建设类民生工程全面完成，其中对农村危房改造、学前教育促进工程、美丽乡村建设、“四好农村路”建设、食品安全快检室建设、城镇老旧小区整治、农村改厕及废弃物资源化利用等7项已完成目标任务并投入使用；棚户区改造跨年度项目已开工建设，并完成当年目标任务。

（8）文明创建

义安区高度重视精神文明创建工作。主要领导亲自过问、参与文明创建，文明委常务班子领导高度重视、高位谋划、高效落实，常态推进文明创建各项工作；建立健全文明办牵头抓总、各创建职能单位齐抓共管的格局，持续调整完善全区文明创建考核办法、区领导区直单位包保创建工作、全国文明城市和国家卫生城市督查方案、文明创建问责办法等工作机制。全区精神文明建设工作呈现出“协调发展、亮点纷呈”的良好态势。具体如下：一是在文明县城创建方面佳绩突出。原铜陵县2007年、2010年、2013年荣膺“安徽省文明县城”，2008年、2011年、2014年荣膺“全国文明县城”，2011年、2014年、2017、2020年届荣膺安徽省未成年人思想道德建设工作先进县（区）。撤县设区以来，义安区2017年、2020年荣膺“安徽省文明城区”；区实验小学当选“全国未成年人思想道德建设先进单位”。二是在文明村镇创建方面成效显著。全区共有全国文明村镇6个（五松镇、泉栏村、郎坑村、犁桥村、九榔村、凤凰山村）、省级文明村镇11个（五松镇、顺安镇、西联镇、东联镇、老洲乡、胥坝乡、泉栏村、郎坑村、犁桥村、九榔村、凤凰山村）、全国文明单位1个（国电铜陵发电有限公司）、省级文明单位9个（区委组织部、区委宣传部、区检察院、区供电公司、国电铜陵发电有限公司、区三中、区税务局、荷花塘社区、义安社区）、市级文明村镇61个、市级文明单位33个、区级以上文明村镇100个。三是在文明创建品牌方面亮点纷呈。义安区率先开展文化墙建设，累计更新面积达30000平方米以上，2013年获文化部第十六届“群星奖”，2019年入选“全国精神文明建设工作品牌巡礼”；“好人义安”建设屡创佳绩，产生安徽省道德模范5人（含提名奖）、铜陵市道德模范21人、区级道德模范24人，荣登“中国好人榜”18人，当选“安徽好人”21人、“铜陵好人”102人、区级好人288人，区流动好人馆进乡村巡展达60场次，开展道德模范与身边好人现场交流活动达30场次；“德馨义安”建设成效显著，传育立行不断推陈出新，编印《义安好人传》《家风》《义安区传育立行文集》《做文明有礼义安人》等专题书籍；移风易俗创建实现新突破，分别建成群心村“喜庆堂”“乡贤馆”“家风家训示范街”、犁桥村“议事堂”、水龙村“家宴堂”、金塔村“美德银行”“孝道文化馆”、成德村“敬老小食堂”等一批移风易俗示范点；乡风文明建设得到新提升，“一约四会”组织实现村、镇全覆盖，将“讲文明、除陋习、倡新风”等纳入村规民约并张榜公布，评选首届“文明家庭”10户、“十星级文明户”389户；乡村少年宫建设再上新台阶，率先在全区建设乡村学校少年宫并实现乡镇全覆盖，其中和平乡村学校少年宫、实小明伦少年宫获“安徽省优秀乡村学校少年宫”荣誉称号；文明实践工作开创新局面，2018年11月与全国首批试点城市同步开展新时代文明实践中心建设，建成实践中心1个、实践所9个、实践站114个，实现中心体系建设全覆盖，打造了“同在党旗下·初心大讲堂”“3点半课堂”“好人工作室”“爱的N次方”“书记夜话”等一批品牌活动。区委宣传部理论宣讲志愿服务团被中共中共委员会宣传部（以下简称“中宣部”）授予全国理论宣讲先进集体，群心村长江清洁保护志愿服务队、义安区乡野文化志愿服务队当选为“中国好人”和安徽省“月佳十评”先进典型，“五单制”工作法被安徽新闻联播、安徽省委办公厅《安徽信息》栏目报道推介。2019年10月，义安区成为全市唯一入选全国新时代文明实践中心建设第二批试点县（区）的行政单位。

（9）美丽乡村建设

义安区坚持将美丽乡村建设作为实现城乡融合发展和乡村振兴战略的重要内容，按照“生态宜居村庄美、兴业富民生活美、文明和谐乡风美”总要求，以村庄建设、环境整治为突破口，以村容村貌提升为主攻方向，倾心倾力补齐农村基础设施和公共服务短板，始终如一抓好家风家训和文明乡风传承，使乡村居民幸福感和获得感大幅提升。义安区2016—2019年完成建设省级中心村43个、市级中心村12个、特色自然村13个，打造美丽乡村综合示范带5条，整治建设乡镇政府驻地建成区7个。义安区全国美丽乡村建设标准化试点顺利通过国家验收，区美丽乡村建设管理服务中心荣获安徽省农村人居环境整治三年行动突出贡献集体称号，此外入选“全国美丽宜居村庄示范”的村庄有3个，入选“中国传统村落”的村庄有3个，入选“中国人居环境范例奖”的村庄有2个，入选“安徽省美丽乡村示范村”的村庄有72个，美丽乡村已成为义安区的特色“魅力板块”。

美丽乡村建设主要包括以下几个方面。一是在组织领导方面机制健全。坚持并完善“党政主导、农民主体、部门协作、社会广泛参与”的共建机制，调整完善区领导联系制度和部门帮扶制度，做好统筹协调和资源整合。二是在资金保障方面完善落实。按照“多个渠道供水、一个池子蓄水、一个龙头放水”的思路，坚持并完善“政府奖补＋项目整合＋村民自筹＋村企共建”多元化的资金筹集方式。“十三五”期间，全区美丽乡村建设累计投入财政专项资金3.47亿元，同步加强专项资金管理，确保资金高效、安全使用。三是在建设践行过程中目的明确。充分发挥农民主体作用，始终坚持以人民为中心的发展思想，把美丽乡村规划、建设、管护等关键环节及重大事项和重要工程向群众公开、听群众意见、请群众监督；制定实施村规民约，不断提升村民自我管理、自我教育、自我服务、自我约束的水平，努力让群众有更多获得感和幸福感。四是在具体实施过程中成效显著。立足“生态优先、绿色发展、和谐共生”建设理念，按照“点美、线靓、面广”工作思路，坚持以规划为引领、项目为载体，顺民心、聚合力、固长效，推动美丽乡村建设从“标准版”向“升级版”转变。坚持把规划作为美丽乡村建设的“头道工序”，围绕区域村庄布点规划“一盘棋”，围绕中心村建设规划“一张图”，按照村庄整治规划、产业发展规划、土地整治规划“三规合一”要求，以“符合实际、顺应民意、彰显特色”为原则，突出生态保护、绿色优先，突出乡土风貌、本地特色，注重原貌整治，不搞大拆大建，高起点、高标准地编制建设规划；紧扣“高水平、高质量”建设思路，按照“乡镇驻地＋中心村＋自然村＋示范带”态势整体推进。近年来，义安区累计完成房屋外立面改造 2.3 万户近 400 万平方米，拆除违章建筑、危房等 18.2 万余平方米，新增污水处理设施 65 套、新建（改建）社区服务中心 70 个、公厕 165 座、停车场 187 处、组组通和户户通道路约 450 千米，安装路灯 6992 盏，改造卫生厕所 4.6 万户，创建省级森林村庄 70 个，完成村庄绿化 25.6 万平方米，使绿化覆盖率达 45％以上，切实提升了乡村风貌；修订完善《铜陵市义安区美丽乡村建设长效管理暂行办法》，按照 10 万元/村/年的标准，重点对已建成的 80 个省级中心村的卫生保洁、绿化、公共服务及基础设施进行管护，做到有制度、有资金、有人员，确保美丽乡村长治久美。

（10）科技成果

义安区科技事业取得了长足的发展，准确把握“自主创新、重点跨越、支撑发展、引领未来”的科技方针，全面实施科技创新驱动发展战略，促进科技组织和网络结构日趋完善，使项目实施和产学研协同创新全面提速，使科技成果转化卓有成效、科技进步水平不断提高。2018 年以来，全区农业企业争取安徽省重点研究与开发项目 6 个、铜陵市科技计划项目 10 余个，境内的水产养殖企业安徽四洋养殖有限责任公司先后获得省级农业科技示范园、国家级“农村科普示范基地”、农业农村部水产健康养殖示范场等称号；安徽张林渔业有限公司先后获得国家级水产健康养殖示范场、国家级现代农业科技示范展示基地、国家级安徽铜陵大口黑鲈良种场、中国水产科学研究院淡水渔业研究中心池塘工程化养殖示范点、国家特色淡水鱼产业技术体系综合试验站示范基地等荣誉称号。

在工业科技方面，主要有以下几点。一是加快创新主体培育，有效提升企业自主创新能力。全区拥有有效高新技术企业 71 家、国家级众创空间 1 家、国家级星创天地 5 家，省级众创空间 2 家、省级科技企业孵化器 1 家，累计获安徽省科技进步三等奖 2 个。二是实施人才强区战略，建设高水平科技创新队伍。全区拥有院士工作站 1 家、博士后科研工作站 2 家、高层次科技人才团队 10 个。三是实施知识产权战略，提升专利创造运用管理水平。义安区进一步推动了专利工作规范化、制度化，使专利结构不断优化，区内每万人发明专利拥有量由 2016 年的 7.62 件增加到 2021 年的 27 件；2016 年义安经济开发区被确定为“安徽省第二批知识产权示范区”“安徽省首批知识产权示范园区”。目前全区拥有国家级知识产权优势企业 1 家、省级知识产权优势企业 4 家、安徽省知识产权管理规范试点单位 10 家，安徽省核心专利产业化项目 1 个。

在农业科技方面，义安区大力扶持铜陵凤丹、白姜、特种水产、畜牧等产业，积极对接高校、科研院所等，开展产学研合作，同时加大项目申报力度。目前全区研发生产凤丹相关产品十余种，产品涉及食品、日用品、保健品三大类，如牡丹籽油、牡丹花蕊茶、牡丹日化用品、牡丹皮、牡丹种苗及其他中药材种苗。义安区建设国内最先进牡丹籽油、牡丹花蕊茶深加工生产线，牡丹籽油提取采用纯物理压榨、亚临界萃取等先进生产工艺。“荣京”牡丹籽油获安徽省名优农产品交易会金奖、中国国际粮油产品及设备技术展示会金奖等荣誉。义安区相关企业开发白姜各类加工产品，研发生产固体姜茶、纯姜粉、调味姜粉、姜汁液体饮料、洗发液、洗手液、漱口液、沐浴露、生姜贴、生姜精油、生姜足浴粉等日化和保健产品。针对国内大口黑鲈种质退化问题，义安区先后于 2016 年、2018 年从美国密苏里地区引进了大口黑鲈原种 8000 尾，并在中国水产科学研究院淡水渔业研究中心等科研院所的大力支持下，在原种隔离、保种及原种扩繁方面填补了国内空白。

（11）文学艺术

义安区目前成立了作家协会、书画家协会、摄影家协会、舞蹈家协会、音乐家协会、戏剧家协会、胥坝诗词协会、龙灯协会八个文学艺术社会组织。现铜陵境内义安籍国家会员有 11 人，中国作家协会会员 2 人（鲍安顺、何荣芳），中国摄影家协会会员 8 人（胡小毛、张生健、刘荣胜、江积富、陈海寿、项永生、方立华、刘银华），中国书法家协会会员 2 人（姚士进、朱进），中国戏剧家协会会员 1 人（程佩亮），中国工艺美术学会会员 1 人（方元），中国民间艺术家协会会员 2 人（程远、江积富）。有 4 人担任铜陵市各协会主席，分别是铜陵市书法家协会主席姚时进、铜陵市摄影家协会主席胡小毛、铜陵市第二届民俗文化研究会主席鲍安顺、铜陵市民间艺术家协会主席程远。义安籍当代文化知名人物有 5 人，分别为诗人洪源、影片摄影人梅长岭、浙大世界文学与比较文学研究所所长和浙江大学博士生导师吴笛、复旦大学中文系教授和中国现当代文学专业博士生导师部宝元、复旦大学中文系博士生导师和古典文学教研室主任查屏球，他们学识渊博，著作颇丰，在文艺界影响较大。

义安区文艺界先后组织和参与各类大小活动 50 余次，开展文艺交流活动 8 次、文艺采风活动 12 次、书画展 7 次、摄影展 7 次、文学征文 8 次、义务写春联 10 次。另外，在配合区中心工作中，义安区文艺界参与的项目建设和文化品牌打造有 10 多项，有好人评选、92 个省级中心村“主题定位”、“情系义安，放歌十九大”诗歌朗诵会等；大力创作反映本土风貌文艺作品，代表作有广播剧《牡丹御使》，音诗歌舞《中华白姜》《走在铜陵土地上》《魅力钟鸣》等，歌曲

《凤丹花如雪》《美丽乡村》等，诗歌《临津赋》《凤凰山赋》《塔里王赋》《石桥钟赋》《老观赋》《钱庄赋》《江村赋》等；出版书籍、画册 37 余部，主要文学书籍有《大江作证》《大爱建筑》《大俗民韵》《拂晓颂歌》《挑战与关怀》《涛声集》《送人一轮明月》《逆风飞翔》《酒路》《临津文踪》等，地域人文集有《记忆与辉煌》《梦里新村在江南》《乡村纪事》《民俗与乡情》《铜陵方言研究》《丰碑》《铜陵民俗》《铜陵石洞耆民间故事》《习俗方言文艺》《百姓卜居》《千年铜都》《杏花村——地志研究文集》《锦绣金榔》《习俗·方言·文艺》《铜陵红色交通站》等，画册有《美丽义安》《梦想与奋斗》《梦里新村美如画》《天南地北铜陵人》《八宝之地铜陵县》《八宝之地生态铜都》《丹青旭阳德义安居》《辉煌记忆大美义安》《闪烁的橘黄色》《山水铜都美丽义安》《美丽新村梦里画廊》《梦里水乡生态西联》等。义安区文艺界创办的《临津文学》共编印 6 期，后更名为《铜陵文学》，共编印 20 期。

义安区文学创作成绩突出。鲍安顺在《青年文学》《清明》《读者》《杂文月刊》《人民日报海外版》《今晚报》《新民晚报》等 200 多家报刊发表作品 5000 多篇，共计 800 万字。何荣芳在《小说选刊》《北京文学》《清明》《安徽文学》《雨花》《青春》《福建文学》《山东文学》《广州文艺》《当代人》等省级纯文学杂志发表中短篇小说 40 多篇，其中短篇小说《厨子三娘》获第二届“奔流文学奖”，中篇小说《春风又绿江北岸》获安徽省文联“优秀作品奖”；长篇小说《你好，刘秀青》和中篇小说《外婆和我的舅舅们》被选为安徽省精品工程作品。霍寿喜在《清明》《萌芽》《东海》《海燕》等纯文学杂志及《喜剧世界》《北京晚报》《新民晚报》等流行报刊上发表短篇小说、小小说，共计 1300 余篇。章铜胜有近 2000 篇、25000 万字的作品散见于《工人日报》《农民日报》《新民晚报》《青年文摘》等报刊。方永华在《安徽文学》《当代小说》《中国铁路文艺》等杂志发表作品多部。此外，陈七一、张勇彪、唐靖、陆潇、章晓勤等人分别有小说、散文、诗歌发表于《清明》《星星诗刊》《诗歌月刊》《安徽文学》《语文月刊》《教育文汇》等报刊。

（二）奋进“十四五”，筑梦绘制义安新蓝图

1.“十四五”发展概述

“十四五”时期，义安区进入重大发展机遇期，这是加快建设现代化美好义

安的重要时期。在新一轮科技革命和产业变革深入发展的关键时期，义安区成为“长三角一体化”“长江经济带”“中部地区崛起”等多重战略交汇叠加地，区位优势日益彰显。在此时期，义安区遵照安徽省委对标习近平总书记“两个坚持”“两个更大”重要讲话指示精神提出的“三地一区”重大决策部署，根据铜陵市委提出的围绕“四创两高”、加快现代化幸福铜陵建设的整体要求，精心绘制“十四五”宏伟蓝图，坚持创新引领，充分激发创新动能、改革活力，持续推进动能转换、结构调整，推动经济社会高质量发展。

“十四五”时期，义安区由全面建成小康社会转向全面建设社会主义现代化国家，由中高速增长转向高质量发展，经济社会发展进入转型发展关键期。在区域经济和社会发展方面，义安区以“五大发展理念”为引领，以“两个坚持、两个更大”为遵循，以“实现高质量发展、打造高品质生活”为方向，按照“三区”战略定位，进一步树牢“发展为要、项目为王、实干为先”鲜明导向，奋力开启现代化美好义安新征程。五年的总体目标是聚焦“两高”、打造“三区”。聚焦“两高”：一是推动高质量发展，二是打造高品质生活。打造“三区”：一是打造长三角产业合作先行区，二是打造全省城乡融合示范区，三是打造铜陵东向发展门户区。在此期间，义安区准确把握四大机遇，积极应对三大挑战。四大机遇：一是区域经济一体化战略带来的机遇，二是“两新一重”建设带来的机遇，三是“双循环”发展格局带来的机遇，四是区划调整和交通优势提升带来的机遇。三大挑战：一是外部不确定性带来的挑战，二是激烈的区域竞争带来的挑战，三是产业基础较弱带来的挑战。

2. 发展思路和目标

(1) 指导思想

高举中国特色社会主义伟大旗帜，深入贯彻党的十九大和十九届二中、三中、四中、五中全会精神，坚持以马克思列宁主义、毛泽东思想、邓小平理论、“三个代表”重要思想、科学发展观、习近平新时代中国特色社会主义思想为指导，认真贯彻落实习近平总书记考察安徽重要讲话指示精神，全面贯彻党的基本理论、基本路线、基本方略，统筹推进经济建设、政治建设、文化建设、社会建设、生态文明建设的总体布局，协调推进全面建设社会主义现代化国家、全面深化改革、全面依法治国、全面从严治党的战略布局，科学把握新发展阶段，坚决贯彻新发展理念，服务构建新发展格局，坚持稳中求进工作总基调，以推动高质量发展为主题，以深化供给侧结构性改革为主线，以改革创新为根本动力，以满足人民日益增长的美好生活需要为根本目的，统筹发展和安全，持续实施五大发展行动，强化与长三角先进地区协调联动合作，加快建设现代化经济体系，积极参与国内国际双循环相互促进的新发展格局，全力建设长三角产业合作先行区、安徽省城乡融合示范区、铜陵东向发展门户区，实现经济行稳致远、社会安定和谐，为全面建设社会主义现代化新义安开好局、起好步。

（2）基本原则

坚持党的全面领导。坚持和完善党领导经济社会发展的体制机制，坚持和完善中国特色社会主义制度，不断提高贯彻新发展理念、构建新发展格局能力和水平，为实现高质量发展提供根本保证。

坚持以人民为中心。坚持人民主体地位，坚持共同富裕方向，始终做到发展为了人民、发展依靠人民、发展成果由人民共享，维护人民根本利益，激发全体人民积极性、主动性、创造性，促进社会公平，增进民生福祉，不断实现人民对美好生活的向往。

坚持新发展理念。把新发展理念贯穿发展全过程和各领域，构建新发展格局，切实转变发展方式，推动质量变革、效率变革、动力变革，实现更高质量、更有效率、更加公平、更可持续、更为安全的发展。

坚持创新驱动发展。把发展基点放在创新上，加快推进以科技创新为核心的全面创新，贯通第一要务、第一资源、第一动力，塑造更多依靠创新驱动、更多发挥先发优势的引领型发展。

坚持深化改革开放。坚定不移推进改革、扩大开放，加强治理体系和治理能力现代化建设，破除制约高质量发展、高品质生活的体制机制障碍，强化落实有利于提高资源配置效率、有利于调动全社会积极性的重大改革开放举措，持续增强发展动力和活力。

坚持系统观念。加强前瞻性思考、全局性谋划、战略性布局、整体性推进，办好发展、安全两件大事，着力固根基、扬优势、补短板、强弱项，注重防范化解重大风险挑战，实现发展质量、结构、规模、速度、效益、安全相统一。

（3）发展战略

制造强区战略。坚持把发展制造业作为全区经济发展重点不动摇，以开发区为主战场，以产业集聚集群发展为路径，优化存量、培育增量、提升质量、扩大总量，打造新材料、电子信息等百亿产业，努力建设智能、绿色、高效的现代化产业体系。

产城融合战略。以产城融合发展为导向，加快东部新城建设，提升义安经济开发区制造业承载功能，提高城市产业竞争力和人口吸引力。以顺安镇为核心的重点城镇作为新型城镇化的重要支撑点，大力发展镇域经济，不断提高基本公共服务水平，实现以人民为中心的新型城镇化。

创新驱动战略。围绕产业链部署创新链，积极搭建科技创新协同发展平台，推进产业转型取得新突破，为经济转型发展夯实基础。推动新基建与传统基建融合发展，加快培育数字经济，承接科技成果转移转化。

绿色发展战略。建立生态优先的决策机制，实行严格的环境保护制度，充分发挥环境保护优化经济发展的综合作用，积极推进“无废城市”细胞工程建设，推进美丽义安建设。

乡村振兴战略。坚持农业现代化和农村现代化一体设计、一并推进，着力抓重点、补短板、强弱项，不断夯实乡村振兴的人才基础、产业基础、组织基础，深化农业供给侧结构性改革，加快农村一二三产融合，积极创建国家全域旅游示范区，打造义安旅游品牌，以全域旅游助推乡村振兴，有力有序推进乡村振兴各项重点任务。

民生优先战略。坚定不移走共同富裕道路，把增进民生福祉作为发展的根本目的，大力实施民生幸福工程，全力破解民生难题，完善就业、收入分配、社会保障、医疗卫生、教育、养老托育、文化事业、住房等保障和改善民生的制度安排，推进基本公共服务均等化，努力使发展成果惠及全体人民。

（4）发展定位

义安区充分考虑省市重大发展战略布局和义安发展基础、发展优势，按照以人为本、开放视野、突出优势的原则，提出三大发展定位：

长三角产业合作先行区。强化科技引领，实现依靠创新驱动的内涵型增长。紧抓“三重一创”重点，实施“三比一增”专项行动，大力发展新材料、电子信息、装备制造、食品加工四大主导产业，主动融入长三角产业分工协作体系，加大“双招双引”力度，在融合发展中承接新兴产业与未来产业，打造构建实体经济、科技创新、现代金融、人力资源协同发展的长三角产业合作先行区。

全省城乡融合示范区。坚持城乡一体化发展理念，统筹城乡经济社会融合发展，坚持高起点规划、高标准开发、高水平建设，进一步提升城乡公共服务、基础设施一体化发展水平，形成精品城市、特色城镇、美丽乡村“三位一体”协调发展的空间格局，精心打造城乡一体化融合发展示范区。

铜陵东向发展门户区。依托区政府驻地东迁有利契机，按照产城一体、产城融合思路，谋深谋远东向发展的“路线图”和“时间表”，深度拓展东部新城经济业态，推进东部新城传统基础设施改造升级和新型基础设施布点布局，适度超前布局教育、医疗、养老、文化、体育等服务设施，提升优质公共服务供给水平，全力建设宜居宜业铜陵东向发展门户区。

（5）发展目标

展望2035年，义安区应基本实现社会主义现代化，经济实力、科技实力、综合能力迈上“新台阶”，经济总量和城乡居民人均收入较2020年翻一番。基本实现新型工业化、信息化、城镇化、农业现代化“新四化”；基本实现治理体系和治理能力现代化，人民平等参与、平等发展权利得到充分保障，基本建成法治义安、法治政府、法治社会；建成健康义安，国民素质和社会文明程度达到新高度，文化软实力显著增强；广泛形成绿色生产生活方式，碳排放达峰后稳中有降，生态环境进一步优化；形成对外开放新格局，参与国际国内“双循环”合作和竞争新优势明显增强；全区人均生产总值达到长三角平均水平，中等收入群体显著扩大，基本公共服务实现均等化，城乡区域发展差距和居民生活水平差距显著缩小；人民生活更加美好，人的全面发展、全体人民共同富裕取得更为明显的实质性进展。

义安区锚定2035年远景目标，综合考虑发展趋势和义安发展条件，坚持目标导向和问题导向相结合，坚持守正和创新相统一，到2025年，初步建成现代化东部新城，综合实力稳步提升，努力实现以下目标。

（1）经济发展再上新台阶。充分适应经济发展进入高质量发展阶段要求，经济保持合理较快发展，区域竞争力不断提升。2025年义安区地区生产总值将达230亿元，增速保持在8%以上，全社会固定资产投资年均增长8%以上，财政收入与经济同步增长。产业体系加快向中高端迈进，实现规模以上工业与战略性新兴产业产值实现双倍增，年均增速分别达15%以上、20%以上。产业结构进一步优化，到2025年三次产业结构调整为7：46：47。民营经济活力不断提升，民营经济增加值占地区生产总值比重继续扩大。

（2）创新驱动再获新突破。科技创新引领带动作用进一步提升，以企业为主体、以市场为导向、以产学研深度融合的科技创新体系初步形成，实现科技创新与产业、教育、医疗等联动发展；到2025年，研发与试验发展经费投入强度达到2.5%；每万人发明专利拥有量达到25件；高新技术产业产值年均增长达到

20%以上，占规上工业产值比重达到40%，实现高新技术产业产值与企业数双倍增。政府投入结构更加优化，扶持和鼓励科技创新创业的政策进一步完善，企业自主创新能力显著提升。

（3）改革开放再创新优势。供给侧结构性改革成效进一步凸显，“放管服”改革持续推进，营商环境显著提升，农村“三权”改革全面深化，市场主体更加充满活力。义安区从更大范围、更高层次参与长三角一体化发展，利用内资及长三角等地区资金进一步引进企业；进一步提高开放型经济水平，“十四五”期间义安区外贸进出口总额年均增长20%，实际利用外资稳中有升。

（4）民生福祉再攀新高度。不断推进各项社会事业改革，建成全覆盖可持续的社会保障体系，实现社会保险制度全覆盖，优化教育、医疗、养老等公共服务体系。城乡居民人均可支配收入增长与经济增长基本同步。到2025年，城乡居民收入差距进一步缩小，劳动年龄人口平均受教育年限达到11年，人均期望寿命达到79岁；城市能级显著提升，义安区城镇体系不断完善，以中心镇、特色镇为重点的小城镇建设稳步推进，城镇化率达到60%以上。社会治理体系更加完善，治理能力明显提高，发展局面更加和谐。

（5）生态环境再展新面貌。生态文明体制机制不断创新，绿色、循环、低碳的发展模式日益显现，大气污染、水污染、土壤污染等全区突出环境问题得到有序治理和有效控制，环境联网治理机制持续运行，跨流域生态环境协同监管体系基本建立；逐渐构建绿色生产方式和生活方式，更多地为人民群众提供天蓝、地绿、水净的生态产品。“十四五”时期，义安区城乡生态环境质量全面提升，生态宜居建设走在铜陵市前列，单位生产总值综合能耗和二氧化碳排放下降水平等指标任务全面完成，城区绿化覆盖率进一步提高，森林覆盖率达到45%左右。

（6）治理效能再树新标杆。法治义安、法治政府、法治社会建设取得积极进展，进一步彰显社会公平正义，行政效率和公信力显著提升，社会治理特别是基层治理水平明显提高，平安义安建设不断深化，防范化解重大风险体制机制不断健全，突发公共事件应急能力显著增强，自然灾害防御水平明显提升，统筹发展和安全更加有力。

“十四五”时期，义安区在经济发展、创新驱动、民生福祉、生态文明、安全保障5个方面设置了28项指标，其中约束性指标8项、预期性指标20项。义安区“十四五”期间经济社会发展主要指标见附表2。

附表 2

义安区“十四五”期间经济社会发展主要指标

经济发展	1	地区生产总值（亿元）	158.8	＞230	≥8	预期性
	2	人均地区生产总值（元）	63776	112395	≥12	预期性
	3	固定资产投资增速（%）	2.8	8	≥8	预期性
	4	社会消费品零售总额（亿元）	42.9	63.03	8	预期性
	5	进出口总额（亿美元）	1.62	4.03	20	预期性
	6	常住人口城镇化率（%）	51	60	—	预期性
	7	制造业增加值占 GDP 比重（%）	—	—	—	预期性
创新驱动	8	研发与试验发展经费投入强度（%）	约 1.5	2.5	10.76	预期性
	9	战略性新兴产业产值占规上工业产值比重（%）	20.3	30	—	预期性
	10	高新技术产业产值占规上工业产值比重（%）	30.71	40	—	预期性
	11	高新技术企业数（个）	53	106	14.9	预期性
	12	每万人发明专利拥有量（件）	20.8	25	3.75	预期性
民生福祉	13	城镇居民人均可支配收入（元）	39489	59768	8.64	预期性
	14	农村居民人均可支配收入（元）	26478	41218	9.25	预期性
	15	城镇登记失业率（%）	≤3.46	≤4	—	预期性
	16	基本养老保险参保人数（万人）	16.04	17.14	—	预期性
	17	劳动年龄人口平均受教育年限达（年）	9.6	11	—	约束性
	18	每千名老人拥有养老床位数（张）	35.4	40	—	预期性
	19	每千人拥有 0—3 岁婴幼儿托位数（个）	0	—	—	预期性
	20	每千人口拥有执业（助理）医师数（个）	1.5	1.7	—	预期性
	21	人均预期寿命（岁）	—	79	—	预期性

（续表）

生态文明	22	单位 GDP 能耗降低（%）	—	完成上级下达	—	约束性
	23	单位 GDP 二氧化碳排放降低（%）	—	完成上级下达	—	约束性
	24	城市 PM2.5 年均浓度（ug/m³）	30.9	完成上级下达	—	约束性
	25	空气质量指数（AQI）达到优良天数占比（%）	96.3	完成上级下达	—	约束性
	26	地表水达到或好于Ⅲ类水体比例（%）	—	完成上级下达	—	约束性
	27	森林覆盖率（%）	31.5	45 左右	—	约束性
安全保障	28	粮食综合生产能力（亿斤）	1.96	2	0.4（基本持平）	约束性

3. 六条发展推进路径

（1）走好工业强区之路，推动义安区域发展能级持续跃升

一要扩大招引蓄势能，要放大“走出去”的半径，要延伸“引进来”的触角，要强化“融进去”的深度，围绕“一圈五区”“五个区块链接”，强化与慈溪、海盐、溧阳合作伙伴关系，积极承接合肥都市圈、沪苏浙等先发地区产业转移，关注资本溢出机会，全力招引一批产业层次高、创新能力强、带动能力足的“伙伴”项目，拓展义安“朋友圈”。二要抢抓项目增动能，坚持目标导向精选善谋，谋划重大项目超 200 个，计划总投资超千亿。要坚持问题导向攻坚克难，要坚持供给导向保障用地，合理优化项目用地指标规模，促进节约集约用地。三要扶持实体激潜能，要强化企业梯度培育，抢抓“个十百千”工程契机，深入实施“双倍增”计划，确保到 2025 年，规模以上工业企业数量超过 210 家。要推动企业抱团发展，做优企业生长环境，打造营商环境升级版。坚持首问负责制、企业诉求闭环管理和全程响应机制，真正做到有呼必应、无事不扰。

（2）走好创新开放之路，推动义安产业牵引能力持续跃升

一要深化科技创新，提升市场竞争力，到 2025 年，高新技术企业总数量超

过100家，建成1～2个省级以上研发中心。要发挥平台转化作用和园区孵化作用，主动融入长三角科技创新共同体，探索设立“创新飞地”，建立“研发在外、落地义安”合作模式。二要深化路径创新，提升市场占有率，在产业集聚度上做文章，聚焦传统产业高端环节和新兴产业核心环节，推动传统产业“四化”转型；要在数字智能化上下功夫，在贸易稳定性上抓统筹，力争“十四五”期间进出口实绩企业增加30家以上。三要深化机制创新，提升市场活跃度，推动“大创业”，实施“大引才”，盘活“大金融”，力争5年内3～5家企业鸣锣上市；安徽耀安投资集团有限公司（以下简称“耀安集团”）要发挥好“牧羊人”作用，完成2A信用评级，管好产业基金，做大主营板块，撬动更多社会资本参与政府和社会资本合作（Public Private Partnership，PPP合作）。

（3）走好产城融合之路，推动义安板块协同效应持续跃升

一要以园聚产点燃引擎，发挥好主战场、主阵地、主力军的强大作用，义安经开区确保到2025年，“四上”企业200家以上，销售收入突破500亿元。农业科技园区确保到2025年，固定资产投资达50亿元以上，经营销售收入年均增长保持在15%以上，总体水平居于全国农业科技园区先进行列；二要以产兴城擦亮品牌，做强生产性服务业，加快科技、金融、物流等生产性服务业发展，确保2025年，服务业增加值占全区生产总值比重提高到50%，社会消费零售总额年均增长9%；三要以城带乡抓好融合，无缝化连接基础设施，要品质化建设东部新城，以打造“山水人居、品质新城”目标，要特色化发展镇域经济，大力发展生态农业和乡村旅游，打造都市“菜篮子”“后花园”。

（4）走好绿色发展之路，推动义安生态承载容量持续跃升

一要坚持削峰控源，守护绿水青山，合理布局生态空间，全力推进生态修复，严格落实“三长制”等制度，加强智慧化监管手段运用；二要坚持节能降碳，构筑金山银山，着力发展循环经济，推动减污降碳，制定碳达峰计划措施，推动重点行业减污降碳，推进工业领域绿色制造，提升建筑领域节能标准，加快形成绿色低碳运输方式，达到清洁能源消送“全贯通”、终端用能替代“全聚合”；三要坚持宜居宜业，实现望水看山，完善城市生态系统，积极推进“无废城市”细胞工程建设，推进生活垃圾分类试点与再生资源回收“双网融合”；要改善乡村人居环境，深入实施农村人居环境整治提升五年行动，到2025年完成建设省级中心村40个左右、整治重点自然村390个左右、培育精品示范村10个左右，基本实现行政村美丽乡村建设全覆盖；要倡导绿色生活方式，鼓励引导绿色消费模式，积极开展节约型机关建设。

（5）走好乡村振兴之路，推动强农惠农成效持续跃升

一要把农业的压舱石筑得更牢，确保到2025年，粮食综合生产能力达2亿斤；确保“十四五”末，现代农业产业化联合体数量达到30个，各类农业产业化龙头企业达150家以上，其中省级达15家；农产品年加工产值达50亿元以上，新增各类农业品牌10个以上；二要把农村的美誉度放得更大，要有便捷的基础保障，大力推动“高标准农田”和农田水利工程建设；深度的文旅融合，结合国家全域旅游示范区创建工作，持续加大传统村落保护和开发力度，继续办好中国农民丰收节、中国（铜陵）凤丹文化旅游；三要把农民的精气神树得更高，要促进乡村和谐，推动乡风文明建设，壮大乡贤队伍，持续建强懂农业、爱农村、爱农民的“三农”工作队伍，健全农业农村财政支出优先保障和稳定增长机制，重点实施农业职业经理人培育、农村实用人才带头人培训项目，扎实推进农村医务人员、专职文化工作者队伍建设，鼓励大学生返乡创业，让乡贤回归乡野、反哺家乡。

（6）走好善治共享之路，推动和谐稳定水平持续跃升

一要把保障网织得更密，要坚持民之所望、政之所向，不断加大民生领域投入，推动民生工程长效化可持续发展。到2025年，城镇登记失业率控制在4%以内，扎实开展“1＋6”教育工程，开展长三角医疗一体化接轨行动，加大公共卫生体系建设力度，全面落实三孩政策，积极应对人口老龄化，构建居家社区机构相协调、医养康养相结合的养老服务体系；二要把治理牌打得更好，要持续提升治理水平，打造法治政府，建设平安义安；三要把稳定线守得更紧，防范政治安全风险，全面贯彻总体国家安全观，统筹传统安全和非传统安全，维护经济领域安全，保障社会公共安全，坚持外防输入、内防反弹，慎终如始抓好疫情防控；健全应急物资保障体系，提升综合应急能力建设，加快应急管理信息化建设；统筹推进食品安全放心工程攻坚行动、安全生产专项整治三年行动等工作，持续守护人民群众生命安全。

（三）优化新义安，开创党的建设新局面

事业成败，关键在党、关键在人。要认真落实新时代党的建设总要求，以党的政治建设为统领，全面推进党的政治建设、思想建设、组织建设、作风建设、纪律建设，把制度建设贯穿其中，着力提高党的建设科学化水平，切实把组织活

力转化为发展动力，把党建优势转化为发展胜势。

一要强化政治建设，坚决做到绝对忠诚。要提升站位，高举“信仰旗”，坚持以党的旗帜为旗帜，以党的方向为方向，以党的意志为意志，认真学习贯彻习近平新时代中国特色社会主义思想，心怀“国之大者”，引导党员干部切实增强“四个意识”，坚定“四个自信”，做到“两个维护”，不断提高政治判断力、政治领悟力、政治执行力。要加强民主，画好“同心圆”，支持政府依法依章履职，提高科学民主决策水平。发挥好工会、共青团、妇联等人民团体桥梁纽带作用。进一步加强国防后备力量建设，推进军民融合深度发展。不断完善大统战工作格局，巩固和发展最广泛的爱国统一战线。要增强素养，练好“基本功”，坚持把学习思维、学习惯性融入血脉、注入灵魂，深入学习贯彻新发展理念，推动学用贯通、以学促干，着力提高“七种能力”，增强“八项本领”，争当高质量发展的“行家里手”。

二要强化思想建设，广泛汇聚正向合力。要把好关口，深入贯彻《中国共产党宣传工作条例》，紧扣“十五字”方针，严格落实意识形态工作责任制，牢牢掌握意识形态工作领导权。时刻保持底线思维，深入开展意识形态领域风险隐患排查、阵地管理提升、突出问题整治，确保各类阵地可管可控、稳固安全。要强化引领，聚焦“两高三区”奋斗目标，把画面和笔尖对准双招双引、项目攻坚、城乡融合中的先进人物、典型经验、口碑模式，讲好有温度、有筋骨、有情感的身边故事，持续凝聚思想共识、激发拼搏斗志、展现义安精神。要拓宽路径，着力发挥“两中心一平台”核心作用，灵活运用“两微一端”新兴媒介，做好信息发布、政策宣传等即时化流量推送。主动适应新形势下媒体融合趋势，拓展深化“3＋8”全媒体矩阵，全方位、全天候、全时空记录发展的火热实践。

三要强化组织建设，着力压实基层基础。要打造善为有为的坚强堡垒，认真落实《中国共产党组织工作条例》，紧扣“五个主目标”，强化“三案”精准管理，抓好换届后班子建设，不断提升班子凝聚力、执行力和战斗力，以关键少数带动绝大多数，以头雁领航带动群雁齐飞。坚持“实绩论英雄”的用人理念，提升知事识人精准度，做到提事知人、提人知事。要打造专业专注的干部队伍，认真落实新时代组织路线，落实“三多三重”机制，深入推进“四苗”工程，大力选拔敢负责、勇担当、善作为、绩突出的干部。强化干部日常管理教育，建立健全以高质量发展为导向的政绩考核体系，探索建立容错纠错分析研判机制，为敢担当的干部担当，为履责的干部负责。要打造强健强力的组织体系，以强功能、抓基本、补短板、创品牌为重点，不断提升基层党建科学化和标准化水平。大力实施“头雁工程”，推行村干部专职化管理和村级后备干部“三百”培养计划，锻造一支活力足、能力强、动力大的村级带头人队伍。探索实施社区“党建+”模式，以高质量城市基层党建彰显治理魅力。

四要强化作风建设，不断提振干事激情。要向前一步勇作为，要担发展之责，我的岗位我负责、我的岗位我争先，善于在“两难”“多难”中破难克难，勇于在“变局”“变化”中应变求变，长于在“危机”“新机”中捕捉良机。要担争先之责，把“争第一、当唯一”的奋进之志鼓得更足、把“扛红旗、夺奖牌”的必胜信念树得更牢，努力在县区竞相发展中争头游、拔头筹、抢头彩。要干字当头重落实，要以务实思维强化助力意识，苦干实干加巧干，把“干就干到最好、做就做到极致”理念贯穿到决策执行落地全流程。要认真落实中央八项规定精神和省、市、区委实施细则，扎实开展形式主义、官僚主义问题集中整治，提振党员干部攻关夺隘精气神，让虎虎生风、敢打敢冲成为义安干部的普遍状态。要为民利民增福祉，巩固深化“五访五带”“四个在先”“四强四解”等工作机制，常态化开展“我为群众办实事”活动，着力解决一批群众急难愁盼的热点、难点问题，努力把难事办好，把好事办实，把实事办到位。

五要强化纪律建设，持续绷紧廉洁防线。要抓教育，增强底线意识，巩固完善“讲重作”“讲严立”“三个以案”等系列警示教育活动成果，充分运用“5.10”思廉日和廉政教育基地载体，加大用身边事教育身边人的力度。推深做实党内政治监督谈话制度，加强对“一把手”和领导班子监督，让党员干部因觉悟提高而不想腐。要抓惩处，形成高压震慑，聚焦政策支持力度大、投资密集、资源集中的行业和环节，零容忍查处相关领域违法违纪行为。要综合运用监督执纪“四种形态”，强化村级“小微权力”监管，把监管触角下移到每一个神经末梢，使党员干部因知晓敬畏而不敢腐。要抓日常，构建长效机制，严格落实主体责任清单，坚决扛起“一岗双责”，建立健全责任下压下移体系。坚持举一反三，推动纪律、监察、派驻、巡视巡察四项监督有机融合，形成权责明晰、齐头并进、相得益彰的工作格局。深化纪检监察体制改革，扎实开展二届区委巡察工作，发挥派驻监督“探头”和巡察“利剑”作用，实现从“有形覆盖”向“有效覆盖”转变，使党员干部因制度严密而不能腐。

编后语

编辑出版《荆公书堂——铜陵市义安区历史文化博览馆建设文字参考辑录》一书，是铜陵市义安区委、区政府在“十三五”转向“十四五”高质量发展的特定历史时期，全面推进的一项重要文化工作。本书中全面系统地整理收集了义安历史文化资料，全面呈现义安区文化、历史、自然、社会、经济等方面的精神内涵与鲜明特质，系统打造义安区的人文形象，着力构建义安地域的特色文化、精神内涵、人文气象，彰显了“铜邑胜境　千年义安”的文化主题定位。

本书编写文字约30万字，根据资料体系编写的统一要求，包括序、目录、正文、编后语等项，还附有编委会领导成员和编辑部人员名单。本书在材料收集、内容整理与文字表达等方面，要求极其严格：一是遵循史料的真实性，二是承袭文化的准确性，三是遵循义安地域的特质性，四是准确发掘义安传统人文的优秀性，五是做到语言简洁准确，表达完整。具体来说，本书先由鲍安顺编写成书大纲、列出词条，再由鲍安顺、章晓勤、詹敬鹏、蒋乃冰具体撰写各词条，词条文字撰写要求在250至600字间。特殊大词条（反映义安典型意义或综合性叙述词条）在800字左右或更多，小词条在300字内。要求词条文字表述简洁、精准、合理，说清楚主要内容，既要做到高度浓缩、惜字如金，又要让读者看得懂、看得完整。对事件的叙述，要有开端、发展、高潮和结束。表达要真实、有依据，不可编撰，不可缺少重要元素。遵循宜粗不宜细的原则，结合题目特点，力求突出重点、详略得当、精简完整。部分词条尤其第七展厅“布展年华”中的词条，依据义安区各有关单位征集的材料而定。写好词条后，转相关单位校核认定后方能收集入书。

本书有以下几个特点：一是内容丰富。几乎涵盖了义安古往今来的历史优秀文化记忆、重要文化传承、民俗风光、自然生态、人文气象等，它就像一个鲜活的人，有着健全的头颅、完整的四肢，甚至义安的每一个精神细胞和血脉流动，都尽在其中。换句话说，这个人就是这本书，就是义安。这个人有着义安的灵魂、义安的风韵、义安的特质，不可复制，也不可替代。二是编撰的用心和精细。无论每个章节，每个词条，甚至每个字和标点，都极其讲究，力求勿有疏漏。三是本书可为历史文化典籍，内容、结构严谨合理，充分展示了编者的敬业精神与艺术水平。四是本书的编印成辑，对下一步建设“荆公书堂——义安区文化历史博览馆”提供了丰富的资料依据和基础保证，意义深远。五是本书有着鲜明的地域特色、浓重的家园气息、悠久的乡愁记忆，重要的历史文化意义，揭示了义安的历史文化风貌，具有一定的历史价值、社会价值、艺术价值、科研价值和资料保存价值，对保护义安非物质文化遗产、推动义安特色文化建设，有着积极重要的作用。

总之，本书是给义安人留下的珍贵文化遗产，有着丰厚的人文记忆，从中我们深刻体会到挖掘和整合历史文化遗产工程的深远意义。这一任务的完成，得到了许多领导的支持，这给了编者收集整理、开展工作的信心和力量。领导的热忱指导和帮助，是全面落实此项工作的根本保证。作为编撰本书的铜陵本土专家学者，编者虽孜孜以求，艰苦努力，扎实奉献，但是由于某些主客观因素，本书难免存在一些不足和疏漏之处，敬请各位读者给予批评指正！

编　者

2023 年 8 月